"突发流行病危机的经济负外部性与防控机制研究：基于多层网络耦合的建模"，

国家自然科学基金青年项目，项目编号：72101268

经济社会系统中的
复杂网络与非线性动力学

THE COMPLEX NETWORK
AND NONLINEAR DYNAMICS
in socio-economic systems

张晓奇／著

社会科学文献出版社
SOCIAL SCIENCES ACADEMIC PRESS (CHINA)

推荐语

晓奇用复杂性科学的利剑来——破解社会经济金融系统的正统难题，是国内少有的跨学科研究的践行者，其守正出奇由此书可见一斑。

——王有贵，北京师范大学系统科学学院教授

作为致力于城市信息学和复杂系统研究的学者，我强烈推荐《经济社会系统中的复杂网络与非线性动力学》一书。在探索城市科学与复杂性领域的重要性上，本书巧妙地将复杂网络分析与非线性动力学相结合，深入剖析了经济系统及社会环境的复杂性，对于理解经济、金融、城市和公共健康等互联系统如何以不可预测和动态的方式相互作用至关重要。本书旨在建模各种人类所处环境中的复杂关系，捕捉系统的涌现行为，并开发出能够适应环境不断变化需求的解决方案，为我们在应对城市化的挑战时提供启示。本书为学者和实践者提供了重要的理论框架和工具，以应对当代城市科学中最紧迫的问题。

——叶信岳，美国地理学会会士、英国皇家地理学会会士、
美国德州农工大学 Harold L. Adams 讲席教授

经济金融系统的复杂性是系统性金融风险的主要来源,利用复杂系统等跨学科方法窥探经济金融系统的运行规律有助于打破传统学科边界的桎梏,是提升风险认知能力的关键,晓奇在这一方向上耕耘多年,其研究成果浓缩于此书,相信可以为相关领域学者提供很好的启发。

——刘霞辉,河南理工大学财经学院院长,中国社科院经济研究所二级研究员,原《经济研究》编辑部主任

本书是一本极具价值的学术著作。它深入探讨了复杂系统科学方法在经济社会各领域的应用,清晰阐述了相关作用机制。涵盖金融、实体经济和公共健康等系统,不仅可以为学者及从业者提供重要的理论依据和实践参考,也有助于深入理解系统运行规律及政策制定的内在机理。

——张子柯,浙江大学数字沟通研究中心副主任、传媒与国际文化学院教授、博士生导师

完全理性和线性范式为我们理解经济社会运作的机制和规律提供了一个十分有效的框架,然而其在刻画经济社会活动参与者的有限理性和他们相互作用的复杂性方面有很大的局限性。张晓奇教授的这部专著展示了经济社会系统中的复杂网络与非线性动力学特征在金融市场、实体经济的产业政策和公共健康管理方面的最新应用,为我们对应用复杂性科学方法研究经济社会系统的运作机制和管理提供了一个新的探索。

——何学中,西交利物浦大学国际商学院教授

经济社会系统是最为复杂的系统。而经济社会系统的基本单元——人本身就是非常复杂的，其行为存在高度的非理性和不确定性。本书尝试从结构和动力学两方面探索这种复杂性，对于很多传统理论难以解释的现象给出了可信的解释。尽管本书的工作，以及目前所有的相关研究，都无法让我们像理解物理世界一样理解经济社会系统，更无法提出像牛顿三大定律这样的普适规律，但本书至少给出了一幅无边巨图中的一片拼图。

——周涛，电子科技大学教授

目　录

绪　论

　　2023 年中央经济工作会议指出，在党中央坚强领导下，我们有效统筹国内国际两个大局、统筹疫情防控和经济社会发展、统筹发展和安全，深化了新时代做好经济工作的规律性认识。同时，中央经济工作会议也强调了进一步推动经济回升向好需要克服的困难和挑战，主要包括有效需求不足、部分行业产能过剩、社会预期偏弱、风险隐患仍然较多，国内大循环存在堵点，外部环境的复杂性、严峻性、不确定性上升。面对以上复杂局面，深化对于我国经济社会系统运行规律的认知，以系统性思维通盘设计改革路径，是克服当前阶段重大经济发展挑战的核心抓手。

　　作为一类经典的复杂系统，经济社会系统的参与者广泛、行为模式多样，运行过程涉及生产、流通、消费、积累、社会交往等繁多的场景，同时各类基于经济动机或社交动机的活动会自发地产生信息的人际流动和人、财、物的空间流动，这些因素耦合使得经济社会系统的运行具有极高的复杂性，大大增加了系统内风险的管理难度。从这个意义来看，克服当前阶段的经济挑战，实现我国经济社会的全面高质量发展，需要通过跨学科的方法来重新审视我国经济社会系统运行的基本规律和当前阶段的新特征、新问题，从而为改革策略的选择和具体政策的设计提供新视角和新思路。

复杂网络及非线性动力学等系统科学方法已被广泛应用于对不同经济社会系统的动态演化分析，以及系统内的风险传播、测度与管理问题，包括但不限于流行病扩散、舆情风险、金融风险传播、创新和增长动态、宏观经济危机等（Chinazzi and Fagiolo，2015；Caccioli et al.，2018；Thurner et al.，2018）。复杂网络与非线性动力学方法被证明可以从理论上揭示经济社会系统的动态演化规律，以及其中各类风险事件的形成机制（Thurner et al.，2018），刻画系统演进过程中展现的结构特征（Caccioli et al.，2018；Scholl et al.，2021），从而有助于政策制定者从机理上理解经济社会系统运行中潜藏的风险事件，设计有针对性的干预方案，为有效的风险管理提供科学依据。大量研究表明，复杂网络与非线性动力学方法在流行病防控、金融风险监管、产业政策设计、舆情治理等领域的应用有效地降低了风险冲击的经济社会成本（Zhang et al.，2021；Chen et al.，2022）。因此，进一步推动复杂网络与非线性动力学方法与当前的宏观管理实践有机融合，将有利于促进经济社会全面高质量发展。

经济社会系统的复杂性

系统科学视角下，流行病的传播、舆情的扩散、银行间的借贷和违约、经济部门间的供应链调整等都可以被抽象为一个复杂系统中的状态演进过程。其中，系统被表示为代表个人、企业或其他组织的节点与代表节点间的潜在关联关系的连边（Caccioli et al.，

2018；Thurner et al.，2018），其可以由一个记录了节点和连边信息的复杂网络结构所表征。信息、资金、风险等可在节点间传播扩散，构成系统状态的演进，而这些对象在系统内的产生、传播和积累过程则由网络上定义的关于状态变量的非线性（Thurner et al.，2018）动力学模型所表示。

经济社会系统演进过程与经典物理系统中的热传导、波传导等过程相比，一个最为显著的差异是，参与和推动经济社会系统演化的主体是人、企业或更广义的具有主观能动性和自适应性的智能体（Thurner et al.，2018）。主观能动性意味着智能体能够并且会主动预判系统演进过程对其自身利益的潜在影响，自适应性则意味着智能体会根据预判调整自身行为模式、实现自身利益的优化。主动预判和适应性行为调整大大增加了经济社会系统的复杂性，使智能体在合作互动、规则遵守、规避风险时，高度依赖于通过网络关系与之直接相邻的其他智能体的个体行为，进一步地，还可能依赖于其更高阶的邻近智能体，甚至网络的某个局部结构中全部智能体的集体行为。这种依赖，甚至超越二元网络结构的相依性，是经济社会系统区别于物理系统的根本属性，也引致经济社会系统复杂性的根源，并使经济社会系统的演进过程常常会在一定时期内自发地涌现出特定的规律性和结构特征，同时在另一些时期呈现结构崩溃（临界相变）和混沌（Caccioli et al.，2018；Thurner et al.，2018）。而这种系统演进过程在不同状态间的切换往往难以预测，大大增加了管理的复杂性。

金融系统中的网络结构与非线性动力学

金融系统是一类重要的经济社会系统，其复杂性来自其参与者的多样性以及不同参与者之间连接的多样性（Chinazzi and Fagiolo，2015）。金融系统的参与者可以是个人，如风险资产交易中的个人投资者；也可以是一定规模的机构，如银行、券商以及其他任何参与金融交易的实体企业和组织；还可以是作为市场监管者的中央银行等（Caccioli et al.，2018）。不同参与者之间通过发行和交易不同类型的金融资产形成复杂的关联关系，而依据参与交易的资产类别的差异，金融系统内会形成不同的市场。每一个市场内参与者之间的交易关系构成了具有复杂连边结构的网络，而不同市场之间又通过参与者的跨市场交易行为相连结，因此金融系统天然地表现为一个具有不同层结构，并且存在复杂的层内和跨层连边结构的多层网络（Caccioli et al.，2018；Chinazzi and Fagiolo，2015；Thurner et al.，2018）。依据多层网络，参与者的逐利动机驱使资金和信息在不同参与者之间持续流动，参与者行为和网络结构的双重复杂性决定了资金和信息流动背后的非线性动力学机制，进而决定了债务责任、资产收益的分担与分配（Caccioli et al.，2018；Gong et al.，2023），由此构成了金融系统演进的实时状态。

在针对金融系统的动态演进过程的研究中，既有研究的核心关注点在于金融系统中的风险扩散与管理。根据 Caccioli 等（2018）的观点，金融风险可以被广义地理解为资金和信息沿网络流动受阻引发的系统崩溃。针对涉及不同市场、不同资金/信息流的表征方式，文献中定义了不同类型的金融风险，如涉及债券市场和银行借贷市场、反映资金流突然截断的违约风险和流动性风险（Li and Wang，2020；李昊骅等，2023；Xiao and Krause，2023），涉及股票市场股价信息的波动风险和股价崩盘风险（Ji et al.，2018；许秀等，2022；Fu et al.，2024），以及同时涉及多个市场、反映系统整体性恐慌和资金流收缩的系统性风险（Yao et al.，2020；宫晓莉和熊熊，2020）。

　　针对不同的风险沿金融系统多层网络或其子网络的扩散及网络结构对风险扩散动态的影响，现有文献进行了大量的探讨。债务违约风险方面，Gai 和 Kapadia（2010）率先将随机网络方法和带有传染门槛的网络扩散模型应用于银行间市场中的信贷风险暴露和扩散问题，发现在特定的网络连通度区间内，违约风险扩散会产生级联效应，揭示了网络结构在违约风险传播过程中的关键作用。Brummitt 和 Teruyoshi（2015）通过引入银行间的多层网络（multi-plex network）考察了银行间同时交易多种金融资产时的违约风险传染问题，并在特定的多层网络结构下发现了类似的违约级联效应。Battiston 等（2012）结合经典的金融加速器理论（Bernanke et al.，1999），将银行资产负债表的收缩与债务违约的网络传染相连，探讨了违约风险如何通过影响机构的预期和适应性行为调整形成债务违约的正反馈循环，以及违约风险在网络结构中扮演的角色。Yao 等（2020）通过区分资产负债表上的贷款与其他类型的资产，进一步引入了连接银行间借贷市场与其他金融市场的多层网络，并探讨了违约风险跨市场的协同扩散以及引发系统性风险的机制。除机构间直接交易形成的网络外，Nier 等（2007）考察了以共同持有相同资产或资产组合而形成的不同机构间的共现网络，并讨论了沿共现网络传播的违约风险所展现的超图（Thurner et al.，2018）特征。

　　除违约风险外，金融资产的价格波动和价格崩盘风险也得到了广泛的探讨（Ji et al.，2018；王纲金等，2022；Zhao and Zhang，2022）。不同于违约风险以金融市场的参与者（如银行）之间的交易网络为基础，金融资产价格风险的扩散通常发生于不同资产或不同类型的金融市场之间，因此背后的网络结构与动力学机制也具有很大的差异（Caccioli et al.，2018）。本质上，金融资产之间的价格波动风险传递依赖于背后的资产交易和交易参与者的决策行为（Zhao and Zhang，2022；Fu et al.，2024）。交易者之间存在信息互动，而作为（有限）理性经济人的交易者会根据接收的信息形成对金融资产未来价格的预期，并基于预期不断调整其交易行为，而价格的波动及风险在不同资产间的传递则是信息、预期以及价格三个动态过程相互作用、共同演化的结果。Gong等（2023）在一个表征信息、预期和价格波动的三层网络框架中，分析了国际金融市场间价格波动风险的传递和扩散过程。He等（2022）在异质性投资者模型架构内，通过考察不同类型的投资者之间的信息互动，在投资者交互网络与不同金融资产构成的价格波动网络所构成的具有异构节点集的双层网络之间建立了非线性的跨层连接，据此解释了关于资产价格波动的多种金融市场"异象"。王纲金等（2022）、Fu等（2024）则沿着类似的思路考察了投资者信息与资产价格波动的交互构造具有高收益风险比的资产组合策略。通过与其他类型的市场参与者网络耦合，一些学者利用多层网络结构方法对金融资产价格波动风险的扩散进行了系统性探讨（宫晓莉等，2022；Yao et al.，2020；许秀等，2022；Bielinskyi et al.，2023）。

由于金融市场之间的连接最终依赖于市场参与者彼此间的互动和关联，发生于资产之间的价格风险和发生于参与者主体间的违约风险会通过参与者之间的连接实现耦合，最终表现为金融系统性风险。经典的金融加速器理论（Bernanke et al.，1999）从机理上解释了耦合发生的机制，而以此为基础的沿多层网络的风险扩散模型则为参与者网络及金融资产网络之间的耦合过程提供了细节上的刻画（Gong et al.，2023）。

综合来看，近年来已有大量文献试图从多层网络及其上的非线性动力学视角解释金融系统风险的成因和防控对策（Andrieş et al.，2022）。根据网络结构成因及风险扩散动力学机制的差异，金融风险基本上可以分为沿金融市场参与主体间的直接交易关系形成网络扩散的风险，以银行系统中的信用违约风险为代表；由不同金融资产被市场参与者共同持有关系所形成的资产间共现网络扩散的风险，以股票市场价格波动风险为代表（Caccioli et al. 2018；Bardoscia et al.，2021）。尽管以上简单的二元分类有其内在合理性，但也需要认识到，从扩散网络和动力学机制上看，发生于银行间的违约风险会因银行同时持有多类不同资产而自发地呈现多层网络甚至超网络的特征，而发生于不同股票之间的价格波动风险也会因背后持有股票的投资者的策略差异而呈现相似的网络特征。这种相似性模糊了上述对金融风险的简单二元分类，对此本书在第一篇中将以股票市场为研究对象，通过融合两种风险场景下的网络结构与动力学机制，为金融市场的动态演进过程及其复杂性提供新的分析视角和观点。

实体经济系统中的网络结构与非线性动力学

除金融系统外，复杂网络与非线性动力学机制在实体经济系统中也普遍存在，通常表现为行业部门间的投入产出网络（Baqaee and Farhi，2020）、区域间的贸易网络（Xu et al.，2023）、微观企业层面的供应链网络（Inoue and Todo，2019）、产品服务间的竞争网络（Ederer and Pellegrino，2022）、企业间的股权控制网络等

（Bai et al.，2020）。通过这些实体经济主体间的网络连接，诸如自然或战争灾害（Inoue and Todo，2019）、新技术发明和生产率的快速提升（Baqaee and Farhi，2020）等对产出、就业、收入分配等因素造成的冲击会在家庭、企业、行业以及政府部门间传递，经济主体的逐利动机构成了以上冲击沿实体经济网络传播演进的动力学基础，同时不同主体在信息、禀赋、偏好等方面的异质性以及实体经济中不同网络结构的耦合共同决定了演进过程的非线性特征和复杂性。

Baqaee 和 Farhi（2020）在生产网络一般均衡模型框架下，从理论层面讨论了外生的生产率冲击或行业间交易成本发生外生变化引发的产出波动沿生产网络扩散的一般均衡效应，并提出了多种不同的网络节点中心度概念，以刻画生产网络的拓扑结构对风险扩散的影响。Inoue 和 Todo（2019）利用日本微观层面的企业供应链网络数据分析了 2011 年南海地震对日本经济的冲击效应及其沿供应链网络的长期扩散效应。结果表明，企业针对冲击调整供应链关系的行为以及由此引发的供应链网络的动态调整能够在很大程度上对冲击产生负外部性，从而降低冲击扩散的持久性和负效应。

除依赖单层网络结构的风险扩散外，Ederer 和 Pellegrino（2022）发现不同产品和服务的相似性会使产品生产企业之间构成竞争网络关系，同时投资人在不同生产企业中的投资持股行为又会导致生产企业间构成一种合作关系网络，在竞合关系的双层网络结构下，更可能发生企业间的合谋与价格垄断，从而导致消费者福利损失随网络扩散。类似地，Bai 等（2020）发现企业间除竞争网络关系外，还存在着基于投入产出的产业链关联。在持股关系和产业链关联的双层网络结构下，中小企业会主动与市场中掌握话语权的大企业保持持股关系层面的合作，这有助于中小企业打破行业壁垒，沿产业链实现纵向并购、扩大规模，由此带来的产业链网络的动态变化一方面有助于形成规模经济、提升产出，另一方面会降低产业链网络抵御外生冲击的韧性，增大系统性风险扩散的危机。

综合来看，复杂网络方法及非线性动力学方法已经在实体经济系统中风险扩散、产出波动、价格动态、产业政策的福利效应等问题的研究上得到了广泛的应用。本书将在第二篇中，在一个投入产出网络框架内，通过一般均衡分析探究实体经济中价格扭曲对经济福利的整体影响及影响机制，在此基础上展示网络结构以及消费分配行为上的差异所引致的复杂性，及其对特定产业政策有效性的影响。

其他社会系统中的网络结构与非线性动力学

在一般性社会系统中，人的行为在多数情况下不完全受经济因素驱动，如在社交平台上转发推文和留言评论、去往不同地点的出行行为等。在不同的网络结构下，这些行为会引发不同的系统状态演进过程（Zhang et al.，2020；Dong and Lian，2021）。与经济金融系统中的状态演进类似，人是更广义的社会系统的参与主体，人与人之间的社会网络决定了单个人的行为模式，而单个人的行为在总体上又决定了不同地点、区域、平台等对象之间的网络连接结构，人流、物流、信息流等流量沿此网络在不同对象间传递扩散决定了系统状态演进的动力学及复杂性。现有文献在不同场景下探究了人的行为模型的复杂性、人与人之间、对象与对象之间的网络结构之于复杂社会系统状态演进动态的重要作用（Dong and Lian，2021）。针对复杂社会系统动态演进过程，既有研究的核心关注点在于这些系统中的风险扩散与管理，相关成果在流行病防控、舆情治理等实践领域有着广泛的应用。

针对流行病危机防控等问题，现有文献将经典的传染病 SIR 模型在不同的网络结构下进行拓展，对流行病感染风险的跨区域扩散问题进行了广泛而深入的研究。针对融合社会网络与经典传染病模型的相关文献，Douglas 和 Harris（2007）进行了详尽的综述，并通过对比发现，相较于经典多部类传染病模型，融入特定网络结构可以显著提升模型的预测精度，而在模型中加入基于现实数据生成的网络结构，预测精度的提升尤为明显（Zhang et al.，2020；Zhang et al.，2021）。不同的人群通常具有不同的出行行为模式，导致流行病在不同人群中的传播模式存在差异。Prem 等（2020）将全样本人群按年龄段进行划分，引入了多层出行网络结构，将每个年龄段人群的平均出行模式限定在同一个网络层内，并利用数据对不同年龄段人群的层内和跨层连接概率进行了测算，在多层网络基础上进行的分年龄段预测精度近 90%。Zhang 等（2020）进一步考察了不同人之间的社交关系网络对人在物理空间中出行网络的影响，将人的出行行为构成的网络视为带有不同社交关系的个人的选址博弈的均衡结果。基于博弈论方法，Zhang 等（2020）将人针对特定地点出现聚集风险的预判以及基于预判的出行行为调整纳入分析，考察了这种适应性行为调整对出行网络结构及结构中风险扩散动态的影响。

现代社会中，除人在物理空间中的出行和基于物理接触的社交行为外，基于互联网空间的虚拟社交行为同样重要，并且会对特定类型的风险事件的扩散起重要作用。特定的网络结构上的信息扩散会自发地形成"信息茧房",从而导致舆情危机爆发风险增大(Piao et al.,2023)。相关的应用性研究(Wang et al.,2020)表明,2020 年美国总统大选等事件伴随的舆情危机都在不同程度上受到 Facebook、Twitter、Tiktok 等主流社交媒体平台上特定的信息扩散和信息筛选因素的影响,不同的信息筛选设置会改变信息扩散背后的网络结构,进而加剧"信息茧房"的形成和固化,进而加剧极端观点引发的舆情风险。

关于流行病的舆情风险与疫情风险沿出行网络和社交媒体网络的多层网络结构的协同扩散被认为是早期导致大流行失控的关键因素。通过引入多层网络结构,Zhang 等(2021)讨论了关于流行病的网络推文在不同地区、不同类型的社交平台之间的协同扩散效应,结果表明以微博、微信公众号为代表的自媒体平台上的信息扩散在很大程度上引发了不同地区居民关于疾病的过度恐慌,由此引发的出行行为的适应性调整加剧了疾病的传播。Zhang 等(2023)进一步从理论机制上探讨了"信息—流行病—适应性行为"之间的协同演化关系,并就特定的多层网络结构如何引发流行病风险和舆情风险的级联效应等理论问题进行了分析。

综合来看,针对出行系统、舆情系统等非经济的复杂社会系统中风险扩散及其所依赖的网络结构对扩散动态的影响,现有文献进行了详尽的讨论。从网络结构和扩散的动力学机制设定上看,一方面,广义的复杂社会系统的风险扩散过程与前述经济、金融系统具有一定程度的相似性,大体上同样可以分为基于直接接触关系产生的网络结构的风险扩散,如基于社交关系的舆情扩散风险;基于不同主体的共同行为在特定对象间引致的共现关系网络传播的风险,如人们集体出行行为引发的传染病风险。另一方面，不同于经济金融系统，在一般性社会系统的动态演进过程中，推动演进过程的人的行为不仅受经济利益的驱动，同时还受更为复杂的其他因素影响，如情绪、道德等，不同因素之间的冲突会引至更为复杂的非线性动力学机制，这同时也为社会系统中的风险管理带来了额外的复杂性。对此，本书将在第三篇中以几类不同的流行病传播模型为例，展示人的行为异质性给一般性社会系统中风险扩散动态及风险防控带来的复杂性挑战。

本书章节导读

为了便于阅读，本书将分为三个板块，分别探究以股票市场为代表的金融系统（第一篇）、以生产网络为代表的产业经济系统（第二篇）以及公共卫生领域的流行病传播与防控系统（第三篇）的动态演进过程，展示复杂网络与非线性动力学机制对于演进过程复杂性的影响，并引导读者思考这种复杂性为系统管理带来的挑战。尽管复杂网络和非线性动力学对于经济社会系统演进的复杂性有着几乎同等重要的作用，但在不同类型的经济社会系统中，二者的影响机制和相对重要性不尽相同，这也反过来决定了不同类型的经济社会系统的深层次结构差异。对此，本书在第一篇针对金融系统演进的分析中，侧重于展示由投资者行为的有限理性和异质性引发的非线性动力学机制，及其对股票市场中价格和财富分布动态演进的复杂性影响。在第二篇，本书则侧重不同的生产和分配网络结构，分析其对于产出增长、生产率改进以及产业政策有效性的复杂影响。在第三篇，本书将结合复杂网络结构差异与个体行为差异对应的非线性动力学机制，综合探讨其给流行病传播与防控带来的复杂性挑战。最后，本书将就前述章节中的主要发现与观点进行总结梳理，并尝试探讨可能实现经济社会系统与复杂性科学方法交叉融合的未来研究方向。

第一篇

金融市场与资产定价——基于异质性投资者的
行为动力学视角

｜第一章｜

金融资产定价与非线性动力学

第一节 经典资产定价理论及反思

Markowitz 在 1952 年提出了基于收益风险权衡的资产组合理论框架（Markowitz，1999），奠定了现代投资组合理论的基础。Markowitz 在模型中，分别以风险资产收益率的期望值和方差（协方差矩阵）刻画收益和风险，并基于给定收益（风险）的最小化（最大化）风险（收益）原则，运用二次型优化方法给出了有效投资组合前沿的概念。对于任何能够理性计算的投资者，其选择的风险资产组合一定对应于有效投资组合前沿上的某一点。利用 Markowitz 的有效投资组合前沿概念，Sharpe（1964）等学者提出了著名的资本资产定价模型（CAPM）（Sharpe，1964；Lintner，1975、1965；Mossin，1966），其核心在于当市场中的投资者可以由一个具有经济理性的投资者所代表，并且市场中任何投资者可以随意买空卖空、不存在流动性约束时，由整个市场中的风险资产的市值相对比例构成的所谓市场组合必定位于 Markowitz 有效投资组合前沿上，此时每种风险资产的收益率期望值可以表示为市场组合的收益率期望值乘上市场组合和该风险资产的收益率的相关系数（即著名的 β 值）。由此得到的风险资产定价公式既给出了每种风险资产理论价值的数学描述，同时又给出了一种基于可观测的市场组合收益率预测单个风险资产收益率的方法。利用 CAPM 得到的单个风险资产收益率预测值与 Markowitz 的有效投资组合前沿，投资者可以构造满足其风险偏好的最优投资者组合，从而为现实世界的投资提供了一整套可操作的指导框架。

在各类风险资产的收益率预测相对准确的前提下，Markowitz 的投资组合理论具有普适性。然而大量实证研究表明（Fama and French，1996；Markowitz et al.，2021），基于 CAPM 的收益率预测与各风险资产的实际收益率之间存在很大的偏差，由此滋生了诸如超额收益在内的一系列有悖资本资产定价理论的所谓"金融异象"（Jegadeesh and Titman，1993；Siegel and Thaler，1997；Lewellen and Nagel，2006）。"金融异象"的存在说明要想构建表现良好的投资组合，必须要有更为精准的收益率预测方法和风险资产定价模型，这一需求也激发了一系列对 CAPM 模型的拓展。其中，最具应用性的一个拓展方向是 Ross（1976）提出的套利定价理论与相应的一系列多因子定价模型。根据 Ross 的理论，由 CAPM 得到的单个风险资产收益率公式本质上可以看作一个依赖于单一风险因子——市场组合风险（或系统性风险）的单因子定价公式。而在一般情况下，单个风险资产的收益率可能同时受到多个风险因子的影响，而每个风险因子会决定一个收益率只受该风险因子影响的资产组合，在无套利均衡的假设条件下，Ross 证明了个体风险资产收益率的期望值是各类因子组合的收益率期望值的加权平均，而加权系数可表示为单个风险资产收益率与因子组合收益率的相关系数。Ross 还证明了在多风险因子退化至单一市场风险因子时，多因子的资产收益率公式退化为 CAPM 中的收益率公式。利用 Ross 的多因子定价公式，对单个风险资产收益率的预测可以建立在多个因子组合的收益率的当前观测值的基础之上，而对风险因子和相应的因子组合的选取可以根据需要进行，不必局限于单一的市场风险因子。在这个意义上，Ross 的多因子模型相较于 CAPM 大大增加了灵活度，因此在预测准确度上也普遍优于 CAPM。但反过来，由于风险因子的选取没有固定的规则可循，多因子模型在实际应用中往往面临着不同程度的主观随意性（Maiti，2020），具体风险因子的选取则依赖于投资者的主观先验或"拇指"法则。被广泛接受的多因子模型包括 Fama 和 French（1993）提出的三因子模型、Fama 和 French（2015）提出的五因子模型，在单一的市场风险因子的基础上，上述模型加入了小市值股票收益率溢价、高账面价值公司的收益率溢价、高盈利公司的收益率溢价以及投资风格激进的公司的收益率溢价等风险因子，从而可以更好地刻画股票细分市场中的风险因素及其对单个股票收益率的影响。实证结果表明，三因子和五因子模型在不同程度上表现出了相较于单一市场风险因子更好的收益率预测能力（Fama and French，1996）。但也有批评观点指出（MacKinlay，1995；Maiti，2020），这些因子模型并没有充分反映市场的定价风险，而在对收益率的预测表现上，多因子模型并不稳健，在很大程度上依赖于所考察的具体市场和数据集。

　　针对多因子模型在因子个数及种类的选择完全依赖于研究者或投资者的主观先验，从而缺乏规范性和客观性的问题，更近期的研究开始关注使用数据驱动的统计和计量方法（Uddin and Yu，2020），甚至是机器学习和深度学习方法（Gu et al.，2020）来识别潜在的风险因子，由此得到的隐含因子模型（latent factor model）在一定程度上可以摆脱因子选取的主观随意性，并实现更好的收益率预测（李斌等 2019；Leippold et al.，2021）。但大量关注金融异象的实证文献表明，引入多因子后的模型对于收益率的波动聚集、长程自相关等典型化事实仍然缺乏解释力（MacKinlay，1995），因此在总体上，多因子模型并不适用于风险资产收益率的精准预测。

从金融学的理论体系上看，基于资本资产定价模型的收益率预测与基于 Markowitz 风险收益框架的投资组合选择已经成为投资组合理论的经典范式。在这套范式下，风险资产收益率预测的精准度是决定优化投资组合表现的关键，对于收益率预测精准度的高要求激发了从单因子定价模型向多因子模型的演进，以及在因子选取上由依赖主观先验向数据驱动的变迁。

需要强调，无论是单因子模型还是多因子模型，其背后的理论都建构在有效市场假说的基础上（Sharpe，1964；Fama，1970），因而要求市场中的全体投资者必须是理性经济人，而且是同质的，进而其投资决策可以看作由一个代表性投资者做出的，并且市场中具有充足的流动性，可以无限制地买空卖空从而确保无套利均衡的实现。区分单因子和多因子模型的唯一因素是市场中信息的完备程度，当市场中信息是充分的，所有非市场风险因子引发的溢价都会成为套利机会从而在无套利均衡下消失，最终个体风险资产收益率的期望值只由市场风险因子的溢价决定；而当市场中存在不同程度的信息不充分，部分非市场风险因子引发的溢价将无法被发现，从而不会引起套利，而这部分非市场风险因子溢价也将进入个体风险资产收益率的定价，从而适用于多因子定价模型。在这个意义上，单因子模型和多因子模型的收益率预测都忽略了投资者的非同质性和有限理性等行为在金融层面上的影响因素；同时，任何一个金融市场都不可能具有完备的流动性和无约束的买空卖空，因此流动性和买空卖空限制对风险资产收益率的影响也被排除在因子定价模型之外。而在否定一个或多个有效市场假说中过于理想化的假设的基础上，文献中发展出了一系列替代因子模型的资产定价和收益率预测模型，本文将在后文中对两大类替代模型进行梳理。

　　建立在有效市场假说上的资本资产定价模型和多因子模型的一个直接推论是，对于个体资产收益率的预测只依赖于对市场组合和各个非市场因子组合的识别。一旦各组合中的风险资产权重信息已知，单个风险资产的收益率期望值将完全由这些权重值决定，任何通过其他方式形成的收益率预测都将带来不同程度的误差偏离，而由这些预测决定的最优投资组合也将偏离 Markowitz 的有效投资组合前沿，从而引致更低的实际收益或更高的风险成本（Sharpe，1964；Lintner，1965；Fama，1970）。这也意味着，在收益率预测上，对风险资产收益率历史数据的分析、基于专家经验的判断等方法都是无效的，对于投资组合的构建是无意义的（Mossin 1966）。然而，如前文强调的，有效市场假说要求投资者的同质性和完全理性，以及市场的充分流动性，而真实市场中投资者是普遍异质的和有限理性的，这既会影响其做出偏离资本资产定价理论和因子模型的收益预测和偏离有效投资组合前沿的组合决策，又会在存在流动性约束的前提下，反作用于风险资产的实际收益率，从而使其偏离资本资产定价理论和因子模型所预测的理论值（Fama，1970）。这意味着，在现实市场中，基于历史数据和专家判断的收益率预测并不会像资本资产定价理论预言的那样无用，而且这种预测因其捕捉到了真实市场中的投资者行为，从而通常具有较高的精准度（Black and Litterman，1990）。因此，一个好的收益率预测模型应当能够将收益率的历史变化情况和相关专家的经验判断这样的先验信息与资本资产定价模型的经典范式进行融合，而本着这样的思路，Black 和 Litterman（1992）提出了著名的 Black—Litterman 模型（BL 模型）。

BL 模型以贝叶斯概率更新理论为方法论基础，假设投资者会形成一个先验的预期收益率分布和一系列关于未来收益率变化的主观判断（又称为 views），而这些主观判断服从一个由先验收益率预期值和其他模型参数决定的正态分布。在给定具体的主观判断变量取值的条件下，贝叶斯后验概率公式将给出投资者收益率预期的后验概率分布，而由该分布决定的后验收益率期望值被视为经由主观判断修正的收益率预测值。大量的实证研究结果都表明，融入了多种主观判断信息后，风险资产收益率的预测和最优投资组合的收益表现，相较于不引入主观判断的传统情况，普遍得到了提升（Bessler et al.，2017）。

定义不同的主观判断变量及参数，可以得到完全不同的后验收益率预期，这一方面大大增加了 BL 模型的灵活性和应用上的便捷性，但另一方面，这也使其面临着类似于针对多因子模型的主观随意性的批判（Cheung，2010）。针对这些批判，深度学习技术等数据驱动方法被广泛应用于识别合适的主观判断变量的任务上，较为经典的做法包括 Beach 和 Orlov（2007）、Min 等（2021）、Idzorek（2007）、Lin 等（2021）。

最后，BL 模型在经典资本资产定价模型和因子模型的基础上引入投资者对于市场行情的主观判断，这使其可以被视为一类特殊的异质性投资者模型（Hommes，2006）。然而，与 BL 模型关于收益率预测的贝叶斯更新不同，常用的异质性投资者模型（LeBaron，2006）更加关注异质性投资者对风险按资产市场供求的影响，以及市场供求的相对变化引发的风险资产价格和收益率的动态变化趋势。换言之，异质性投资者模型更加关注对市场过程的建模，而视风险资产的收益率为这一过程的自发结果。在这一点上，异质性投资者模型弥补了传统资本资产定价模型和 BL 模型中对市场供求的忽视，以及只关注价格变量的缺陷。

第二节　金融市场中的异质性与多主体建模

近年来，随着针对"金融异象"的实证研究的深入，经典资本资产定价理论因对风险资产价格和收益率的解释力匮乏遭到了越来越多的批判。而为了改进和补充经典理论，大量研究者开始反思资本资产定价理论和有效市场假说背后关于投资者同质、完全理性以及只关注价格而不关注投资者行为与市场供求等不切实际的设定，并在异质性、有限理性和非均衡定价等替代假设的基础上，提出了一套异质性投资者模型框架（LeBaron，2006；Hommes，2006；Dieci and He，2018）。通过引入有限理性和异质性投资者假设，异质性投资者模型被证明能够为包括股票市场在内的各类金融市场中的"异象"提供相对逻辑自洽的解释（Hong and Stein，2007）。例如，投资者的互动影响价格和市场效率（Jawadi et al.，2018），个体异质性和整体的各种性质可以从个体互动中涌现出来（Heckman，2001；He et al.，2009），能够解释泡沫、崩溃和股价的均值回归等现象（Lux，1995）。常规的异质性投资者资产定价理论通常按预设的规则将投资者简单地分成有限几类。例如，将投资者分为基本价值投资者和噪音交易者（Fama，1965；Chiarella，1992），调节型投资者和反应型投资者（张维、赵帅特，2010；张维、张永杰，2006），价值投资者、趋势跟随者、噪音交易者等（郝军章等，2020），价值投资者、反向交易者、动量交易者（He and Li，2014）。

在这一系列围绕异质性投资者模型展开的文献中，建立在风险偏好和禀赋相同而收益率预期不同基础上的异质性投资者模型吸引了最多的关注（Brock and Hommes，1998；Chiarella and He，2008；He et al.，2018）。异质性投资者模型便于将行为金融、理性预期等不同流派的理论框架进行融合，并用于对金融市场的分析。聚焦于异质性预期有助于简化理论模型，并在预期形成机制方面展开更深入的研究。同时，尽管异质性预期模型的核心特点在于不同投资者不同预期形成机制的设定，但在一定程度上，投资者的不同情绪、风险规避水平等因素也可以表现为预期形成方式上的差异，从而被纳入分析框架（Chiarella et al.，2006；He and Shi，2012）。

沿着异质性预期的方向，目前已经开发出的异质性投资者模型包括：采用技术分析和基本价值分析的两类投资者模型（Chiarella，1992），带有模仿行为的模型（Kirman，1993），异质性适应性模型（Brock and Hommes，1997、1998；Chiarella and He，2001）等。而国内学者也就异质性预期模型及其实证分析开展了大量研究。例如，周爱民、遥远（2019）的研究表明，高风险高收益的传统认知存在误区，异质性、投资者情绪、换手率和经济增长这四个变量对市场风格的转换起到一定的预测作用。张维、赵帅特（2010）和张维、张永杰（2006）构建的异质性模型提供了一些具有启发性的建模思路。郝军章等（2020）根据 Brock 和 Hommes（1998）的异质代理人定价模型考察了中国股票市场，指出投资者数目不是导致股票市场波动的显著因素。

需要强调的是，在引入异质性后，一个自然的问题是市场应如何协调不同投资者的差异化需求、市场价格如何决定以及市场出清如何实现。针对这一问题，以 Yan（2008）、Kogan 等（2017）、Borovicka（2020）为代表的文献除假设投资者具有不同的价格预期形成机制外，完全沿用了新古典的假设，如所有异质性投资者均具有完全理性、能长期存活，市场以瓦尔拉斯均衡的方式达到出清。在上述假设下，每个投资者都可以完全准确地预见自己和其他投资者在未来所有可能状态下均可保证市场出清的最优投资组合，并能准确预见自己和其他投资者都会严格按照这样的最优组合进行投资。显然，在这样的假设下，未来的股票价格波动完全被考虑进投资者的当前决策中。因此尽管存在异质性投资者，但在股价形成机制上，这类文献的基本结论与传统的资产定价模型一致，即股票的市场价格完全由红利水平决定。Yan（2008）利用完全理性的异质性投资者模型，考察了具有不同精准度预期的投资者的长期市场份额。结果表明，在其他因素相同的前提下，对实际红利过程预测越精准的投资者越可能在市场中长期幸存下来。而类似的结论也出现在 Borovicka（2020）及其他同类文献中。从这个意义上来看，此类基于完全理性和异质性预期的投资者模型为有效市场假说和传统资产定价理论提供了一种基于异质性投资者的"补丁"，即纵然存在偏离市场真实走势的异质性预期，长期来看这样的异质性预期总会被更加接近真实市场行情的"正确"预期打败，从而市场会向着有效市场假说所描述的状态收敛。但需要强调的是，这类文献对于投资者完全理性的假设并不能反映现实市场中仅具有有限理性投资者的行为，同时由这一假设带来的股票价格完全由红利决定的推论也不能对股票市场中的超额波动现象进行合理的解释。

第三节　有限理性、市场摩擦与投资者行为动力学

与要求异质性投资者具有完全理性的做法不同，以 Brock 和 Hommes（1998）为代表的文献借鉴了复杂性科学、非平衡态物理和非线性动力系统等学科的系统观和方法论，从投资者仅具有有限理性和市场并不一定总能出清两个基本假设出发，刻画投资者的异质性预期及市场演化。在这类文献中，一个普遍的共识是差异化的预期形成机制也代表了不同投资者的不同理性程度。因此，异质性投资者模型并不排斥仅依据经验规则而非完美理性判断来形成预期的有限理性的投资者。在此基础上，差异化的预期形成机制会导致差异化的价格预期，进而诱发差异化的资产需求，这会带来多空缺口和市场的非出清。一个连续交易的金融市场意味着价格和收益率的相关信息是实时更新的，无论投资者采取哪种预期形成机制，都会充分利用当前发布的实时信息，由此形成的价格预期在不同投资者群体间的差异及其引致的多空缺口也会实时更新。在这种情况下，瓦尔拉斯意义上的均衡出清价格是没有意义的。

针对这一点，异质性投资者模型文献中的价格决定方程通常采用非均衡撮合定价的形式（Brock and Hommes，1998；Dieci and He，2018；He et al.，2018；Chiarella and He，2001、2008）。撮合定价模式与现实世界中股票交易所实际采用的定价方式一致（LeBaron，2006；Chiarella and He，2003），是一种非均衡的价格调整机

制，其中价格的变动方向与多空缺口方向一致，以反映市场价格在不断向出清方向调整，但又总是不能达到完全出清的状态。这种非均衡撮合定价模式与投资者的异质性预期相结合的系统，即使不存在红利、利率变动等外生冲击，仍然可以内生出持续的价格波动，为股票超额波动的"金融异象"提供了一个自洽的理论解释（He et al.，2018）。除超额波动外，不同的预期形成机制还为解释其他形式的"金融异象"带来了更多的灵活性和可能性。据 He 等（2018）的见解，异质性代理人模型可能会重现从金融市场中观察到的不同典型化事实。例如，股票收益的波动聚集、趋势反转等异象都可以通过适当组合不同种类的异质性预期投资者，从而使股票价格演化系统具有多个局部稳定的周期点这一方式来解释（Dieci and He，2018；He et al.，2018）。He 等（2018）构建了由价值投资者和一类趋势追随型投资者组成的股票市场，通过调整模型参数，可以令价格演化方程产生两组具有不同波幅的局部稳定的二周期点，在此基础上引入红利和对交易量的随机冲击后，股票价格会在两组局部稳定的周期点对应的局部吸引域内间歇性的跳跃，由此形成的价格轨迹呈现在一定时期内向一组周期点收敛、而另一时期内向另一组周期点收敛的趋势。不同周期点的波幅差异导致价格轨迹在不同时期内呈现不同的波动率，由此再现了股票市场的波动聚集现象。Chiarella 等（2006）则沿用类似的思路构建了一个由两类异质性投资者组成的股票市场模型，在适当的参数空间内，价格演化方程具有两个不同的局部稳定不动点，在引入随机冲击后，价格轨迹呈现在高低两个稳态价格附近间歇性聚集的现象，而当价格轨迹在随机冲击下从一个稳态价格的吸引域跳跃到另一个稳态价格的吸引域时，市场呈现趋势反转现象。其他文献还通过构建不同行为模式的投资者组合，成功地解释了股票收益的长程自相关（He and Li，2008；He and Li，2014）、价格泡沫（He and Zheng，2016）等"金融异象"。

尽管异质性投资者模型在解释风险资产的价格和收益率的"异象"上表现出较传统模型的优势，但其发展也面临着一系列问题和批判。前述异质性投资者模型一般都以离散化的方式处理投资者异质性预期（He and Zheng，2016），即事先预设投资者预期形成机制，将投资者分为价值投资者、趋势跟随者、随机选取者等几个固定类别。具体引入哪些类别的投资者以及每类投资者的预期形成机制的具体函数形式都依赖于研究者的先验设定，这导致此类模型被批评者认为主观性过强，其对于"金融异象"的解释力源自模型以外的精巧设计（Dieci and He，2018）。针对这一问题，Zhao 和 Zhang（2022）提出了一种基于连续型投资者分类的异质性投资者模型，其中投资者的类别用代表其财富水平和价格预期的连续变量加以刻画，而对于由不同投资者构成的市场总体则由总体中连续分类的个体投资者的分布函数进行描述。利用分布函数刻画投资者异质性的做法，使得异质性投资者模型的形式不再依赖于对特定数量和种类的投资者的主观选取，而是可以通过拟合分布函数中的相关参数而由真实数据决定，从而在一定程度上解决了模型设定上的主观随意性问题。

针对以上研究的不足之处，本篇从个体的有限理性行为出发，在异质性预期、异质性财富和市场存在交易摩擦以及非均衡定价的条件下，尝试构建一个反映个体行为、市场行为、资产定价和财富分配动态演化的分析框架。在该框架下，除了价格预期和财富水平存在差异，个体风险偏好和决策的理性范式都是相同的；在此基础上，个体需要在有限的买空卖空约束下构造最优资产组合；市场供求则由异质性个体投资者的供求加总而成，而市场价格变化遵循基于供求撮合的非瓦尔拉斯均衡定价机制（Lee，1995），以反映市场主体的相互作用和外部随机冲击。与瓦尔拉斯均衡意义上的均衡价格和市场出清假设不同，基于撮合定价形成的市场价格容许市场存在瞬时的多空缺口和采取非价格机制的出清方式，因而有助于反映多空双方的力量对比，也更接近现实交易所实际采用的定价机制。投资者的财富水平和财富分布随着市场价格的变化而不断演化。反过来，在微观层面上，每个投资者都会根据自己当期财富的价值，实时调整自己的最优资产配置。个体行为的这种变化引起市场供求关系和市场价格的进一步调整，财富随之被重新分配。这样，个体需求、市场需求、市场价格和财富分配的动态调整形成了一个逻辑闭环，许多"金融异象"都可以从该非线性资产定价系统中涌现出来。

第二章

异质性投资者市场中的资产定价与财富分布

第一节 资产定价与财富分配的联合理论建模

沿用异质性预期投资者模型的常规设定（Brock and Hommes, 1998；Chiarella and He, 2000），本章考察一个由无风险资产（债券）和风险资产（股票）组成的金融市场，个体投资者依离散时间进行基于预期的单期跨期投资组合优化策略。其中，投资者的投资组合决策采取单期跨期的形式，这与经典的异质性投资者模型相一致，反映了投资者决策的有限理性（Dieci and He, 2018）。在经典的均值—方差期望效用函数的基础上，本章假设不同的投资者对股票市场价格存在不同的预期，具有不同的初期财富禀赋，投资者进行资产组合决策时受卖空和借贷限制。一般来说，未来价格对个体投资者而言是一个以其价格预期为均值的随机变量，它服从一个个体投资者的主观概率分布，而这个分布属于该投资者的私人信息，其他人未必知道。针对这个分布求期望，可以得到个体投资者对于未来价格的预期值，这个预期值用变量 y_t 表示。从投资者价格预期异质性的角度来讲，在其他条件不变的情况下，不同的投资者是由不同的预期值 y_t 来定义的，个体投资者对于未来价格的预期值在全体投资者群体内的分布，即变量 y_t 的分布 $F_y(x)=P\{y_t<x\}$ 代表了投资者群体的结构。需要强调的是，在现实中，分布 $F_y(x)$ 没有必要也几乎不可能与个体关于未来价格的主观分布相一致，这反映了金融市场中投资者的有限理性。事实上，个体投资者的主观分布反映的是特定的个体对未来价格变动可能性的主观认知，它是由个体所掌握的私有信息和个体的知识背景等因素决定的。与之相反，y_t 在全部投资者群体中的分布反映的不单纯是个体的私人信息，还反映了具有高预期 y_t 的投资者在整个市场中占比多少、低预期 y_t 的投资者占比多少。因此，本章重点强调的预期价格分布 F_y 特指反映市场结构的分布，而不是个人的主观认知对应的分布，这两个分布是由完全不同的因素决定的。

以上对异质性预期的处理，避免了研究者对投资者分类的主观随意性，便于在更一般的意义上刻画异质性预期对价格形成的影响。在此基础上，本章对买空卖空施加了基于投资者财富的约束，使投资者的投资组合决策不仅受到价格预期、无风险资产收益率和红利分配政策的影响，而且受到投资者当前财富水平的影响。同时，由于金融市场具有财富分配效应，风险资产价格变动反过来又会影响投资者的财富水平，进而对投资者下一步决策产生影响。这样，通过异质性预期和买空卖空限制的引入，资产价格和财富演化过程的复杂性就得到了系统表达，金融市场各种不同的典型化事实也因此可能得到统一的理论解释。

为方便阅读，表 2-1 总结了后文模型中常用的数学符号及其

经济社会系统中的复杂网络与非线性动力学

含义。

表 2-1　模型中常用的数学符号及其含义

符号	含义
p_t	在 t 时期观测的风险资产（股票）价格
d_t	t 时期的股票红利
r	无风险资产（债券）的收益率
z_t	特定投资者在 t 时期选择持有的风险资产数量
y_t	特定投资者基于其在 t 时期的主观概率对 $t+1$ 时期观测价格的主观期望，即 $y_t = E_t(p_{t+1})$
W_t	特定投资者在 t 时期的财富水平
σ^2	特定投资者对于风险资产价格的主观方差，即 $\sigma^2 = E_t(p_{t+1} - y_t)^2$
A	投资者的风险厌恶系数
F_y	个体异质性投资者的价格预期在投资者总体中的分布
$F_{w,t}$	t 时期个体投资者财富 W_t 在投资者总体中的分布

在严格意义上，对每个个体投资者关于未来价格的主观概率，我们应当假设其概率分布的具体形式。但本文采用均值方差效用函数，只需关心个体投资者主观概率的期望值（ y_t ）和方差（ σ^2 ），因此后文中我们不再强调个体投资者的主观概率。[①] 此外，为了简化分析，本章假设所有投资者具有相同且不随时间变化的主观方差，这一假设并不影响以下分析框架的有效性，并可以很容易地拓展到个体价格预期与方差均存在差异的更一般场景，但为了聚焦于价格预期，本章采用该简化假设。表 2-1 中的设定意味着，在 t 时期两个投资者的类型不同当且仅当他们拥有不同的价格预期 y_t 或不

---

① 如果假设个体遵循特定的预期价格更新规则，则完全可以假设这个主观分布具有经典文献中要求的正态分布形式，本章不关注这个私人分布的除均值 y_t 外的其他特征，因此忽略该分布的具体函数形式。

同的财富水平 W_t，换言之，每一个投资者对应于一个二元组 $(y_t,$ $W_t) \in [0, \infty)^2$，而二维空间 $[0, \infty)^2$ 则表示市场中的投资者全体。在这个意义上，本章中的异质性投资者的总体构成了一个连续统，这与传统异质性投资者文献中仅考察有限类别的异质性投资者的做法有着根本的差异，而后文的分析将表明采用连续化投资者分类可以大大提升异质性投资者模型的灵活性，并有助于解决在传统有限分类的异质性投资者模型中，选择与设定投资者类别时的主观性问题。

需要强调的是，本章在标记个体异质性投资者时，使用二元组 (y_t, W_t) 标记法。可以证明这种标记方法与经典异质性投资者文献中的下标标记法在数学上是等价的，并可以简化数学符号的复杂度。事实上，对于个体异质性投资者和投资者总体的定义，一个更加严谨的数学表达是假设投资者全体的集合表示为 Ω，个体投资者在 Ω 内的分布由一个分布函数 F 表示，对于每个时间 t 和每个个体投资者 $\omega \in \Omega$，会形成一个价格预期 $y_{\omega, t}$ 和一个当前财富水平 $w_{\omega, t}$，其中下标 ω 表示投资者个体。在这些符号下，可以将二元组 $(y_{\omega, t}, w_{\omega, t})$ 视为一个从投资者空间 Ω 到 $[0, \infty)^2$ 的映射，在此映射下，分布 F 被映射为 $[0, \infty)^2$ 上的一个分布，而在后文的讨论中，在 t 时期该分布具有 $F_y \otimes F_{w, t}$ 的乘积分布形式。因此，对每一个 t，映射 $(y_{\omega, t}, w_{\omega, t})$ 实际上在投资者空间 (Ω, F) 与概率空间 $([0, \infty)^2, F_y \otimes F_{w, t})$ 之间建立了一个等价关系，这种等价关系使我们只考虑概率空间 $([0, \infty)^2, F_y \otimes F_{w, t})$ 即可准确表达模型的全部设定，而无须考虑原始的投资者空间。因此，本章不再使用常用的下标区分不同的个体投资者，而是直接使用二元组 (y_t, W_t) 表征 t 时期该二元组所代表的投资者个体。

一 个体投资者行为

遵循传统资产组合理论的分析框架,假设每个个体投资者 (y_t, W_t) 的偏好由一个均值—方差效用函数表达(Grossman and Stiglitz,1980),其期望效用最大化目标函数如下:

$$U(E_t[W_{t+1}]; Var_t[W_{t+1}]) = E_t[W_{t+1}] - \frac{1}{2} A Var_t[W_{t+1}] \qquad \text{式 2-1}$$

投资者在任一时期 t 的资产总量为无风险资产和风险资产的价值之和。无风险资产按利率 r 增值,而风险资产的收益则由 $t+1$ 期的红利及其价格增值(即资本收益)两部分组成,因此,当 $t+1$ 期价格 p_{t+1} 和红利 d_{t+1} 给定的情况下,个体投资者财富价值按如下方式更新:

$$W_{t+1} = W_t(1+r) + z_t(p_{t+1} + d_{t+1} - p_t(1+r)) \qquad \text{式 2-2}$$

式 2-2 表示投资者 $t+1$ 期的财富总值等于无风险资产的本金和利息收入之和,再加上风险资产的预期超额收益。沿用传统异质性投资者文献中的常规假设(Brock and Hommes,1998;Chiarella and He,2000;He and Li,2008;He et al.,2018),本章将红利 d_{t+1} 视为在 t 时期个体投资者的已知信息,这一假设等价于将红利视为外生参数,在个体投资者依据其主观概率对式 2-2 求期望时可当作常数处理。

本章要求投资者在进行资产组合配置时面临买空卖空约束,令 $\eta \geqslant 1$ 表示投资者的买空卖空约束程度,则买空卖空约束可由不等式 2-3 表示,即个体投资者持有风险资产的价值总额不能高于其财富价值总额的 η 倍,也不能低于其财富的 $1-\eta$ 倍。在该设定下,如果 $W_t < z_t p_t$,则该投资者持股金额超过其财富总额,即采用买空

策略；反之若 $z_t p_t < 0$，该投资者即采用卖空策略。但无论是买空还是卖空，其程度都不得超过财富的一定比例（分别为 $\eta - 1$ 和 η），这体现了财富的硬约束。无论 $\eta = 1$ 或 $\eta > 1$ 都不影响式 2-3 作为目标函数式 2-1 的区间约束的本质，也并不改变个体的财富更新方式 2-2 和后文的式 2-7，因此即使放松至 $\eta > 1$ 的情形，本章后续的基本结论不会受到实质性的影响。容许 $\eta > 1$ 的确会对价格波动的幅度、财富的积累速度等因素产生影响，衡量这种影响的大小并不是本章关注的重点，因此可作为未来研究课题。

$$(1 - \eta)W_t \leq z_t p_t \leq \eta W_t \qquad \text{式 2-3}$$

为了简化分析，下面假设 $\eta = 1$（$\eta > 1$ 情形下的演化方程及推导可参见附录 7）。利用式 2-2 和式 2-3，投资者 (y_t, W_t) 单期跨期目标函数可以改写成：

$$Max\, U(E_t[W_{t+1}]; Var_t[W_{t+1}]) = W_t(1 + r) + z_t(y_t + d_{t+1} - p_t(1 + r)) - \frac{1}{2}A z_t^2 \sigma^2$$

$$\text{式 2-4}$$

一阶条件：

$$\frac{\partial U}{\partial z_t} = (y_t + d_{t+1} - p_t(1 + r)) - A z_t \sigma^2 = 0 \qquad \text{式 2-5}$$

由式 2-3 可以解得每一个个体投资者的风险资产需求函数。按对价格预期的不同，投资者的需求函数可以分段表示为如下方程式：

$$z_t = \begin{cases} 0, 0 \leq y_t + d_{t+1} \leq (1 + r)p_t \\ \dfrac{1}{A\sigma^2}(y_t + d_{t+1} - p_t(1 + r)), (1 + r)p_t < y_t + d_{t+1} < (1 + r)p_t + \dfrac{A\sigma^2 W_t}{p_t} \\ \dfrac{W_t}{p_t}, y_t + d_{t+1} \geq (1 + r)p_t + \dfrac{A\sigma^2 W_t}{p_t} \end{cases}$$

$$\text{式 2-6}$$

式 2-6 告诉我们，根据每个投资者的预期价格、红利和现行市场价格之间的比较，可确定投资者资产组合的类型。当一个投资者对风险资产价格和红利的预期过低时（$0 \leqslant y_t + d_{t+1} \leqslant (1+r)p_t$），只购买无风险资产，不购买风险资产；当一个投资者对风险资产价格和红利的预期过高时$\left(y_t + d_{t+1} \geqslant (1+r)p_t + \dfrac{A\sigma^2 W_t}{p_t} \right)$，不购买无风险资产，只购买风险资产；当一个投资者对风险资产价格和红利的预期位于一个适当的区间时$\left((1+r)p_t < y_t + d_{t+1} < (1+r)p_t + \dfrac{A\sigma^2 W_t}{p_t} \right)$，同时购买风险资产和无风险资产。

投资组合的三段式表达式 2-6 提供了一种不依赖于额外假设即可对投资者自然分类的规则。只购买无风险资产和只购买风险资产的两个子群体产生的微观基础是财富约束导致个体投资决策存在两个可能的角点解 0 和 $\dfrac{W_t}{p_t}$，而在后文中的分析将展示采取内点解投资策略（即式 2-6 的中间表达式）的群体在财富分布上可以表达为两个具有角点解群体财富分布的混合。

值得特别指出的是，大部分相关文献没有考虑式 2-6 中的第一种和第三种可能的情况，只是选择性地采用第二种情况的表达式，而且将 $z_t = 0$ 或 $p_t = \dfrac{y_t + d_{t+1}}{(1+r)}$ 视为股票基本价值决定公式（Brock and Hommes，1998）。这样，风险资产需求与财富之间的关系以及财富约束所发挥的作用被凭空假设掉了，使风险资产的需求函数变得与财富约束完全无关，这在理论上显然是不完整的。不考虑预期价格以及红利过低和过高的情况，等于在个体最优化决策作出之后又凭空增加了一个条件，却没有在最优化过程中将其明示出来。另外，考虑到式2-6中需求函数的分段特征（非线性）以及后两个表达式都与包含财富约束的不等式有关，简单地将风险资产需求看作价格的线性函数是错误的。

将式2-6代入式2-2可得到投资者的财富演化方程：

$$
W_{t+1} = \begin{cases}
W_t(1+r), & y_t + d_{t+1} - (1+r)p_t \leq 0 \\[2mm]
W_t(1+r) + \dfrac{(E(p_{t+1}+d_{t+1}) - p_t(1+r))(p_{t+1}+d_{t+1} - p_t(1+r))}{A\sigma^2}, & \\[2mm]
& 0 < y_t + d_{t+1} - (1+r)p_t < \dfrac{A\sigma^2 W_t}{p_t} \\[2mm]
\dfrac{W_t(p_{t+1}+d_{t+1})}{p_t}, & y_t + d_{t+1} - (1+r)p_t \geq \dfrac{A\sigma^2 W_t}{p_t}
\end{cases}
$$

式 2-7

从式2-7可以看出，当个体投资者对风险资产的收益预期低于无风险资产收益时，其财富增长率等于无风险资产收益率；当投资者对风险资产的收益预期过高时，其财富增长率等于风险资产收益率加上红利与价格之比；在中间状态下，投资者选择在风险资产和无风险资产之间进行一个组合投资，其财富增长率高于或低于无风险收益率皆有可能。

二　市场需求与资产定价

市场行为是个体投资者相互作用的结果，传统理论假设存在一种由供求关系决定的均衡状态，但行为金融理论认为均衡只是一个参照点，非均衡是市场常态，也是驱动价格变化的根本力量。由于投资者全体构成一个连续统，其中个体投资者对风险资产的价格存在不同的预期，个体投资者的预期价格 y_t 可看作随机变量，并假设其在总体中的分布由概率分布函数 $F_y(x) = P\{y_t < x\}$ 刻画。根据式 2-6，购买风险资产的投资者一定是预期风险资产收益率超过无风险资产收益率的那部分人，即 $z_t > 0$ 表达投资者对资产价格看涨的预期，$z_t = 0$ 表达投资者对资产价格看跌的预期。风险资产的市场需求就是预期风险资产价格 $y_t > p_t(1 + r) - d_{t+1}$ 的所有投资者的需求之和（用人均需求表示）。

类似地，由于投资者总体的连续统属性，每一时期的财富水平也可以被视为一个随机变量，而不同个体投资者的不同财富水平可以被视为该随机变量的不同取值。换言之，尽管对于个体投资者而言，当前时期的财富水平是确定的，但在投资者总体视角上，财富水平是随机分布的。假设 t 时期财富分布由概率密度函数 $F_{W,t}(w)$ 刻画，$w \in [0, \infty)$，由于每个个体投资者 (y_t, W_t) 等同于从连续统投资者总体所对应的样本空间 $[0, \infty)^2$ 依照价格预期分布 $F_y(x)$ 和财富分布 $F_{W,t}(w)$ 所作的随机抽样，则从个体风险资产需求函数计算 t 时期风险资产的市场总需求等价于令式 2-6 给出的风险资产需求函数依 F_y 和 $F_{W,t}$ 的二次积分，即：

$$Z_t^D = \int_0^\infty \left(\int_0^\infty z_t dF_t(y_t) \right) dF_{W,t}(W_t) \qquad \text{式 2-8}$$

其中内层积分经化简可得市场需求函数的如下表达式（推导见附录1）：

$$Z_t^D = \int_0^\infty \left(\int_0^1 \frac{w}{p_t} \left(1 - F_y \left((1+r)p_t - d_{t+1} + \frac{A\sigma^2 w}{p_t} x \right) \right) dx \right) dF_{W,t}(w) \quad \text{式 2-9}$$

比较式 2-6 与式 2-9，可以发现个体需求函数与市场需求函数之间存在明显区别。根据式 2-6，给定个体预期价格和方差，个体需求函数可能表示为三条曲线段的某一段。总体来看，个体投资者对风险资产的需求量是价格的单调递减函数，市场需求函数依赖于预期价格和财富的分布。

本章考察二级市场，因此可设风险资产供给量（C）由上市公司和证券交易所外生给定，所以当市场在瓦尔拉斯均衡意义上出清时，风险资产的均衡价格可由下列方程式决定：

$$Z_t^D = \int_0^\infty \left(\int_0^1 \frac{w}{p_t} \left(1 - F_y \left((1+r)p_t - d_{t+1} + \frac{A\sigma^2 w}{p_t} x \right) \right) dx \right) dF_{W,t}(w) = C$$

式 2-10

值得一提的是，从式 2-6 的中间表达式可知，在传统的同质人假设下，式 2-10 退化为经典情形。如果所有的投资者都选择多样化组合投资（排除角点解），则风险资产市场价格 $p_t = \dfrac{y_t + d_{t+1}}{(1+r)} - \dfrac{A\sigma^2 C}{(1+r)}$，此处 C 表示股票供给量。此处，投资者的主观方差 σ^2 就是市场的风险因素，σ^2 增大将导致价格下降。这与 Varian（1985）、Basak（2005）、David（2008）的结论一致。如果价格预期没有偏误（即 $\sigma^2 = 0$），从式 2-6 可得出传统的基本价格决定方程 $p_t = \dfrac{y_t + d_{t+1}}{(1+r)}$。由此可见，本章模型既是经典贴现率模型和 CAPM 的扩展，也将展现新的解释力。

然而，在现实世界中，式 2-10 的均衡定价机制并不适用。在经典微观经济学教科书中（Varian，1992），式 2-10 的实现依赖于瓦尔拉斯拍卖机制，其中买卖双方反复报价，只有最终报价等于满足式 2-10 的均衡价格时交易才能发生。反复报价会导致交易不能实时发生，而现实世界中典型的金融市场（如股票市场）都是实时交易的，因此现实世界中的股票定价依赖于交易所主导的即时交易撮合机制（Lee，1995），与完全竞争理论假设存在一个瓦尔拉斯拍卖人的市场不同。在通常情况下，对于任意一个给定的市场价格，总有一些想购买股票的人买不到股票，也有一些想卖股票的人卖不出股票，每一个市场参与者都或多或少地具有影响市场价格的能力。在其他条件给定的情况下，如果需求大于供给，则市场价格上升，如果需求小于供给，则市场价格下降。这种撮合定价机制本质上是一种非均衡价格调节机制，被异质性投资者的相关文献广泛使用（Brock and Hommes，1998；Chiarella and He，2000；He and Li，2008；Dieci and He，2018；He et al.，2018）。本章沿用这一惯常设定，定义市场需求与市场供给的比值 $M_t = \dfrac{Z_t^D}{C}$ 作为驱动市场价格变化的动量指标，它反映了供求关系的非均衡性。具体而言，假设交易系统的价格调节规则如下：

$$\ln p_{t+1} - \ln p_t = k + \theta \ln(M_t) + \varepsilon_t = k + \theta(\ln Z_t^D - \ln C) + \varepsilon_{t+1} \quad \text{式 2-11}$$

其中 $\varepsilon_t \overset{iid}{=} N(0,\sigma^2)$ 表示随机冲击的影响，C 为风险资产的供给量，k 可视为金融市场之外的驱动价格变化的外生变量，如货币政策的松紧程度或持续性制度因素等。令 $K_C = C^{-\theta}\exp(k+\varepsilon_t)$，并利用式 2-9 可将式 2-11 等价地表示为如下价格演化方程：

$$p_{t+1} = K_C p_t \left(\int_0^\infty \left(\int_0^1 \frac{w}{p_t} \left(1 - F_y \left((1+r)p_t - d_{t+1} + \frac{A\sigma^2 w}{p_t}x \right) \right) dx \right) dF_{W,t}(w) \right)^\theta$$

$$\text{式 2-12}$$

需要指出，在式 2-12 中关键参数 $K_C = [C]^{-\theta}\exp(k+\varepsilon_{t+1})$ 可视为市场环境的代理变量，它由模型的外生信息 k、外部冲击 ε_t、股票的相对供给量 C 以及交易所进行价格调整时对于多空缺口的敏感度 θ 等因素决定。为简化分析，可将外生信息 k 标准化为 0，同时若不考虑随机冲击（$\varepsilon_t \equiv 0$），价格演化方程式 2-12 将退化为确定性差分方程系统，并不依赖外生信息。在本章后面的分析中，我们将专注于对没有外生冲击的确定性演化方程的分析。

从式 2-9 和式 2-12 来看，本章的市场资产需求函数和资产定价方程比传统模型表达的内容更加丰富，$\dfrac{p_{t+1}}{p_t}$ 除了受无风险资产收益率 r（也可视为贴现因子）、预期红利 d_{t+1} 和风险资产投资者主观方差 σ^2 的影响，还受到财富水平 w、群体价格预期分布 F_y 和群体财富分布 $F_{W,t}$（代表市场结构）变动的影响。原则上，价格方程式 2-11 可以写成 $pt+1/pt = kf\left(\dfrac{Z_t^D}{C}\right)$，其中 f 是任意的连续单调增函数，而后文的基本结论并不会有什么改变。科学研究的任务就是要找到解释力最好的那个 f 的具体形式。因此，作为理论研究者，不应该排斥任何一种可能的形式，而应该对此持开放的态度，至于到底哪种形式的 $f\left(\dfrac{Z_t^D}{C}\right)$ 最合适，则是实证研究要回答的问题。

三　财富均值的决定及财富分布的演化

本节探究财富分布的演化过程。根据式 2-12，在当前价格 p_t、外生红利 d_{t+1}、价格预期的总体分布 F_y 和总体财富分布 $F_{W,t}$ 给定时，下期价格 p_{t+1} 可以完全确定，将其带入式 2-7，个体投资者的财富更新 W_{t+1} 可以完全确定，并且 $W_{t+1} = W(y_t, W_t)$ 可以看作一个依赖于个体价格预期 y_t 和当期财富水平 W_t 的函数。在个体财富更新函数给定的基础上，$t+1$ 时期总体财富分布函数 $F_{W,t+1}$ 可由以下积分形式给出：

$$F_{W,t+1}(w) = \int_{[0,\infty)^2} I(W(y_t, W_t) \leq w)\, dF_y(y_t)\, dF_{W,t}(W_t) \qquad \text{式 2-13}$$

其中，函数 $I(\cdot)$ 代表示性函数，$I(W(y_t, W_t) \leq w) = 1$ 当且仅当 $W(y_t, W_t) \leq w$，否则 $I(W(y_t, W_t) \leq w) = 0$。式 2-13 给出了泛函形式的财富分布演化方程。显然，式 2-12 和式 2-13 都依赖于价格预期的总体分布和当前财富的总体分布。在 F_y 和 $F_{W,t}$ 的具体函数形式未知的前提下，很难给出价格演化方程和财富分布演化方程的显式表达。而命题 2-1 则指出，在用混合指数分布的概率密度函数表示 F_y 和 $F_{W,t}$ 的密度函数的前提下，演化方程式 2-12 和式 2-13 具有相对简洁的显式表达，并且更新后的 $t+1$ 期财富分布仍具有混合指数分布形式。根据著名的 Stone-Weierstrass 定理（Conway，1990），区间 $[0, \infty)$ 上的任何具有连续概率密度函数的概率分布均可以用形如式 2-14 的混合指数分布密度函数任意逼近，因此命题 2-1（证明见附录 2 及附录 3）关于演化方程式 2-12 和式 2-13 的表达式具有充分的一般性。

命题 2-1：假设总体价格预期的分布密度函数具有混合指数形式：

$$f(x) = \sum_{i=1}^{n} \alpha_i \exp(-\beta_i x)\,,\text{其中 } \beta_i > 0,\ \sum_{i=1}^{n} \frac{\alpha_i}{\beta_i} = 1 \qquad \text{式 2-14}$$

$$f_y(x) = \sum_{i=1}^{n_y} \alpha_i^y \exp(-\beta_i^y x)\,,$$

t 时期的总体财富分布密度函数也具有混合指数形式：

$$f_{W,t}(x) = \sum_{i=1}^{n_{W,t}} \alpha_i^{W,t} \exp(-\beta_i^{W,t} x)\,,$$

其中 n_y 和 $n_{W,t}$ 为大于 0 的正整数，价格演化和财富分布密度函数演化方程可分别表示为式 2-15 和式 2-16：

$$p_{t+1} = K_c p_t \left(\sum_{i=1}^{n_{W,t}} \sum_{j=1}^{n_y} \frac{\alpha_i^{W,t} \alpha_j^y}{\beta_i^{W,t} \beta_j^y} \frac{\pi_j^t}{(\beta_j^y A \sigma^2 + \beta_i^{W,t} p_t)} \right)^{\theta} \qquad 式2-15$$

$$f_{W,t+1}(x) = \sum_{i=1}^{n_{W,t}} \sum_{j=1}^{n_y} \frac{\alpha_i^{W,t} \alpha_j^y}{\beta_i^{W,t} \beta_j^y} (1 - \pi_j^t (1 - \theta_{ij}^t)) \frac{\beta_i^{W,t}}{1+r} e^{-\frac{\beta_i^{W,t}}{1+r}x}$$

$$+ \sum_{i=1}^{n_{W,t}} \sum_{j=1}^{n_y} \frac{\alpha_i^{W,t} \alpha_j^y}{\beta_i^{W,t} \beta_j^y} \pi_j^t (1 - \theta_{ij}^t) \rho_{ij}^t \frac{\beta_i^{W,t} p_t}{p_{t+1} + d_{t+1}} e^{-\rho_{ij}^t \frac{\beta_i^{W,t} p_t}{p_{t+1} + d_{t+1}}x}$$

$$式2-16$$

其中

$$\theta_{ij}^t = \frac{\beta_j^y A \sigma^2 (1+r)}{\beta_j^y A \sigma^2 (1+r) - \beta_i^{W,t} (p_{t+1} + d_{t+1} - p_t (1+r))}$$

$$\pi_j^t = e^{-\beta_j^y (p_t(1+r) - d_{t+1})}$$

$$\rho_{ij}^t = 1 + A \sigma^2 \beta_j^y / (\beta_i^{W,t} p_t)$$

1. 金融市场的长程自相关性

利用命题2-1可以直接推导出风险资产价格的长程自相关效应（He and Li，2005、2008），即 p_{t+1} 不仅受到 p_t 的影响，还会受到 p_{t-i}（$i>0$）的影响。换言之，对两个价格的历史序列（…，p_{t-2}，p_{t-1}，p_t）和（…，p'_{t-2}，p'_{t-1}，p_t），即使当前价格 p_t 相同，只要对于某些 $i>0$，$p_{t-i} \neq p'_{t-i}$，两个序列对应的下期价格 p_{t+1} 仍有可能不同。价格序列的这种长程自相关性，在 He 和 Li（2005、2008）的研究中，是通过假设存在一类趋势跟随型投资者实现的。He 和 Li（2005、2008）在其趋势跟随型投资者的预期价格形成机制中引入了对于 p_{t-i}（$i>0$）的依赖性假设。相较之下，本模型中没有显性预设 p_{t+1} 对于 p_{t-i}（$i>0$）的依赖，历史价格对 p_{t+1} 的影响是通过改变财富分布的参数 $\alpha_i^{W,t}$ 和 $\beta_i^{W,t}$ 实现的，而财富分布对于价格形成的作用被自动编码进入下期价格的决定过程。与 He 和 Li（2005、2008）相比，本章的影响机制对投资者行为假设的依赖更少，因此具有更强的解释力。

另外，联立演化方程式 2-15、式 2-16 也提供了一种新的关于股票价格和收益的波动聚集现象的解释。在传统异质性投资者文献中，波动聚集的产生源自外生的随机冲击作用于具有多组局部稳定周期轨的确定性股票价格或收益率演化方程，此时受随机冲击影响，价格演化轨迹会呈现逃离特定周期轨的局部吸引域的趋势，从而在不同周期轨的局部吸引域内呈现间歇性的跳跃。由于不同周期轨吸引域内的价格波动呈现不同的波动率，长期来看价格轨迹将呈现不同波动率的间歇性聚集，即波动聚集现象（He et al.，2018）。上述波动聚集的产生机制要求多组局部稳定周期轨的存在，同时要求向特定周期轨收敛的向心力与偏离特定周期轨的离心力的耦合，而式 2-15 和式 2-16 在即使不存在随机冲击的环境中也提供了类似于向心力与离心力的耦合效果。具体而言，由价格演化方程式 2-15 和后文的命题 2-4，对于任意财富分布，价格演化方程都构成了一个紧区间上的单峰/多峰映射，因而在广泛的参数区间内都存在稳定的周期轨。在此基础上，财富演化方程式 2-16 会引致式 2-15 中的参数 $\alpha_i^{w,\,t}$ 和 $\beta_i^{w,\,t}$ 的持续变动，这等价于令式 2-15 在不同形式的价格演化系统间反复跃迁，从而产生与传统异质性投资者模型中外生随机冲击相类似的效果，使价格轨迹在不同的稳定周期轨的吸引域内反复跳跃，由此带来不同波动率的耦合。关于这种波动聚集的生成机制，本书将在后续的模拟章节给出基于数值模拟的验证。需要强调的是，由上述机制生成的波动聚集现象不依赖于任何随机冲击，是完全内生于确定性系统的演化过程，这与依赖于外生随机冲击的波动聚集机制完全不同，也意味着在引入财富分布的协同演化后，异质性投资者模型足以产生充分的复杂性，可以揭示现实世界中的金融市场异象。

2. 市场微观结构的"分裂—混合"

进一步考察命题 2-1，不难发现除了给出价格演化方程与财富分布演化方程的显式表达，式 2-16 还在混合指数型群体财富分布下提供了一种理解微观市场结构与财富和股价之间动态联系的新视角。为弄清这种联系，不妨假设预期价格的总体分布函数为单指数形式，即 $f_y(x) = \lambda \exp(-\lambda x)$，在此假设下，式 2-16 可简化为式 2-17（其中由于价格期望分布简化为单指数分布，π_j^t、θ_{ij}^t 和 ρ_{ij}^t 将不再依赖于下标 j）：

$$f_{W,t+1}(x) = \sum_{i=1}^{n_{W,t}} \frac{\alpha_i^{W,t}}{\beta_i^{W,t}}(1 - \pi^t(1 - \theta_i^t)) \frac{\beta_i^{W,t}}{1+r} e^{-\frac{\beta_i^{W,t}}{1+r}x} +$$

$$\sum_{i=1}^{n_{W,t}} \frac{\alpha_i^{W,t}}{\beta_i^{W,t}} \pi^t(1 - \theta_i^t)\rho_i^t \frac{\beta_i^{W,t} p_t}{p_{t+1} + d_{t+1}} e^{-\rho_i^t \frac{\beta_i^{W,t} p_t}{p_{t+1}+d_{t+1}}x} \qquad \text{式 2-17}$$

根据财富分布演化方程式 2-17，财富分布的演进可以看作资本市场上采取完全持有无风险资产和完全持有风险资产两种极端策略的人群不断分裂和混合的过程。如果个体投资者完全持有无风险资产，其财富按 $1+r$ 的速率增长，从而其下期财富水平达到 w 所需的当期财富价值量为 $\frac{w}{1+r}$，因此该小群体内投资者的下期财富分布 $\frac{\beta_i^{W,t}}{1+r}e^{-\frac{\beta_i^{W,t}}{1+r}x}$ 由当前母群体的财富分布 $\beta_i^{W,t}e^{-\beta_i^{W,t}x}$ 经由积分换元得到。若个体投资者完全持有风险资产，其财富在平均意义上以 $\frac{p_{t+1}+d_{t+1}}{p_t}$ 乘上一个风险折价因子 $1/\rho_i^t$ 的速率增长，则下期平均财富

水平达到 w 需要当期持有的财富为 $\dfrac{\rho_i^t p_t w}{p_{t+1}+d_{t+1}}$ ，而投资者财富在该

小群体内的下期财富分布由当前母群体的财富分布经由积分换元得

到，即 $\rho_i^t \dfrac{\beta_i^{W,t}p_t}{p_{t+1}+d_{t+1}} e^{-\rho_i^t\frac{\beta_i^{W,t}p_t}{p_{t+1}+d_{t+1}}x}$ 。最终，母群体在下期的财富分布由这

两个小群体各自的财富分布按二者在母群体内的权重混合而成。因
此，下期财富任何一种可能实现的分布都是两种极端策略的概率分
布混合。换言之，每一次迭代都导致原投资者的总体按其持有风险
资产的状态分裂为两个子群体，但两个子群体的财富分布因其策略
的异质性而不可约，因而最终导致总体的财富分布将由两个不可约
的子群体内部的财富分布混合而成。而此后每一期迭代都会导致前
次迭代分裂出的新子群体再次根据其持有风险资产的状态发生分
裂，使得每个子群体内部的财富分布是新分裂的两个子群体的财富
分布的混合，而总体财富分布是上述混合分布的再次混合，即两次
分裂得到的四个子群体内部的财富分布的混合。一般地，第 n 次迭
代后，前 $n-1$ 次迭代分裂而成的 2^{n-1} 个子群体中的每一个子群体
都将再次分裂为两个子群体，使财富分布成为 2^n 个子群体内部的财
富分布的混合。

3. 市场微观结构的自组织

利用上述投资者子群体的分裂—混合过程，可以在本章提出的
连续化异质性投资者模型与传统有限类别的异质性投资者模型之间
建立一种紧密联系，即我们可以利用财富的混合指数分布的表达形
式将连续化异质性投资者进行分类合并，由此形成的 $n_{W,t}$ 个大类投
资者群体与有限类别的异质性投资者模型中的投资者类别一一对
应。另外，由联立方程式 2-17 和价格演化方程式 2-15 可知，在本
文的连续化异质性投资者模型中，每个个体投资者 (y_t, W_t) 并不

会直接影响下期股价和总体财富分布，它们对股价和财富分布的影响只能通过影响加总而成的 $n_{W,t}$ 个大类投资者群体的特征参数来实现，即通过影响每类投资者群体的财富分布参数 $\beta_i^{W,t}$ 及其在投资者总体中的权重系数 $\alpha_i^{W,t}$ 来实现。换言之，只要获得全部 $n_{W,t}$ 组（$\alpha_i^{W,t}$，$\beta_i^{W,t}$）的信息，便可完全确定股票价格和财富分布的演化过程，在这个意义上，股票价格和财富分布的演化是发生在大类投资者群体层面上的，而不是发生在微观个体投资者层面上的。也正是从这个意义上讲，本章的连续化异质性投资者模型与文献中有限类别的异质性投资者模型等价。但有限类别的异质性投资者模型要求先验给定投资者类别的总数，以及每类投资者对下期价格的影响参数［该参数与本文模型中的（$\alpha_i^{W,t}$，$\beta_i^{W,t}$）相对应，其取值由先验设定的投资者预期形成机制推导得出，因此也是外生给定的］，这种依赖于先验设定的投资者类型及行为特征令传统异质性投资者模型因设定的主观随意性而饱受质疑。而在本章的连续化异质性投资者模型中，投资者群体的分裂过程本质上给出了一个内生化投资者分类的实现方式，这有助于解答传统模型无法解答的关于异质性投资者如何起源的问题，因此形成了对传统异质性投资者模型的补充和拓展。

4. 市场财富总量的演化

利用混合指数分布的特征和财富分布演化方程式 2-17，可以推导出投资者财富的总体均值的演化方程：

$$E\left[W_{t+1}\right] = E\left[W_t\right](1+r) + \exp\left(-\lambda p_t(1+r) + \lambda d_{t+1}\right)$$

$$\left(\sum_{i=1}^{n} \frac{\alpha_i^{W,t}\left(p_{t+1} - p_t(1+r) + d_{t+1}\right)}{\beta_i^{W,t}\left(\lambda A \sigma^2 + \beta_i^{W,t} p_t\right)}\right) \qquad \text{式 2-18}$$

注意到 $\sum_{i=1}^{n} \dfrac{\alpha_i^{W,t}}{\beta_i^{W,t}(\lambda A\sigma^2 + \beta_i^{W,t}p_t)} = \dfrac{1}{\lambda A\sigma^2}\left(1 - \int_{[0,\infty)} \exp\left(-\dfrac{\lambda A\sigma}{p_t}w\right)\right.$

$\left. dF_{W,t}(w)\right)$，其中，$F_{W,t}(w)$ 是由 α_i 和 β_i 依照式 2-15 决定的混合

概率分布函数，可知 $\sum_{i=1}^{n} \dfrac{\alpha_i^{W,t}}{\beta_i^{W,t}(\lambda A\sigma^2 + \beta_i^{W,t}p_t)} > 0$。因此式 2-18 蕴

含命题 2-2。

命题 2-2：资产组合的预期收益 $E[W_{t+1} - W_t]$ 是风险资产现价的减函数，预期价格的增函数，无风险利率的减函数，红利的增函数。当 $p_{t+1} = p_t(1+r) - d_{t+1}$ 时，资产组合的预期收益率等于无风险收益率；当 $p_{t+1} > p_t(1+r) - d_{t+1}$ 时，资产组合的预期收益率高于无风险收益率，市场表现为风险溢价；当 $p_{t+1} < p_t(1+r) - d_{t+1}$ 时，资产组合的预期收益率低于无风险收益率，市场表现为风险折价。

命题 2-2 有着很强的理论和现实预见性。根据式 2-18，资产组合的预期收益率不一定高于无风险资产的收益率，通过风险资产和无风险资产的组合投资并不一定能达到完全规避风险的目的，风险越大收益率越高的命题在异质性和有限理性条件下是不一定成立的。个体投资者主观上的最优风险资产组合投资遵循 $y_t + d_{t+1} - p_t(1+r) > 0$ 的原则，而资产价格是市场上众多投资者相互作用的结果，所以实际价格 p_{t+1} 与个体投资者的预期 y_t 可能经常不一致。当市场实际价格 $p_{t+1} > p_t(1+r) - d_{t+1}$ 时，意味着风险资产投资者的预期没有犯方向性的错误，即使市场价格 p_{t+1} 不及投资者的预期价格 y_t 高，资产投资者可以获得超过无风险收益的风险溢价；相反，如果将全部资产投资于无风险资产，则投资者必然失去获得风险溢价的机会。当 $p_{t+1} < p_t(1+r) - d_{t+1}$，意味着投资者的预期与市场运行的方向相反，投资者犯了方向性的错误，在这种情况

下，投资者即使没有亏损，其收益也低于无风险资产收益；相反，将全部资产投资于无风险资产的投资者规避了资产折价的风险。

5. 市场微观结构中的量子游走

进一步考察演化方程式 2-17，不难发现，每次迭代后财富分布函数中涌现的新的小群体的权重系数 $\pi^t(1-\theta_i^t)$ 和 $1-\pi^t(1-\theta_i^t)$ 并不一定总是非负值，当权重系数为负时，分裂后的小群体将以更复杂的形式实现混合。事实证明，权重系数 $\pi^t(1-\theta_i^t)$ 和 $1-\pi^t(1-\theta_i^t)$ 是否为负与小群体内以及投资者总体的财富分布不平等程度有着深刻的联系。为了深入分析这一联系，本章在命题 2-3 中首先给出令权重系数为负的条件，并在之后探讨负权重系数的经济含义。为简化分析，后文在分析中，将一律聚焦于价格预期的群体分布具有单指数分布的形式，从而财富分布的演化方程由式 2-17 给出。这种简化是合理的，因为投资者的预期价格分布于 $[0, \infty)$，根据最大熵原理，在均值给定的条件下，随机变量的最大熵分布为指数分布。而预期价格是个体观念中存在的不可观察变量，它在个体中的取值应当呈现一种高度无序的状态，熵作为信息论中衡量一个系统无序程度的量，通过最大化熵的方式选取分布函数等价于假设投资者的个体价格预期分布是极度无序的，这与对现实市场的经验认知相一致。后文中的主要结论均可拓展至价格预期的总体分布为任意混合指数分布的场景，因此暂时假定该分布为单指数分布并不影响本章的基本结论。

命题 2-3：财富分布密度函数在演化过程中会涌现出非常复杂的非线性结构，即使初始财富的混合指数密度函数中所有的权重指数 α_i 都大于零，经过演化后的混合指数分布的权重系数也不一定大于 0。特别地，

Ⅰ）当且仅当 $p_{t+1} - p(1+r) + d_{t+1} \in \left(0, \dfrac{\lambda A \sigma (1+r)}{\beta_i^{W, t}}\right)$ 时，密

度函数式 2-17 中的权重系数 $1 - \pi^t (1 - \theta_i^t)$ 为负；

Ⅱ）当且仅当 $p_{t+1} - p(1+r) + d_{t+1} \in \left(\dfrac{\lambda A \sigma (1+r)}{\beta_i^{W, t}}, \dfrac{\lambda A \sigma (1+r)}{\beta_i^{W, t}}\right.$

$\left.\dfrac{1}{1 - \exp(-\lambda(1+r)p_t + \lambda d_{t+1})}\right)$ 时，密度函数式 2-17 中的权重系

数 $\pi^t (1 - \theta_i^t)$ 为负。

当命题 2-3 中的条件不满足时，系数 $\pi^t (1 - \theta_i^t)$ 和 $1 - \pi^t (1 - \theta_i^t)$ 可以被看作一个 $\{0, 1\}$ 值随机变量的概率分布，因此由 $(\alpha_i^{W, t}, \beta_i^{W, t})$ 代表的投资者子群体在一次迭代后的财富分布由其分裂出来的两个子群体的财富分布随机混合而成。依照大数定律，这一混合过程可以被视为子群体内的每个随机抽取的投资者都依概率 $\pi^t (1 - \theta_i^t)$ 选择完全持有风险资产所形成的财富分配结果。然而，当命题 2-3 中的条件满足时，负权重的涌现意味着上述随机混合过程不足以生成更新的财富分布，此时子群体 $(\alpha_i^{W, t}, \beta_i^{W, t})$ 的更新财富分布将表现为分裂后的两个子群体的财富分布以一种非随机的方式纠缠配对的结果。事实上，群体 $(\alpha_i^{W, t}, \beta_i^{W, t})$ 的下期财富分布函数是三个分布函数之和，即该群体中只持有无风险资产的投资者更新后的财富分布函数、只持有风险资产的投资者更新后的财富分布函数和同时持有两种资产的投资者更新后的财富分布函数 [分别对应于附录 2 推导过程中所用的函数符号 $A(x)$、$C(x)$ 以及 $B(x)$]，该子群体更新后的财富分布函数具有如下混合指数形式：

$$(1 - \pi^t + \pi^t \theta_i^t) \frac{\beta_i^{W, t}}{1+r} e^{-\frac{\beta_i^{W, t}}{1+r}x} + (\pi^t - \pi^t \theta_i^t) \rho_i^t \frac{\beta_i^{W, t} p_t}{p_{t+1} + d_{t+1}} e^{-\rho_i^t \frac{\beta_i^{W, t} p_t}{p_{t+1} + d_{t+1}}x}$$

其中，系数 $1-\pi^t$ 和 π^t 分别来自只持有无风险资产和只持有风险资产的投资者，代表其在子群体中所占比重，这两个系数恒为正数。而系数 $\pi^t\theta_i^t$ 和 $-\pi^t\theta_i^t$ 均来自持有两种资产的投资者。在一般情况下，风险资产收益率与无风险资产收益率不等，因此命题 2-3 意味着如果风险资产收益率更高，有 $\theta_i^t<0$ 和 $\pi^t\theta_i^t<0<-\pi^t\theta_i^t$，对于同时持有风险资产和无风险资产的投资者，其更新后的财富分布等价于从完全持有风险资产的投资者的财富分布中拿取一个 $-\pi^t\theta_i^t$ 的比例，再从中减掉同样比例的完全持有无风险资产的投资者的财富分布；反之，若无风险资产收益率更高，则有 $\theta_i^t>0$ 和 $\pi^t\theta_i^t>0>-\pi^t\theta_i^t$，这部分投资者的财富分布则等价于从完全持有无风险资产的投资者的财富分布中拿取一个 $\pi^t\theta_i^t$ 的比例，再从中减掉同比例的完全持有风险资产的投资者的财富分布。因此，对同时持有风险资产和无风险资产的投资者，其财富分布只能以两种指数分布反向配对的形式出现，而不能进一步分割。进一步地，在命题 2-3 的条件下，$\pi^t\theta_i^t$ 的绝对值足够大，会令系数 $1-\pi^t+\pi^t\theta_i^t$ 或 $\pi^t-\pi^t\theta_i^t$ 整体为负，此时尽管子群体由持有单一资产和同时持有两种资产的三个小群体构成，但在财富分布上与同时持有两种资产的小群体的财富分布相同，也只能以两种指数分布的反向配对形式出现。

需要强调的是，随机混合和反向配对的财富更新形式将对子群体 $(\alpha_i^{W,t},\beta_i^{W,t})$ 的财富分布产生截然不同的分配效应。为理解这一点，令 $f(x)=ab_1e^{-b_1x}+(1-a)b_2e^{-b_2x}$ 表示任意的二项混合指数分部密度函数，不妨设 $b_1>b_2$，命题 2-3 中的条件要求若 $f(x)$ 具有随机混合形式当且仅当 $0<a<1$ 均严格为正，而 $f(x)$ 具有反向配对形式要求 $a>1$。利用混合指数分布的性质可知，f 的均值表示为 $\dfrac{a(b_2-b_1)+b_1}{b_1b_2}$，显然当固定 b_1、b_2 时，f 的均值在反向配对的形式

下严格小于 $1/b_1$（即两个单指数分布均值的最小值），而在随机混合的形势下严格大于 $1/b_1$。换言之，在其他条件不变时，分裂后的两个子群体采取反向配对的形式进行混合将导致母群体总体财富水平（以均值衡量）降低，同时由于母群体财富均值小于两个子群体各自财富均值的最小值，意味着除少部分个体外，大量母群体内的个体投资者的财富趋向于降低，因此母群体内财富分布的不平等程度将加剧。

以上分析适用于 b_1、b_2 固定的情形，但根据命题 2-3，参数 b_1、b_2 与权重系数 a_1、a_2 是相互关联的，特别是在给定价格和适用于投资者总体的参数 r、A、σ 和 λ 后，b_1、b_2 与 a_1、a_2 的取值完全依赖于母群体的指数分布参数 $\beta_i^{W,\,t}$。由命题 2-3，对于给定母群体，出现反向配对的财富分布更新的可能性与原母群体的财富均值参数 $1/\beta_i^{W,\,t}$ 成正比，因此对于总体财富水平更高的母群体而言，其经历群体层面的财富缩水和群组内部不平等加剧的可能性更高；而财富水平较低的母群体则更可能经历群体内财富分配的相对平等化。从不同投资者子群体的角度来看，富裕子群体内财富均值以高概率出现相对的缩水，这一趋势有助于削弱不同子群体财富水平的组间不平等程度。在这个意义上，随机混合与反向配对形式的财富更新对小群体内部和投资者总体的财富分配有着截然相反的含义。同时，需要强调，反向配对形式的财富更新对于投资者总体财富分布的不平等程度的作用具有不确定性。一方面，通过缩小不同子群体的组间不平等程度，反向配对有助于缩小投资者总体上的不平等程度；另一方面，反向配对将扩大富裕子群体内的财富不平等程度，从而使得总有一小部分来自于富裕群体的投资者相对于其他投资者而言实现更多的财富积累，从而加剧投资者总体上的财富不平等程度。这从一个侧面揭示了股票市场财富分配效应的复杂性，也验证了从个体层面进行异质性投资者建模的必要性。

6. 财富分布的复杂性及价格混沌

财富分布演化方程式 2-17 中负权重系数的涌现不仅对股票市场财富分配效应有着重要的影响，还会对股票价格的演化进程产生巨大影响，而这种影响将通过财富分布密度函数的单调性和价格演化方程式 2-15 的峰值特征来实现。对于形如式 2-14 的混合指数分布密度函数，虽然其中每一个指数项都是一个单调减函数，但如果部分指数项系数 α_i 为负，则混合而成的分布密度函数未必是单调的，其函数图像可能呈现单峰甚至多峰特征（如后文中图 2-6d、图 2-6e 所示）。由价格演化方程式 2-15 可知，财富分布的结构变化会影响价格演化方程对应的庞加莱映射的形状，根据一维闭区间上的离散动力学理论（Melo & Strain，1993），庞加莱映射在极大值点个数上的差异会引致由其决定的动力系统在周期性、稳定性以及其轨道拓扑结构的巨大差异，因此财富分布中负系数指数项的涌现对于价格演化过程的动力学特征的变化至关重要，命题 2-4（证明见附录 4）对这一点作进一步讨论。

命题 2-4：在给定混合指数型财富分布式 2-14 和除价格外的其他参数的情形下，若式 2-14 的所有系数 $\alpha_i^{w,\,t}$ 均为正数，则价格演化方程式 2-15 右侧的庞加莱映射是单峰映射（见图 2-2），该一阶非线性差分方程在特定的参数（K_c）区间内会产生倍周期分岔和混沌。

注意到，命题 2-4 中关于混合指数分布式 2-15 中全部系数 $\alpha_i > 0$ 的假设条件至关重要。如果部分 $\alpha_i < 0$，价格演化方程对应的庞加莱映射的一阶导数仍可能存在多个零点，从而导致庞加莱映射出现多峰特征。下面给出一个部分 $\alpha_i < 0$ 时庞加莱映射多峰的例子。

考虑由 8 个指数项混合而成的指数分布，其中令 $(\beta_1, \cdots, \beta_8) =$ $(1, 2, 0.5, 0.4, 1.05, 0.95, 1.7, 1.8)$，而 $(\alpha_1, \cdots, \alpha_8) =$ $(-2, 6, -1, 0.8, 1.05, -0.95, -1.7, 1.8)$。此时的庞加莱映射为双峰映射（如图 2-1 的中图所示），具有两个极大值点和一个极小值点，庞加莱映射的一阶导数（如图 2-1 的右图所示）与实数正半轴拥有三个交点，与此同时对每一个投资者子群体及其财富分布参数 β_i 和 α_i，庞加莱映射的一阶导数中由该小群体贡献的部分，即 $\alpha_i \times \left(\dfrac{-\theta(1+r)Ap_t}{A\sigma + \beta_i p_t} + \dfrac{(A\sigma)^2}{(A\sigma + \beta_i p_t)^2} \right)$，仍具有单调性（如图 2-1 的左图所示）。在这个意义上，不同投资者子群体的混合增加了价格演化系统的复杂性。

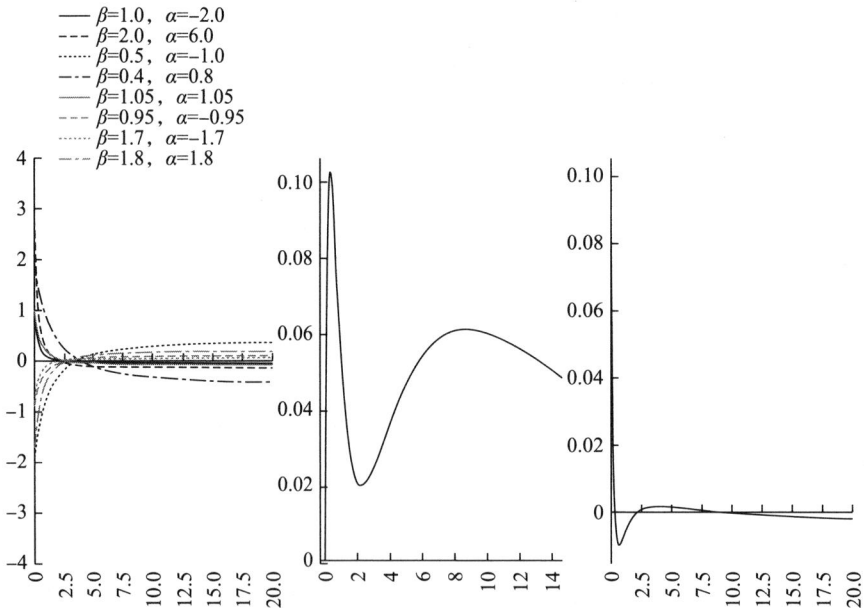

图 2-1　庞加莱映射的多峰反例

庞加莱映射的单峰性质对于给定其他条件下的价格演化的动力学特征至关重要。根据 Melo 和 Strain（1993）关于一维区间上的离散动力系统的研究，在任意一维闭区间上由单峰光滑自映射所决定的动力系统的动力学特征均等价于 $[0,1]$ 上的 logistics 映射 $f_a(x) = ax(1-x)$ 在参数 $a \in [0,4)$ 时所决定的动力学特征。进一步地，根据 Melo 和 Strain（1993）第二章中的定理 4.1 可得，对于给定的满足命题 2-4 中条件的混合指数型财富分布，对任意一个 $a \in [0,4)$ 和 logistics 映射 f_a，存在一个参数 $K \in [0,\infty)$ 和由其决定的庞加莱映射式 2-15 使得 f_a 表示的单位区间上的动力系统与由该庞加莱映射所决定的动力系统是共轭等价的（essentially conjugate），即二者将有着完全相同的周期点、吸引子、轨道稳定性等动力学特征。根据 Feigenbaum（1979），对于 logistics 映射，存在一个序列 $a_i \in [0,4)$，$i = 1, 2\cdots$，使得 f_{a_i} 有稳定的 2^i 周期点，而 logistics 映射依参数 a 的这种变化被称为倍周期分岔，由单峰条件下的庞加莱映射式 2-20 与 logistics 映射的等价性，也存在序列 $K_i \in [0,\infty)$ 使得式 2-15 呈现倍周期分岔特征。此外，存在 $a^* \in [0,4)$ 使得 f_{a^*} 具有三周期点，从而根据 Li-Yorke 定理，f_{a^*} 具有任意正整数周期；同时还存在不可数无限个点 $x \in (0,1)$ 使得从这些 x 出发由 f_{a^*} 引致的轨道呈现初值敏感特征，而且每条这样的轨道都不收敛于任何周期点，因而呈现混沌特征。根据单峰条件下的庞加莱映射式 2-15 与 logistics 映射的等价性，还存在 $K^* \in [0,\infty)$ 使相应的映射式 2-15 呈现类似于 logistics 映射的混沌特征（见后文图中的例子）。

另外，一维闭区间上的多峰映射会引致不等价于 logistics 映射的动力学特征。根据 Singer（1978），闭区间上单峰映射引致的动力系统至多存在一组稳定周期点，然而多峰映射则可能引致多于一组的稳定周期点，这会给如图 2-1 所示的多峰庞加莱映射价格演化过程带来额外的复杂性。事实上，价格演化方程的稳定周期不动点经常被用于解释金融市场上的波动聚集和均值回归等"异象"（Li and He，2007；Brock and Hommes，1998）。而多峰庞加莱映射下，多组稳定周期点的存在可以强化对上述异象的解释。特别地，在后文的模拟分析章节，我们将看到在特定的市场环境参数（K_c）区间内，即使不引入外生的随机冲击、不考虑财富分布动态变化的条件下，仅是反例图 2-1 中的多峰庞加莱映射就足以给出一个既是完全确定的又能产生近似随机的波动聚集现象的股价差分方程系统。该系统具有一个特殊的混沌吸引子，该吸引子与洛伦兹系统的蝴蝶效应吸引子类似，可以被分解为两个近似周期轨，而混沌吸引子上的动力学将使价格演化轨迹在这两个近似周期轨附近来回跳跃，从而产生与传统异质性投资者模型中的随机冲击类似的波动耦合现象，并由此生成具有波动聚集特性的价格轨迹。

结合命题 2-3 与命题 2-4 的结论，不难发现财富与价格演化之间的双向作用机制。一方面，根据命题 2-3，价格的变化会引致混合指数分布中出现负系数的指数项，而负系数的涌现会改变初始指数分布的单调性，使得财富分布的密度函数呈现单峰甚至多峰的结构特征，这体现了资本市场的财富分配效应；另一方面，由命题 2-4，财富分布的变化会直接作用于价格演化方程，负系数指数项的出现在一定条件下会引致价格庞加莱映射的多峰属性（如后文中图 2-6 所示），从而改变价格演化的动力学特征，而这体现了财富分配结构的价格效应。

综上，价格演化方程式 2-15 与财富分布演化方程式 2-16、式 2-17 一起组成了刻画资本市场动态的系统，它们具有复杂的非线性结构，而这种复杂结构有助于我们理解金融市场中的超额波动、波动聚集、长程自相关等现象以及财富分配效应。但演化方程的非线性结构也使得我们难以通过数理方法探究演化系统的细致特征。特别值得指出的是，财富分布的密度函数定义在正实数轴上，财富密度的演化方程相当于一个无限维空间的非线性动力系统，其性状的变化异常复杂。因此，我们需要借助数值模拟方法，进一步展示该系统的稳定性、倍周期分岔和混沌特征以及这些特征与现实世界金融市场的深刻联系。

第二节　金融市场异象的模拟分析与理论解释

为了进一步刻画由价格、财富和财富分布的演化方程所确定的市场行为，考虑到动力系统的长期行为及其对市场环境参数的依赖，本节将对联立方程系统式 2-15、式 2-17 进行数值模拟。需要指出的是，鉴于财富分布演化方程的分裂和混合特征，财富分布表达式中不可化简的指数函数项的个数随着迭代次数的增加呈倍增的指数增长（2^n），这使得精确迭代财富分布方程式 2-17 的计算是不可行的。对此，本节采用近似算法进行模拟分析（近似模拟算法及其收敛性证明详见附录 5）。

通过模拟计算，对于方程式 2-15、式 2-17 构成的动态演化系统，只要给出一定的初始条件，即使没有持续的外部冲击（即外生红利 $d_t \equiv 0$、交易量的随机冲击 $\epsilon_t \equiv 0$），该系统也会自动地演化下去。流动性充裕度参数 $K_c = C^{-\theta}$ 的变化对系统的动态性起着关键的作用。在下面的模拟分析中，在不考虑外部冲击和红利分配政策的条件下，我们对 K_c 产生的影响给予重点关注和分析，其余参数的取值固定为 $para = (r, \theta, A, \sigma, \alpha, \beta) = (0.01, 0.2, 1, 1, 1,$

1），而初始价格单位化为 $p_0 = 1$，初始财富分布固定为 $f_0(w) = \exp(-w)$。对于每一个给定的 K_c，利用上述近似算法对风险资产价格和财富分布迭代 2000 次，为避免初值效应，本文舍弃前 1000 次的迭代结果，下面的数值模拟图都是根据迭代的后 1000 次结果为基准绘制的。需要指出，笔者还尝试了共迭代 1000 次，保留最后 100 次迭代结果的数值实验，结果表明价格与财富分布的演化特征在仅迭代 1000 次的场景下已经达到稳定，与下文中基于 2000 次迭代的情形一致，但为了更细致地刻画价格迭代出现混沌情形下的极限分布，本节基于 2000 次迭代结果进行报告。

一　资产价格的倍周期分岔与混沌

首先，考察在流动性充裕度 K_c 取不同值时价格和财富的动态特征。对式 2-15、式 2-17 按前述的算法进行迭代计算。图 2-2 显示了随着 K_c 的增加，迭代后 1000 期价格序列在不动点附近的变化。该图显示，当流动性充裕度 K_c 取值比较小时，系统对每一个 K_c 都存在唯一的不动点，即迭代产生的价格序列以它为唯一的极限点。当 K_c 增大至某一临界点（$K_c = 4.45$），原来的稳定点在新的环境下变得不稳定，系统出现两个不动点，进入到二倍周期分岔状态。此时，对任意给定的 K_c，价格在两个不动点附近波动并来回跳跃，波动逐渐加剧。针对这一观察，需要强调的是，经典的基于 CAPM 的资产定价理论认为当不存在随机冲击时，股票价格应当是股票红利的函数，因此当不存在股票红利的变动时，资产价格应当恒为常数，或至少在长期收敛于常数，不会呈现持续的非零波动率。而关于超额波动的金融异象的实证研究表明（Shiller，1981），股票价格的实际波动率超过了红利波动率和其他外生波动率所能解释的总和，因此价格存在内生的超额波动率。回到图 2-2，由于本节假设股票红利 $d_t \equiv 0$ 以及价格演化方程式 2-15 中的外生随机冲击 $\epsilon_t \equiv 0$，图 2-2 中稳定的二周期点的涌现意味着市场流动性充裕度达到一定程度后，仅由市场中投资者的不完全理性行为所决定的确定性演化方程式 2-15 和式 2-17 足以内生股票价格的持续波动。因此，即使不考虑红利和随机冲击，股票价格受纯粹的市场交易行为驱使在长期仍具有正的波动率，这为股票市场的超额波动提供了解释，同时也与传统异质性投资者模型的文献中的观察相一致（Brock and Hommes，1997、1998；Chiarella and He，2000）。

K_C 继续增大，不动点的个数成倍的增加，最后系统到达一个倍周期分岔的临界点，不动点的个数趋于无穷大，迭代序列的取值几乎布满了某一整个区间，进入混沌状态。当 K_C 继续增加时，系统会阵发性地出现周期现象和混沌现象的交替。这种特征意味着，随着市场流动性充裕度的变化，金融市场价格的变化非常诡秘，有时候表现得非常简单、稳定和可预测，有时候表现得非常复杂、易变和难以琢磨；在某些情况下（尤其是在分岔点附近），系统对参数的变化非常敏感，参数的一个非常微小的变化就有可能在一定时期内造成整个系统的巨大变化。例如，系统可能从一个 $2n$ 周期状态突然跳到一个 $2n+1$ 周期状态，也可能从一个周期状态突然到达某一混沌状态。值得注意的是，价格轨迹极限集的基数大小刻画了价格波动的复杂性程度和可预测程度。极限周期轨中周期数越大，对未来价格的波动趋势作出精准预测所需要的数据积累时间也越长，因此可预测程度越低。在极端状态下，价格轨迹的极限集基数为无穷大（即价格极限集为混沌吸引子），预测将变得不可能。因此，在这个意义上，图 2-2 中展现的分叉趋势意味着市场的可预测程度与流动性充裕度，进而与市场总体上的牛市/熊市程度呈反向相关关系，这与大量关于金融市场可预测性的实证文献中的结论相一致（Hammerschmid and Lohre，2018；Li and Zakamulin，2020）。

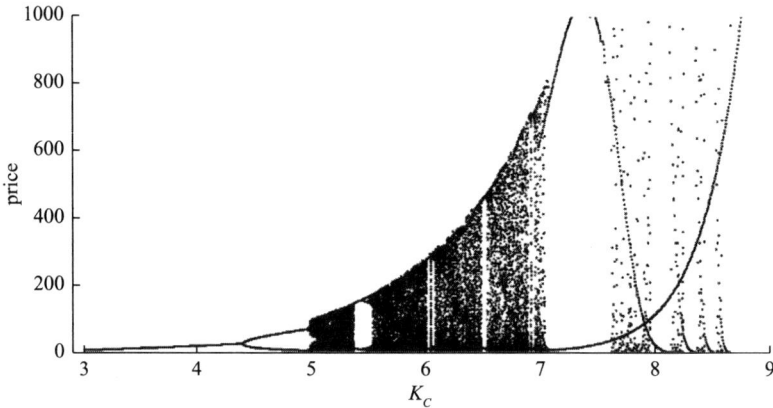

图 2-2　资产价格通往混沌的道路

二　资产价格演化的三周期特征、初值敏感性和波动聚集

周期分岔和混沌现象出现的条件对非线性系统而言并不苛刻。费根鲍姆（Feigenbaum，1979）指出，对于一切定义于 [0，1] 上有单一最大值的一阶差分方程（单峰映射）都会产生混沌。根据 Li-Yorke 定理，当一个一维闭区间上的连续自映射存在三周期点，则该映射引致的动力系统存在任意正整数周期点，并且在一个定义区间内的不可数子集内，系统呈现初值敏感性并且从这个不可数子集内出发的全部轨道将不会向任意周期点收敛，因而系统呈现混沌特征。在财富给定的条件下，从价格差分方程中不难找到参数 K_c 的合适取值，使得庞加莱映射式 2-15 具有三周期点，从而产生 Li-Yorke 定理描述的存在任意周期点和初值敏感意义上的混沌特征。图 2-3 给出了当 $K_c = 5.63$ 时，映射式 2-15 的三周期点描述，其中

对应于 f^2 的曲线表示对式 2-15 进行两次迭代获得的函数曲线，而对应于 f 的曲线表示映射式 2-15 自身沿 45 度线（即 $y=x$ 所对应的黑线）反转得到的曲线（即一维映射的反函数），两条曲线与 45 度线的交点是单周期和二倍周期点，两曲线的全部交点中的那些不落在 45 度线上的点构成了映射式 2-15 的三周期点。由图 2-3 可知，在 $K_c = 5.63$ 时，式 2-15 具有两组（6 个）三周期点。

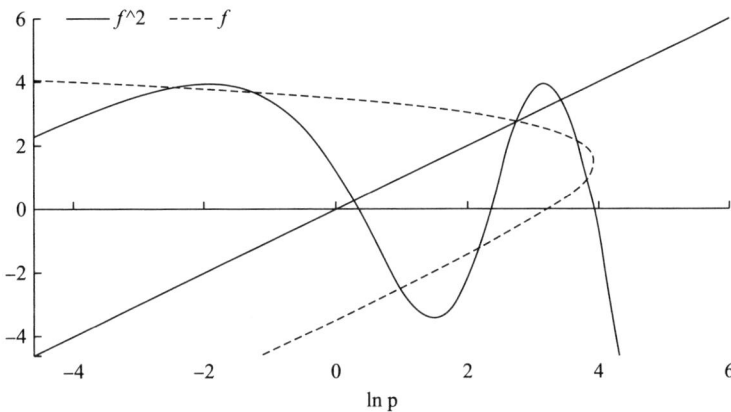

图 2-3　$K_c = 5.63$ 时价格演化三周期解的存在性

接下来，我们进一步考察 Li-Yorke 定理中描述的混沌初值敏感性。李雅普诺夫指数是表现系统这一特点的常用指标，表达一个迭代系统的两个初值在经过 n 次迭代后所产生两迭代序列分离的平均速度。李雅普诺夫指数大于零意味着系统处于混沌状态；李雅普诺夫指数接近零意味着系统处于倍周期分岔与混沌状态的转折点；李雅普诺夫指数小于零意味着系统处于周期稳定状态。图 2-4 画出了对应于不同市场环境变量（K_c）的李雅普诺夫指数。很显然，在李雅普诺夫指数大于零的区域，系统处于混沌状态，风险资产的价格对参数的变化非常敏感。

值得指出的是，在价格和财富分布联合演化方程式 2-15 和式

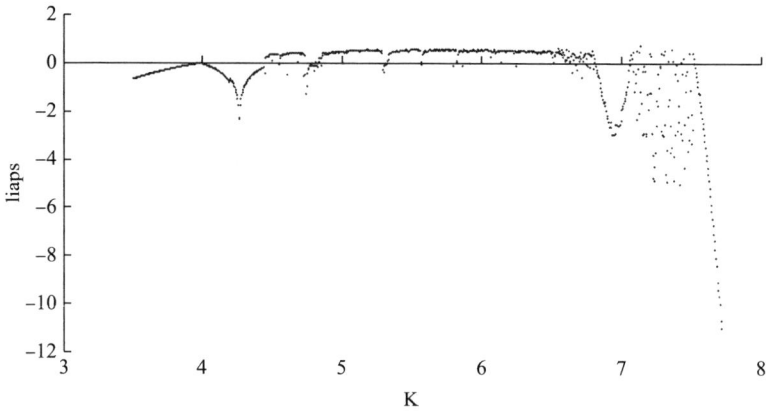

图 2-4　李雅普诺夫指数

2-17 中，混沌状态的涌现不仅来自价格演化方程式 2-15 的非线性特征，财富分布的演化本身也会引致价格演化方程式 2-15 的结构性变动，类似于引入随机冲击，而这种冲击耦合上价格演化方程的非线性特征，可以揭示股票市场的波动聚集现象的产生机制。图 2-5 给出了在与图 2-3 相同的流动性充裕度 K_C 的取值下，股票收益（$R_t = p_t - p_{t-1}$）的演化轨迹。图 2-5 表明，股票收益的演化轨迹呈现明显的波动聚集特征，即不同幅度的收益波动在不同时期内集中涌现，这验证了本章前述的产生波动聚集的理论机制。

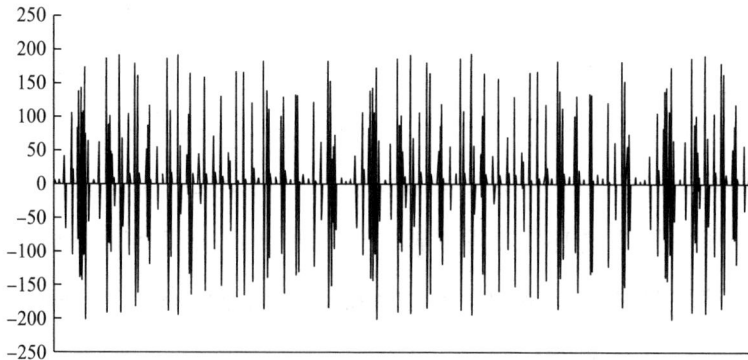

图 2-5　$K_C = 5.63$ 时的股票收益演化轨迹

三 金融市场的财富分配效应

图 2-6a 同时展现了环境参数 K_C 在 $3 \sim 9$ 取值时, 李雅普诺夫指数、财富分布密度和风险资产价格分布密度随市场环境参数的变化。该图由上、中、下三部分组成, 最上面的部分代表李雅普诺夫指数与参数 K_C 之间的关系。中间部分代表财富分布密度随参数 K_C 的变化, 其中区域颜色越深的地方分布密度越高。该图显示, 流动性充裕的参数对财富分布密度的影响很大, 特别是在混沌区域, 参数 K_C 微小的变化会造成分布形态的剧烈变化。该图最下面的部分代表价格分布密度随市场环境参数的变化。为了清楚地看到财富分布和价格分布的特征, 取图 2-6a 中几个典型的参数区间上的图像。当 $K_C < 4.5$ 时, 系统处于二周期分岔状态, 在 $K_C = 4.45$ 的两侧出现了突变 (见图 2-6b), 在 $K_C \in [4.45, 4.55]$ 时价格分布密度表现出复杂性且在区间两端的密度高于中间部分的密度, 价格分布存在明显的多峰、厚尾和群集特征。在 $K_C \in [4.55, 4.62]$ (见图 2-6c), 经历了混沌→五周期分岔→混沌→六周期分岔→混沌的五个阶段, 这期间财富的分布形状相对稳定, 价格分布密度呈现厚尾现象。这种现象与有效市场假说的预测是完全背离的, 有效市场假说认为价格分布是一个布朗运动, 其分布是正态、单峰和薄尾的。在 $K_C \in [5.28, 5.33]$ (见图 2-6d), 财富分布表现单峰分布, 价格经历了从混沌到四周期分岔的过渡。当 $K_C \in [5.60, 5.65]$ 时 (见图 2-6e), 系统处于混沌状态, 财富分布时而单峰, 时而双峰, 价格分布具有多峰、厚尾特征。

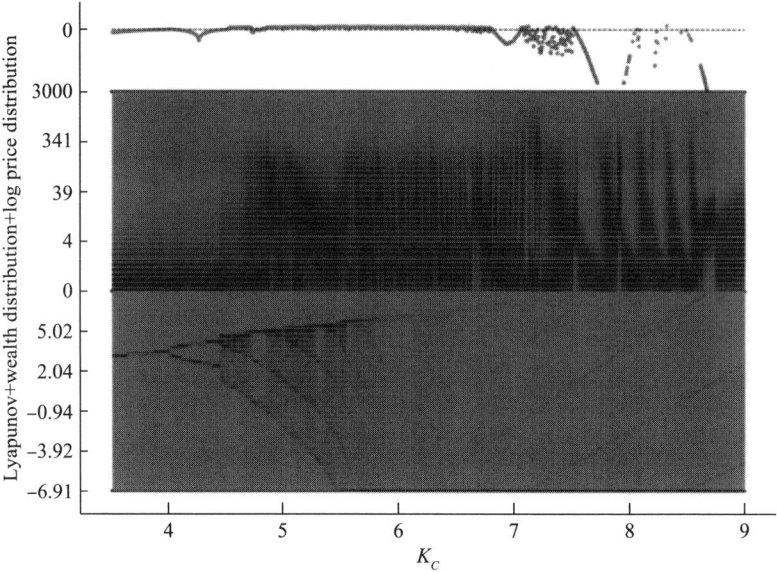

图 2-6a 李雅普诺夫指数、财富分布和价格分布

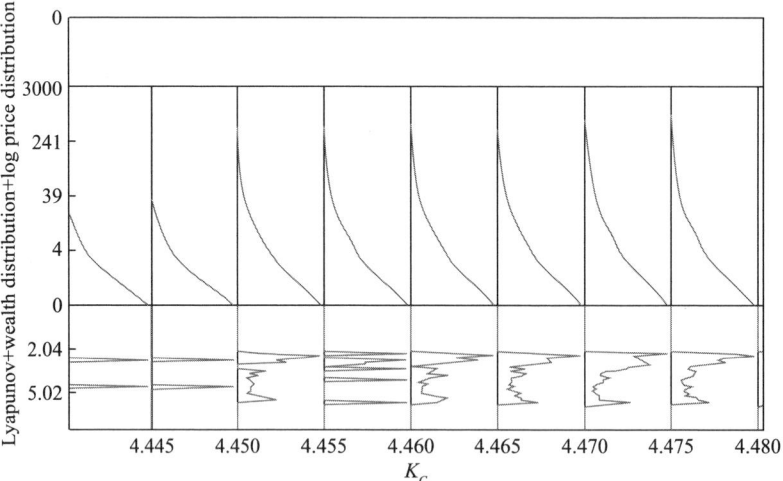

图 2-6b 李雅普诺夫指数、财富分布和价格分布（$K_C<4.5$）

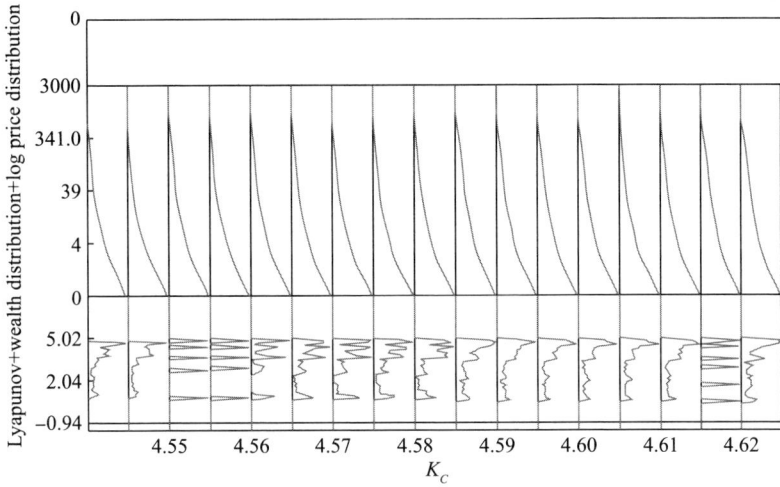

图 2-6c　李雅普诺夫指数、财富分布和价格分布（$K_C \in$ ［**4.55**，**4.62**］）

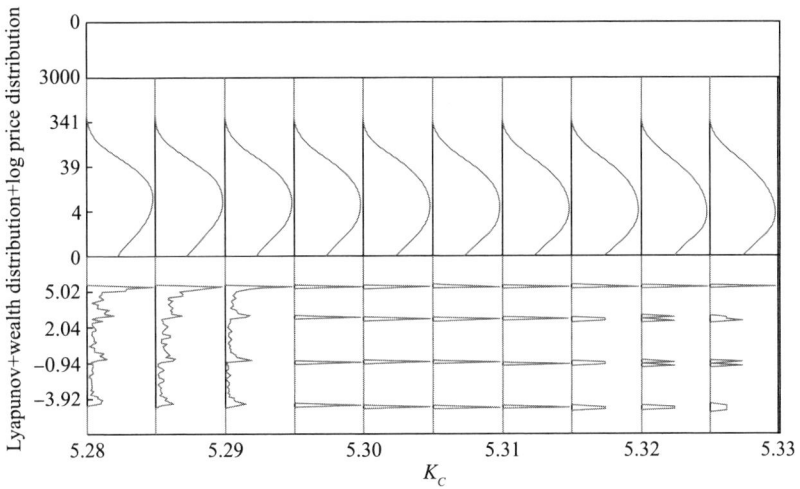

图 2-6d　李雅普诺夫指数、财富分布和价格分布（$K_C \in$ ［**5.28**，**5.33**］）

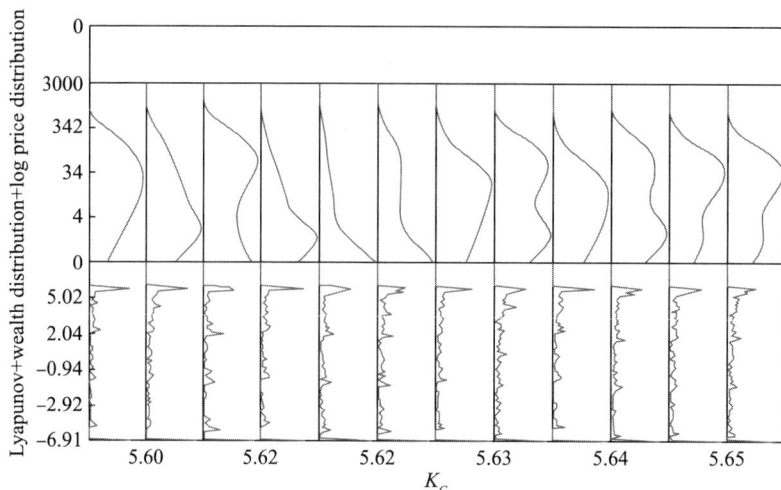

图 2-6e　李雅普诺夫指数、财富分布和价格分布（$K_C \in$ [5.60，5.65]）

　　财富分布的易变性还反映在财富均值和基尼系数的变化上。在图 2-7a 中，财富均值看上去也非常复杂和易变，主要原因是从财富均值演化方程来看，本期财富均值不仅依赖于前期财富均值和迭代分裂后的子群体的财富均值，而且依赖于本期价格和前期价格，价格的非线性演化和财富分配的价格效应势必引起财富均值的非线性变动。图 2-7b 显示，财富分配的基尼系数基本上维持在 0.4 到 0.8 之间。图 2-7b 还表明，在进入混沌区域之前财富分布的基尼系数随着 K_C 的增加是稳定上升的，持续的倍周期分岔造成群体财富差距越来越大，在刚刚进入混沌区时基尼系数迅速升高至接近 0.65，而进入混沌区域之后，基尼系数先是稳定下降，然后进入非常不确定的状态，看上去如同随机现象。当 K_C 越过 6.5 之后，基尼系数又变得似乎呈现不完整的周期性变化。财富均值和基尼系数的易变性带来的启示是收入分配的倒 U 形曲线假说可能并不是收入分配的普遍规律，它只是在特定历史阶段才有的现象，从一段样本看是倒 U 形，从另一段样本看可能就是 U 形。

为了检验前文命题 2-3 中讨论的关于财富分布的反向配对更新形式对于财富分布总体不平等程度的影响，在图 2-7 中，用深（浅）色点标记了演化中涌现的混合指数型财富分布中负权重系数的个数占比大于 0.5（小于等于 0.5）的样本点。负权重系数的个数占比不超过 0.5（对应于浅色样本点）意味着命题 2-3 中讨论的随机混合形式的财富更新将占主流，而这一比例超过 0.5（对应于深色样本点）则意味着反向配对形式的财富更新占主流。由命题 2-3 后的讨论，反向配对形式的财富更新对于投资者总体的财富分布不平等程度同时存在正面和反面的影响，因此其总体影响具有不确定性，而图 2-7b 则揭示了正反两方面影响的相对主导地位随流动性充裕程度 K_c 增大的变化趋势。从图 2-7b 中不难发现，当 $K_c <$ 5.6 时，所有样本点皆为浅色，因此财富分布主要以随机混合的形式更新。随着 K_c 的进一步增大，财富分布的演化过程将经历反向配对形式占主导的财富分布，同时也会经历随机混合形式占主导的财富分布，此时对比浅色和深色样本点对应的基尼系数大小，可以对反向配对的财富更新形式对财富分布不平等程度的正向和反向影响的相对主导地位进行定性的评估。具体而言，由于随机混合形式的财富更新对总体财富分布不平等程度的影响类似于掷硬币式的随机冲击，如果反向配对形式的财富更新引致的基尼系数系统性地低于随机混合形式的财富更新，即图 2-7b 中对应于给定 K_c 的深色样本点普遍低于浅色样本点，则可以认为反向配对在削弱财富不平等上的正向影响超过其负向影响；若图 2-7b 中对应于给定 K_c 的深色样本点普遍高于浅色样本点，则可以认为反向配对在削弱财富不平等上的负向影响超过其正向影响；而当对应于给定 K_c 的浅色样本点和深色样本点充分混合在一起时，反向配对的正向和负向影响将

势均力敌，因此总体影响具有高度不确定性。基于这一标准，当 $K_C>7$ 时，深色样本点系统性地低于浅色样本点，因此反向配对形式的财富更新对总体财富分布不平等有着显著的削弱作用；而当 $K_C \in$ (5.6，7) 时，浅色样本点和深色样本点高度混合，意味着反向配对的财富分配效应具有很强的不确定性。综上，市场流动性充裕程度可以显著影响随机混合与反向配对的财富更新形式的主导地位，以及反向配对形式对财富不平等程度的正负向影响的相对主导地位，这种影响具有高度的不确定性，反映了股票市场财富分配效应的复杂性。

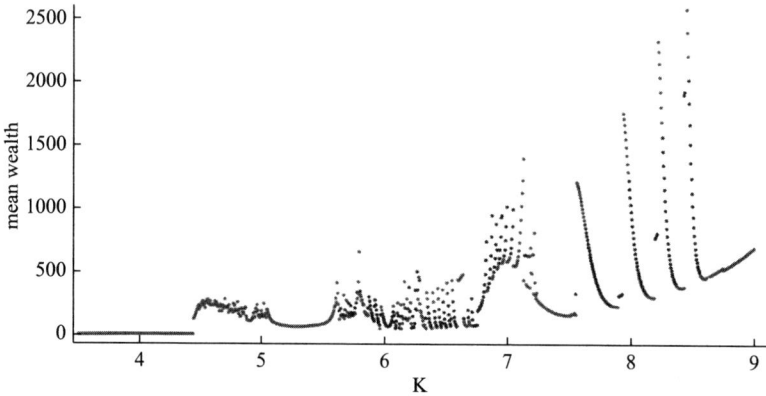

图 2-7a　财富均值的变化

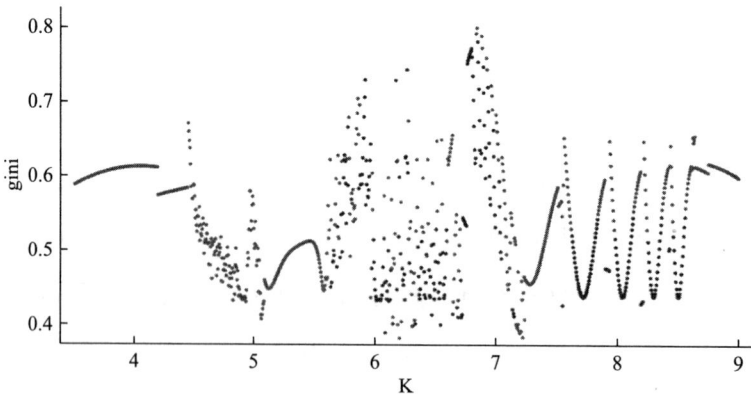

图 2-7b　财富分布基尼系数的变化

四 不同财富分布下的价格演化

如命题 2-4 所述，财富分布对于价格演化的动力学特征有着至关重要的影响，而随着财富分布的变化，价格演化的庞加莱映射会出现单峰或多峰，由此会引致价格演化过程所形成的轨道呈现在拓扑结构上不同的动力学特征。本节针对两组固定的财富分布密度函数，模拟价格演化方程式 2-15，并考察价格演化轨迹随市场环境参数 K_c 增长的变化情况。其中，两组财富分布分别取为混合指数分布式 2-14 的形式，对于情况 1，考察混合指数分布退化为标准指数分布的情形，即式 2-14 中仅存在一个指数项，并且相关参数取值满足 $\alpha_1 = \beta_1 = 1$；对于情况 2，考察图 2-1 中反例给出的混合指数分布。由命题 2-4 和反例图 2-1 可知，情况 1 下的庞加莱映射式 2-15 是一个单峰映射，而情况 2 下的庞加莱映射为双峰映射。图 2-8a 和图 2-8b 给出了固定上述两组财富分布下的价格演化随参数 K_c 增长的分叉情况及相应的李雅普诺夫指数变化情况。

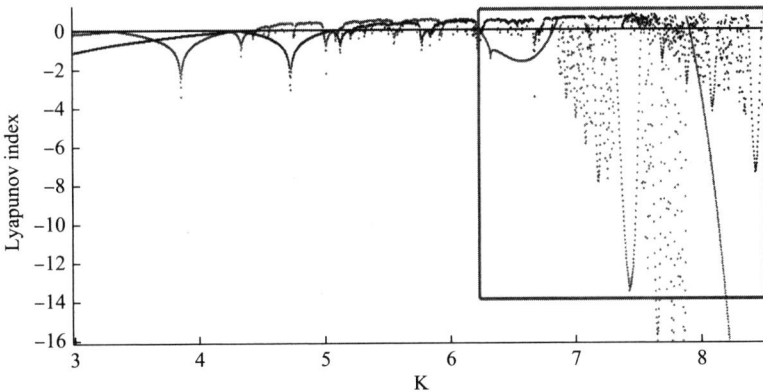

图 2-8a 两种财富分布下价格演化的李雅普诺夫指数点阵图
（浅、深色点阵分别对应情况 1、2）

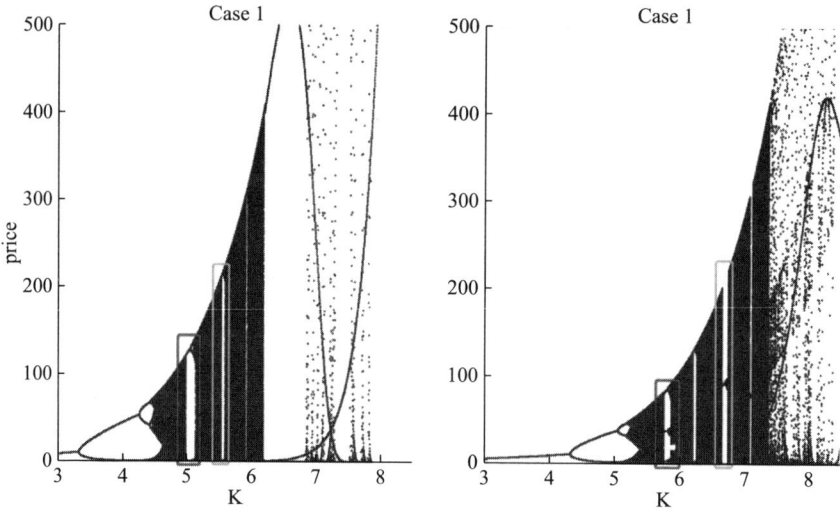

图 2-8b 两种财富分布下价格演化轨迹的分叉图
（左、右子图分别对应情况 1、2）

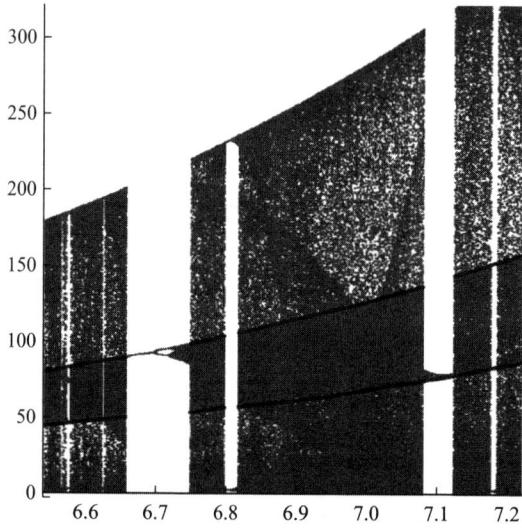

图 2-8c 双峰价格演化映射的局部分叉

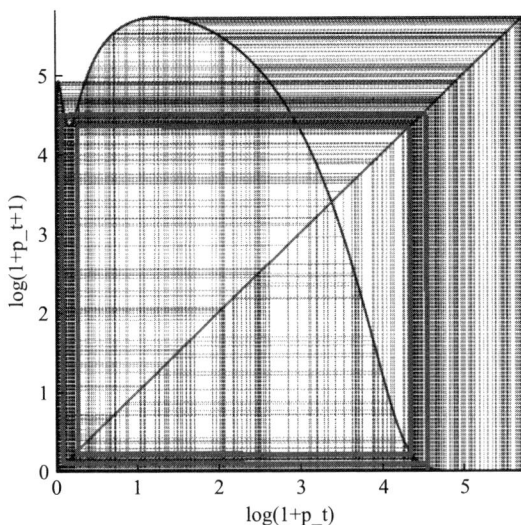

图 2-8d　$K_C=7.065$ 双峰价格演化的相位图

从图 2-8a 中不难发现，对于比较小的 K_C 值（小于 6），两种财富分布下的价格演化轨迹均呈现倍周期分叉特征和混沌特征交互出现的情况，而对于情况 1 的财富分布水平，其价格演化轨迹出现倍周期分叉与混沌特征的 K_C 值大于情况 2 对应的财富分布。整体上看，当 $K_C<6$，通过对情况 1 的周期分叉点与混沌出现的 K_C 值点向右平移和拉伸可以得到情况 2 对应的周期分叉点和混沌出现的 K_C 值点。然而，当 $K_C>6$，情况 1 和情况 2 对应的价格演化轨迹呈现完全不同的动力学特征。从图 2-8a 中可以看出，在方框标注的区域内，情况 1 的李雅普诺夫指数随 K_C 的增加经历了一段小于 0 的 U 形变化趋势，然而同一区域内情况 2 对应的李雅普诺夫指数则始终在大于 0 的某个常数附近小幅波动。由于李雅普诺夫指数小于 0 意味着价格演化轨迹向着某个特定的周期吸引子收敛不存在初值敏感性，而李雅普诺夫指数大于 0 则意味着价格演化轨迹不向任何周期点收敛，并且呈现初值敏感性特征，因此以上观察表明，对于 $K_C>$

6 的区域，情况 1 和情况 2 中财富分布决定了两种完全不同性质的价格演化动力系统，这也意味着传统异质性投资者模型中忽略财富分布影响的做法会导致对价格演化过程的过度简化。

　　尽管在 $K_c < 6$ 时，两种情况下价格演化轨迹的周期性和收敛性在对 K_c 进行适当平移和拉伸后是基本一致的，但从图 2-8b 中更加细致地考察价格演化轨迹极限集的几何特征，不难发现两种情况下的价格演化轨迹仍然呈现截然不同的动力学特征。例如，在图 2-8b 中两种情况分叉图中用深色框标注的区域，在情况 1 的财富分布下 K_c 的变动诱发了价格演化轨迹由混沌向稳定二周期的相变，而在情况 2 的财富分布下 K_c 的变动则诱发了价格演化由混沌向稳定三周期的相变。而在图 2-8b 中浅色框标注的区域内，尽管在两种财富分布下，K_c 的增加都会引致价格演化由混沌向稳定二周期的相变，但是相对于情况 1，在情况 2 的财富分布下二周期点出现的位置呈现明显的"非连续"特征，即周期点的出现位置远远偏离混沌吸引子的边界，而这种偏离与多峰庞加莱映射极小值点密切相关。

　　通过在具有非连续分叉特征的参数区间内放大图 2-8b 右侧子图，可以得到如图 2-8c 所示的局部分叉图，从中不难发现，在流动性充裕度的非连续分叉点附近，股票价格轨迹在其混沌极限集内的分布呈现明显的非均匀特征。在标注的带状区域内，价格轨迹的分布密度明显高于带状区域外。这意味着对于非连续分叉点附近的每一个流动性充裕度 K_c，都存在着一个高密度区间，使得对应于 K_c 的价格演化轨迹会以更高的频率进入这一区间。为了理解这一高密度区间的形成原因，在图 2-8d 中我们给出了 $K_c = 7.065$ 处的价格演化轨迹的相位图（为了便于可视化，图中对 p_t 和 p_{t+1} 作了对数变换）。图2-8d中曲线为价格演化的庞加莱映射的函数图像，斜对角线为y＝x的函数图像，虚线描绘了由庞加莱映射和对角线决定的价格演化相位图。不难发现，图2-8d中位于方框内的价格轨迹的分布密度明显高于方框外价格轨迹的分布密度，因此方框对应了图2-8c中的高密度区间。而由方框的位置可知，上述高密度区间的产生源自双峰庞加莱映射的唯一内点极小值点所带来的价格的准周期性波动。事实上，跟随相位图2-8d中的价格轨迹，不难发现，整个价格动态的相空间可以被分解为两个区域，一个是方框内的区域，另一个则是方框外的区域。一旦在某时刻 t，价格轨迹由框外进入框内区域后，价格演化轨迹在此后的一定时期内会被锁入该区域，这种锁入带来了该区域内价格轨迹的高分布密度。但这种锁入是暂时性的，随着价格的持续变化，在一定时期后，价格轨迹将从框内区域的另一侧逃离该区域，由此进入框外区域。类似地，价格轨迹并不会始终驻留于框外区域，会在一定时期后重新回到框内区域。在这个意义上，框内和框外两个区域对于价格演化轨迹的作用与两组局部稳定的周期轨（及其吸引域）对于附近价格轨迹的吸引作用类似，价格轨迹一经进入，将在同一区域内驻留。同时，框内和框外两个区域对于价格轨迹又有着类似于随机冲击的排斥作用，从而使得轨迹在一定时期后会自发地逃离。如前文所述，这种吸引力与排斥力的组合在传统异质性投资者模型中构成了股票价格波动聚集的根本原因（He and Li，2008；He et al.，2018）。图2-8c和图2-8d则表明，即使在完全不依赖外生随机冲击和财富分布的动态变化的情况下，仅引入由带负权重系数和多峰特征的财富分布来刻画的特定的静态市场结构，也完全可能产生同样的吸引力与排斥力的组合，以及价格轨迹的波动聚集现象。在这个意义上，财富分布对于股票价格有着深刻影响。

五　金融市场异象的复现

本部分考察当存在独立同分布的随机红利分配（$d_t \sim i.i.d. LN$（0，0.00125），LN 表示对数正态分布）以及白噪声的外生价格冲击（$\epsilon_t \sim i.i.d. N$（0，1））时，联合演化方程式 2-15 和式 2-17 对股票收益的波动聚集和长程自相关这两类金融异象的解释力。

具体而言，股票收益的波动聚集现象和长程自相关性的存在性可以通过如下 GARCH（1，1）模型的拟合系数的显著性加以判别（Engle，1982；He and Li，2008）：

$$R_t = a + bR_{t-1} + \mu_t, \quad \mu_t = \sigma_t z_t$$

$$\sigma_t^2 = c + \alpha\mu_{t-1}^2 + \beta\sigma_{t-1}^2, \quad z_t \sim i.i.d. N(0,1)$$

其中 $R_t = \ln p_t - \ln p_{t-1}$ 代表股票的对数收益，若市场存在波动聚集现象等价于要求股票的当前波动 μ_t^2 依赖于前期波动，即系数 $\alpha \neq 0$ 显著成立。若市场波动率存在长程自相关性，则意味着波动率 σ_t^2 还依赖于前期波动率 σ_{t-1}^2，从而当前波动率 σ_t^2 将以加权平均的形式依赖于整个历史波动序列（μ_{t-1}^2，μ_{t-2}^2，…），这要求系数 $\beta \neq 0$。特别地，当 $\alpha + \beta = 1$ 时，波动率序列 σ_t^2 将具有非平稳性，此时股票波动率不仅具有长程自相关性，且自相关程度随时滞 d 的递减速度将显著慢于经典的幂律衰减速度（Lux，2016），因此即使在经历了较长的时滞 d 后，历史波动 μ_{t-d}^2 对于当前波动率 σ_t^2 仍会存在很大的影响。

根据 GARCH（1，1）模型与股票波动聚集及长程自相关性的内在联系，本节将使用 GARCH（1，1）模型拟合由联合演化方程式 2-15 和式 2-17 生成的股票收益序列，并在此基础上利用系数 α、β 的显著性及 $\alpha + \beta - 1$ 的显著性检验模型对波动聚集和长程自相关现象的解释力。图 2-9 报告了随市场流动性充裕度参数 K_c 变动时，生成的股票收益序列的金融异象显著性（在 5% 置信度意义上）变化趋势。图 2-9 自下而上分成三行，第一行报告了波动聚集（α）的显著性趋势，其中对于给定参数 K_c，若生成的股票收益序列具有显著的波动聚集特征，则对应于该参数 K_c 特定取值的色带将呈着色状态，否则为白色；第二行报告了长程自相关性（β）的显著性趋势，其中对应于 K_c 特定取值的色带呈着色状态即为显著；第三行报告了波动率序列的非平稳性（$\alpha + \beta - 1$）的显著性趋势，其中对应 K_c 特定取值的色带呈着色状态即为显著。每一行中的曲线表示 GARCH 参数 α、β 和 $\alpha + \beta - 1$ 的估计值随流动性充裕度 K_c 的变化趋势。

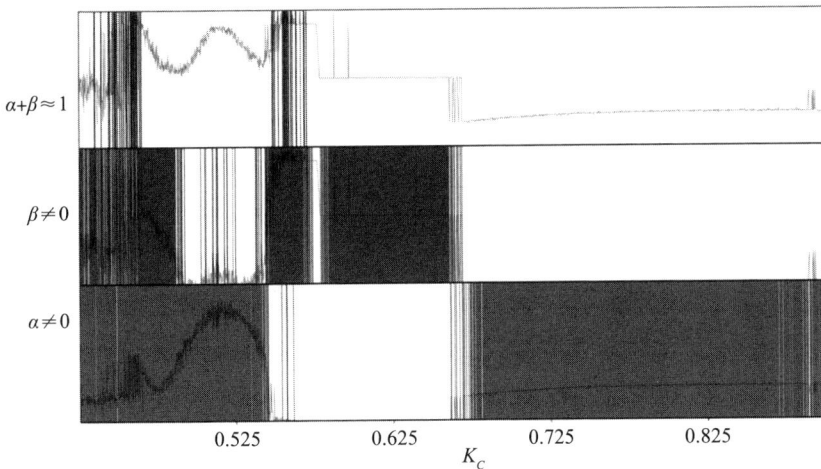

图 2-9　模型的解释力分析

从图 2-9 中不难发现，联合演化方程式 2-15 和式 2-17 生成的收益序列对于波动聚集和长程自相关现象在广泛的参数区间内都有着较强的解释力。当流动性充裕度 K_C 较小时，收益序列将同时具有显著的波动聚集和长程自相关特征，甚至在部分区间内，波动率具有非平稳特征。而随着 K_C 的增大，收益序列将仅具有长程自相关特征而不具有波动聚集性，而在达到一定临界值后，K_C 的进一步增大会带来反转，收益序列将仅呈现波动聚集特征而不具备长程自相关性。由于长程自相关性要求收益的波动率依赖于长期的历史波动，而波动聚集则仅要求收益波动的单期历史依赖，因此，图 2-9 表明随着流动性充裕度 K_C 的增大，市场将趋向于仅对短期信息作出反应，而对长期的历史趋势不敏感，这种短期化趋势将放大市场的整体波动，因而加大投资者的风险。回顾图 2-2 中以股票价格轨迹极限集的基数衡量的股票波动风险随 K_C 的增大而增大，这一观察与图 2-9 中利用 GARCH 参数显著性程度得到的结论相一致。

除了针对模型生成的价格轨迹数据的统计检验，本节还考察了模型对于现实世界股票市场的统计特征的解释力，并比较了本模型与其他异质性投资者模型在解释力上的差异。具体而言，选取 He 和 Li（2008）构建的由价值投资者和顺趋势投资者两种类型投资者组成的异质性模型进行对比分析，该模型对于文献中常见的主流异质性投资者模型具有代表性，并且具有简洁的价格演化方程、依赖较少的参数，因此适宜实证分析。数据方面，搜集了上证指数（SSEC）和深证成指（SZI）自 2015 年 1 月 1 日以来 1643 个交易日的价格数据，并取当日开盘价、收盘价、最高价及最低价的平均值作为当日股指价格。在利用上述价格时间序列校准模型的相关参数后，利用参数校准值和演化方程式 2-15、式 2-17 生成了模拟的股指时间序列，并使用 GARCH（1，1）模型分别对模拟的和真实的股指序列进行拟合。令 $\hat{\alpha}_{SSEC}$、$\hat{\beta}_{SSEC}$（$\hat{\alpha}_{SZI}$、$\hat{\beta}_{SZI}$）代表使用上证指数

（深证成指）的真实股指序列拟合而成的 GARCH 参数，$\hat{\alpha}^z_{SSEC}$、$\hat{\beta}^z_{SSEC}$（$\hat{\alpha}^z_{SZI}$、$\hat{\beta}^z_{SZI}$）代表校准后本模型生成的股指序列拟合的 GARCH 参数，$\hat{\alpha}^H_{SSEC}$、$\hat{\beta}^H_{SSEC}$（$\hat{\alpha}^H_{SZI}$、$\hat{\beta}^H_{SZI}$）代表校准后 He 和 Li（2008）模型生成的股指序列拟合的 GARCH 参数。表 2-2（表 2-3）报告了 $\hat{\alpha}_{SSEC}$、$\hat{\beta}_{SSEC}$（$\hat{\alpha}_{SZI}$、$\hat{\beta}_{SZI}$）的取值和显著性，以及误差 $\hat{\alpha}_{SSEC}-\hat{\alpha}^z_{SSEC}$、$\hat{\beta}_{SSEC}-\hat{\beta}^z_{SSEC}$（$\hat{\alpha}_{SZI}-\hat{\alpha}^z_{SZI}$、$\hat{\beta}_{SZI}-\hat{\beta}^z_{SZI}$）与 $\hat{\alpha}_{SSEC}-\hat{\alpha}^H_{SSEC}$、$\hat{\beta}_{SSEC}-\hat{\beta}^H_{SSEC}$（$\hat{\alpha}_{SZI}-\hat{\alpha}^H_{SZI}$、$\hat{\beta}_{SZI}-\hat{\beta}^H_{SZI}$）的大小和 P 值。从表 2-2 和表 2-3 可以看出，上证指数和深证成指的时间序列呈现明显的波动聚集和长程自相关性，波动率具有明显的非平稳性特征，并且上证指数与深证成指在 GARCH 参数估计值上，具有高度的相似性，这意味着两个指数的波动趋势高度一致。在表 2-2 和表 2-3 中，对比本模型生成股指数间序列与基于上证指数和深证成指的真实序列的 GARCH 参数估计值，可以发现二者的差异很小并且统计上不显著，这意味着本章构建的连续化异质性投资者模型能够很好地捕捉中国两大股指的波动聚集、长程自相关以及波动率的非平稳性特征。相对地，He 和 Li（2008）的模型对于两股指序列的非平稳性特征有较好的刻画，但对于它们的波动聚集特征以及长程自相关性的解释力较差。这一对比表明，相较于使用基本面投资者和趋势跟随型投资者复合而成的两类型投资者模型，在模型中引入连续化异质性投资者分类和基于财富的买空卖空约束，有助于更好地刻画我国股票市场的基本动态特征。

表 2-2　基于上证指数校准的模型解释力对比

上证指数估计值	$\hat{\alpha}_{SSEC}$	$\hat{\beta}_{SSEC}$	$\hat{\alpha}_{SSEC}+\hat{\beta}_{SSEC}$
	0.0995（<0.001）	0.8795（<0.001）	0.979

续表

	$\|\hat{\alpha}_{SSEC}-\hat{\alpha}^{Z}_{SSEC}\|$	$\|\hat{\beta}_{SSEC}-\hat{\beta}^{Z}_{SSEC}\|$	$\hat{\alpha}^{Z}_{SSEC}+\hat{\beta}^{Z}_{SSEC}$
本模型生成股指的 GARCH 参数估计误差	0.022（0.468）	0.024（0.4602）	0.934
He 和 Li（2008）模型生成股指的 GARCH 参数估计误差	$\|\hat{\alpha}_{SSEC}-\hat{\alpha}^{H}_{SSEC}\|$ 0.74（0.003）	$\|\hat{\beta}_{SSEC}-\hat{\beta}^{H}_{SSEC}\|$ 0.72（0.003）	$\hat{\alpha}^{H}_{SSEC}+\hat{\beta}^{H}_{SSEC}$ 0.999

表 2-3　基于深证成指校准的模型解释力对比

	$\hat{\alpha}_{SZI}$	$\hat{\beta}_{SZI}$	$\hat{\alpha}_{SZI}+\hat{\beta}_{SZI}$
深证成指估计值	0.0999（<0.001）	0.8799（<0.001）	0.98
本模型生成股指的 GARCH 参数估计误差	$\|\hat{\alpha}_{SZI}-\hat{\alpha}^{Z}_{SZI}\|$ 0.022（0.468）	$\|\hat{\beta}_{SZI}-\hat{\beta}^{Z}_{SZI}\|$ 0.023（0.4602）	$\hat{\alpha}^{Z}_{SZI}+\hat{\beta}^{Z}_{SZI}$ 0.934
He 和 Li（2008）模型生成股指的 GARCH 参数估计误差	$\|\hat{\alpha}_{SZI}-\hat{\alpha}^{H}_{SZI}\|$ 0.74（0.003）	$\|\hat{\beta}_{SZI}-\hat{\beta}^{H}_{SZI}\|$ 0.72（0.003）	$\hat{\alpha}^{H}_{SZI}+\hat{\beta}^{H}_{SZI}$ 1

注1：括号中报告了统计量估计值对应的 P 值，即 $Pr(X>\hat{x})$ 的取值，其中 $\hat{x}$ 表示统计量的估计值。

注2：表中模型 GARCH 参数估计误差的 P 值由基于模型校准参数的1000次蒙特卡洛模拟生成的价格序列估算得到。

　　除了在波动率、长程自相关性以及平稳性三个维度上考察本模型对现实股指时间序列的解释力外，本节还进一步考察了模型对于上证指数和深证成指的收益率分布的整体解释力。图 2-10 利用经校准的模型生成的收益率序列、上证指数及深证成指的实际收益率序列，绘制了收益率的分布密度函数，并进行了逐一对比。结果表明，本模型生成的收益率分布与上证指数、深证成数的实际收益率分布重合度很高。特别是在密度函数的对称性、中心点位置、峰度、偏度等维度上，模型生成的密度函数与实际收益率密度函数基本一致，这意味着模型可以较好地拟合实际收益率的各阶矩特征，从而进一步验证了本章提出的连续化异质性投资者模型具有很强的现实解释力。

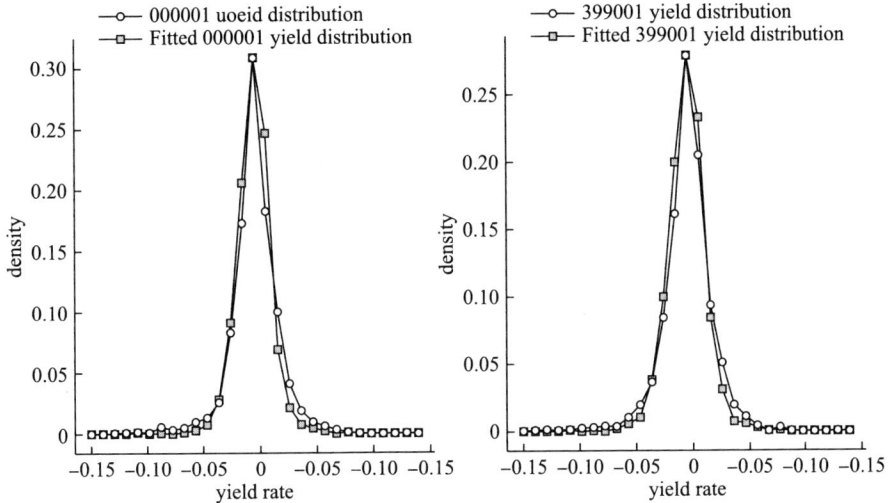

图 2-10　上证指数与深证成指收益率分布拟合效果

第三节　本章小结

　　针对经典资产定价模型和异质性投资者模型设定上存在的问题，本章在经典的均值—方差期望效用函数的基础上，引进投资者存在异质性价格预期、异质性财富、买空卖空约束等条件，考虑到现实资本市场的非瓦尔拉斯均衡出清机制，构建了一个异质性资本资产定价模型，刻画了资产价格和财富分配的联合演化机制。

　　本章在理论假设方面创新之处包括以下几点。第一，不同于传统异质性投资者模型将投资者分为价值投资者、趋势投资者、随机选取者等有限几个固定类别，本章对异质性预期投资者采取连续化的处理方式，即假设个体的价格预期是可以取任意非负实数的随机变量，其在全体投资者中的分布由给定的连续概率分布函数加以刻画。这种对异质性预期的处理，避免了研究者对投资者分类的主观随意性，便于在更一般的意义上刻画异质性预期对价格形成的影响。第二，考虑到投资者买空卖空受到财富水平的限制，个体风险资产需求函数呈现非线性分段形式。相比而言，传统异质性投资者模型的常规做法是在个体需求函数建立起来后，财富约束就被排除在分析范围之外，或者财富以一种简单的线性方式被引入资产需求函数，这种简单的财富关联忽略了财富与资产价格间非线性互动机制，大大低估了资产价格变动的复杂性。第三，不同于传统理论中的瓦尔拉斯均衡市场假设，本章根据股票市场的非瓦尔拉斯均衡性和交易所主导的即时交易撮合规则确定股价的现实，设定了反映多空双方力量对比的价格演化方程。第四，针对财富分布的泛函演化方程，采用预期价格和财富的混合指数分布形式，得到了具有一般性的财富分布演化方程的显式解。

在方法论方面，本章意在从微观个体最优化决策行为出发，根据大量微观个体的相互作用原理和市场供求双方多空力量对市场价格的影响机制，构筑反映金融市场的个体与整体、总量和结构、静态和动态相统一的资产定价理论。在分析方法上，本章采用了异质性个体的积分加总技术、非线性系统的倍周期分岔和混沌分析技术、李雅普诺夫指数，并使用了针对演化方程系统开发的数值模拟算法和计算机应用程序等。

理论分析和模拟计算使我们深化了对市场机制和市场现象的认识。第一，金融市场是众多个体组成的复杂系统，受外部冲击和内部相互作用的影响，表现出极大的不确定性。在异质性预期、借贷约束和卖空约束条件下，传统资本资产定价理论关于高风险高收益的预言在异质性投资者分析框架下不再成立。由于个体投资者根据自己的信念和预期效用最大化原则选择资产组合，而市场价格是投资者相互作用的结果，市场运行的结果经常与个体投资者的预期不一致。如果风险资产投资者的预期没有犯方向性的错误，他就可以实际获得超过无风险资产收益的风险投资溢价；如果风险资产投资者的预期与市场运行的方向相反，投资者即使不亏损，也只能获得低于无风险资产收益的收益。第二，本章的模型提供了一种新的关于股票价格和收益的波动聚集、长程依赖性、长程自相关性等现象的理论解释。分析表明，波动聚集现象完全可以内生于确定性系统的演化过程，这与依赖于外生随机冲击的波动聚集机制完全不同，也意味着在引入财富分布的协同演化后异质性投资者模型足以产生充分的复杂性，以揭示现实世界中的金融市场异象。第三，市场行为的复杂性还表现在财富分布的演化上。由于个体投资者预期行为和财富分配的异质性，财富分布密度函数一直处在变化之中，而这种动态变化过程呈现分裂—混合的动力学模式，这有助于我们在财富分布的演化过程与资本市场的微观结构的变迁、不同投资者小群体的分化与合并过程之间建立一个深刻的联系。在这种联系下，本章的连续化异质性投资者模型可以看作对传统异质性投资者模型的拓展，并且内生化了不同类别的投资者群体的涌现和演化过程。在此基础上，投资者小群体的分裂过程会采取随机混合和反向配对两种不同的形式，它们对小群体内部和投资者总体的财富分配的不平等程度有着深刻的影响。分裂过程的差异还会引致财富分布密度函数出现单峰分布、双峰分布等不同状态，并反作用于股票价格的演化过程，由此引致的演化复杂性为我们理解股票的波动聚集现象提供了新的思路。

　　本章的数值模拟和基于上证指数和深证成指日交易数据的校准

分析表明，连续化异质性投资者模型可以比传统异质性投资者模型更好地捕捉上证指数和深证成指的波动聚集、长程自相关性以及波动率的非平稳性等特征。通过对流动性充裕度参数的反事实调节，本章发现，股票收益的波动聚集、长程自相关的程度会受到市场中流动性充裕程度的显著影响，并且随着充裕程度的增加，股票价格序列波动的短期依赖性也明显增强，这会放大股票的短期波动和投资者面临的价格风险。

本章的研究结果对于认识市场本质、进行投资决策和构建投资组合具有一定的指导意义，对市场监管者有一定的参考价值。

第一，股票价格的无序波动意味着风险增大和投资者的潜在损失，因此对股价无序波动的事前提示有助于投资者实现风险控制，保护投资收益。在本章的模型中，市场的无序波动或超额波动可由价格轨迹是否呈现混沌特征来刻画，从这个意义上讲，价格轨迹是否呈现混沌可以被用作一个可量化的风险指标。由于股票价格轨迹会随着市场流动性充裕程度增加在周期轨和混沌之间来回切换，识别处于混沌区边缘的流动性充裕程度可以为投资者提供一种全新的风险预警思路。

第二，对监管者来说，股票价格的过分波动意味着风险。由于股票供给量是流动性充裕与否的反映，增加股票发行量相当于流动性紧缩，平均收益率和波动性都将下降；减少股票供给有利于提高股市活跃度，平均收益率将恢复。为了避免股票价格指数的过分波动，监管者有必要控制新股上市节奏，以达到稳定市场的目的。

第三，外生冲击属于可分散化的非系统风险，倍周期分岔和混沌导致的市场波动属于系统风险。考虑到市场系统在倍周期分岔点和混沌区边缘附近对参数和初值的敏感性，微小的政策干预可能使市场从高倍周期分岔状态拉回到低倍周期分岔或稳定状态，从混沌状态拉回到倍周期分岔或稳定状态。所以，从控制系统性金融风险的角度，有限度的市场干预是必要的。

第四，价格方程有一个尚未讨论的外生信息变量 k，它可以被视为宏观政策和制度变量。未来的研究可以考虑将它内生化，如让它成为一个受货币政策影响的内生变量 $k = k(M)$，从而讨论货币政策的松紧程度对资产价格和收益率的影响。从定性的角度来看，k 与 K_c 的作用效果是类似的，也是影响系统性风险的因素。这个问题可以在未来的实证研究中加以考虑，也可以在宏观经济与资本市场联合建模中加以体现。

第四节　附录

附录1　式2-9 的推导

$$
\begin{aligned}
Z_t(W_t, d_{t+1}) &= \int_{(1+r)p_t - d_{t+1}}^{\infty} z_t \, dF(x) \\
&= \frac{1}{A\sigma^2} \int_{(1+r)p_t - d_{t+1}}^{(1+r)p_t - d_{t+1} + A\sigma^2 \frac{W_t}{p_t}} [x - (1+r)p_t + d_{t+1}] \, dF(x) + \int_{(1+r)p_t - d_{t+1} + A\sigma^2 \frac{W_t}{p_t}}^{\infty} \frac{W_t}{p_t} \, dF(x) \\
&= \frac{1}{A\sigma^2} \Big[\int_{(1+r)p_t - d_{t+1}}^{(1+r)p_t - d_{t+1} + A\sigma^2 \frac{W_t}{p_t}} x \, dF(x) - [(1+r)p_t - d_t] \int_{(1+r)p_t - d_{t+1}}^{(1+r)p_t - d_{t+1} + A\sigma^2 \frac{W_t}{p_t}} dF(x) \Big] \\
&\quad + \frac{W_t}{p_t} \Big(1 - F\Big((1+r)p_t - d_{t+1} + A\sigma^2 \frac{W_t}{p_t} \Big) \Big) \\
&= \frac{1}{A\sigma^2} \Big[\int_{(1+r)p_t - d_{t+1}}^{(1+r)p_t - d_{t+1} + A\frac{\sigma^2}{p_t}W_t} (-x) \, d(1 - F(x)) - [(1+r)p_t - d_t] \\
&\quad \int_{(1+r)p_t - d_{t+1}}^{(1+r)p_t - d_{t+1} + A\sigma^2 \frac{W_t}{p_t}} dF(x) \Big] + \frac{W_t}{p_t} \Big(1 - F\Big((1+r)p_t - d_{t+1} + A\sigma^2 \frac{W_t}{p_t} \Big) \Big) \\
&= \frac{1}{A\sigma^2} (-x)(1 - F(x)) \Big|_{(1+r)p_t - d_{t+1}}^{(1+r)p_t - d_{t+1} + A\sigma^2 \frac{W_t}{p_t}} + \frac{1}{A\sigma^2} \int_{(1+r)p_t - d_{t+1}}^{(1+r)p_t - d_{t+1} + A\sigma^2 \frac{W_t}{p_t}} (1 - F(x)) \, dx
\end{aligned}
$$

$$-\frac{(1+r)p_t - d_{t+1}}{A\sigma^2} \int_{(1+r)p_t - d_{t+1}}^{(1+r)p_t - d_{t+1} + A\sigma^2 \frac{W_t}{p_t}} dF(x) + \frac{W_t}{p_t}\left(1 - F\left((1+r)p_t - d_{t+1} + A\sigma^2 \frac{W_t}{p_t}\right)\right)$$

$$= \frac{1}{A\sigma^2} \int_{(1+r)p_t - d_{t+1}}^{(1+r)p_t - d_{t+1} + A\sigma^2 \frac{W_t}{p_t}} (1 - F(x)) dx = \frac{1}{A\sigma^2} \int_0^{A\sigma^2 \frac{W_t}{p_t}} (1 - F(y + (1+r)p_t - d_{t+1})) dy$$

$$= \int_0^1 \frac{W_t}{p_t}\left(1 - F\left((1+r)p_t - d_{t+1} + A\sigma^2 \frac{W_t}{p_t}x\right)\right) dx \text{; 证毕。}$$

附录 2 式 2-16、式 2-17 的推导

为了简化推导过程，先假设价格预期的总体分布具有单一指数分布形式 $F_y(x) = 1 - e^{-\lambda x}$，由此先推导式 2-17，在此基础上，式 2-16 给出的财富分布演化方程的一般形式由式 2-17 依照权重系数 α_i^y / β_i^y 加权平均得到。为简化推导过程中的数学符号，令 p^R 表示风险资产 $t+1$ 期的价格，p 表示风险资产 t 期的价格，y 表示 t 期的风险资产预期价格，在不影响辨识的情况下，下面在推导过程中省略相关变量的时间下标和参数 $\alpha_i^{W,\,t}$、$\beta_i^{W,\,t}$、$n_{W,\,t}$ 的上、下标中的 W 和 t（价格预期的总体分布具有单一指数分布形式，因此不必使用带有上下标 y 的 α_i^y、β_i^y、n_y 参数，省略掉财富分布参数的上、下标 W 和 t 不会造成歧义），因此 t 期财富分布可表示为如下形式：

$$f_t(w) = \sum_{i=1}^n \alpha_i \exp(-\beta_i w), \beta_i > 0, \sum_{i=1}^n \frac{\alpha_i}{\beta_i} = 1 \qquad \text{式 2-19}$$

个体财富的跨期变动由下式给出：

$$x = \begin{cases} w(1+r), 0 \leq y < (1+r)p - d \\[2mm] w(1+r) + \dfrac{1}{A\sigma^2}(y - p(1+r) + d)(p^R - p(1+r) + d), \\[2mm] 0 \leq y - (1+r)p + d \leq \dfrac{A\sigma^2}{p}w \\[2mm] \dfrac{w(p^R + d)}{p}, y - (1+r)p + d \geq \dfrac{A\sigma^2}{p}w \end{cases} \qquad \text{式 2-20}$$

下面推导 $f_{t+1}(x)$，先假设 $I(p^R - p(1+r) + d \neq 0)$，根据式 2-19、式 2-20 和积分换元公式，根据多元随机变量函数的密度函数公式可知：

$$f_{t+1}(x) = A(x) + B(x) + C(x)$$

$$= \int_0^{(1+r)p-d} f_t\left(\frac{x}{1+r}\right) g_t(y) \mid J_{F_1}(x,y) \mid dy$$

$$+ \int_{\Omega_x} f_t(w) g_t\left(\frac{A\sigma^2(x - w(1+r))}{p^R - p(1+r) + d} + (1+r)p - d\right) \mid J_{F_2}(w,x) \mid dw$$

$$+ \int_{(1+r)p-d+\frac{\lambda A\sigma^2}{p^R+d}x}^{\infty} f_t\left(\frac{px}{p^R + d}\right) g_t(y) \mid J_{F_3}(x,y) \mid dy \qquad \text{式 2-21}$$

其中，积分集合 $\Omega_x = \left\{w: 0 \leqslant \dfrac{A\sigma^2(x - w(1+r))}{p^R - p(1+r) + d} < \dfrac{A\sigma^2}{p}w\right\}$。

变换 $F_1 - F_3$：

$$(w,y) = F_1(x,y) = \left(\frac{x}{1+r}, y\right)$$

$$(w,y) = F_2(w,x) = \left(w, \frac{A\sigma^2(x - w(1+r))}{(p^R - p(1+r) + d)} + (1+r)p - d\right)$$

$$(w,y) = F_3(x,y) = \left(\frac{px}{p^R + d}, y\right)$$

J_F 表示向量函数 F 的雅克比（Jacobian），因此，

$$J_{F_1}(x,y) = 1/(1+r),$$

$$J_{F_2}(w,x) = \frac{A\sigma^2}{p^R - p(1+r) + d},$$

$$J_{F_3}(x,y) = \frac{p}{p^R + d}$$

在此基础上，式 2-21 可以表示为：

$$f_{t+1}(x) = A(x) + B(x) + C(x)$$

$$= \frac{f_t\left(\dfrac{x}{1+r}\right)}{1+r} \int_0^{(1+r)p-d} g_t(y)\,dy$$

$$+ \left| \frac{A\sigma^2}{p^R - p(1+r) + d} \right| \int_{\Omega_x} f_t(w) g_t\left(\frac{A\sigma^2(x - w(1+r))}{p^R - p(1+r) + d} + (1+r)p - d \right) dw$$

$$+ \frac{p}{p^R + d} f_t\left(\frac{px}{p^R + d}\right) \int_{(1+r)p-d+\frac{A\sigma^2}{p^R+d}x}^{\infty} g_t(y)\,dy \qquad \text{式 2-22}$$

利用式 2-19，式 2-22 中的 A 可以表示为：

$$A(x) = \sum_{i=1}^{n} \alpha_i \frac{1 - \exp(-\lambda((1+r)p - d))}{1+r} \exp\left(-\frac{\beta_i}{1+r}x\right) \qquad \text{式 2-23}$$

$C(x)$ 可以表示为：

$$C(x) = (ep(-\lambda((1+r)p - d))) \sum_{i=1}^{n} \alpha_i \frac{p}{p^R + d} \exp\left(-\frac{\beta_i p + \lambda A\sigma^2}{p^R + d}x\right)$$

$$\text{式 2-24}$$

对于式 2-22 中的 B，注意到积分集合 Ω_x 在 $p^R - p(1+r) + d > 0$ 时满足：

$$\Omega_x = \left\{ w : \frac{px}{(p^R + d)} \leq w \leq x/(1+r) \right\}, \left| \frac{A\sigma^2}{p^R - p(1+r) + d} \right|$$

$$\int_{\Omega_x} f_t(w) \lambda \exp\left(\lambda \frac{A\sigma^2(1+r)}{p^R - p(1+r) + d}w \right) dw$$

$$= \frac{A\sigma^2}{p^R - p(1+r) + d} \int_{\frac{px}{(p^R+d)}}^{x/(1+r)} f_t(w) \lambda \exp\left(\lambda \frac{A\sigma^2(1+r)w}{p^R - p(1+r) + d} \right) dw$$

而当 $p^R - p(1+r) + d < 0$ 时，

$$\Omega_x = \left\{ w : x/(1+r) \leq w \leq \frac{px}{(p^R + d)} \right\}, \left| \frac{A\sigma^2}{p^R - p(1+r) + d} \right|$$

$$\int_{\Omega_x} f_t(w) \lambda \exp\left(\lambda \frac{A\sigma^2(1+r)}{p^R - p(1+r) + d}w \right) dw$$

$$= -\frac{A\sigma^2}{p^R - p(1+r) + d} \int_{x/(1+r)}^{\frac{px}{(p^R+d)}} f_t(w)\lambda\exp\left(\lambda\frac{A\sigma^2(1+r)}{p^R - p(1+r) + d}w\right)dw$$

$$= \frac{A\sigma^2}{p^R - p(1+r) + d} \int_{\frac{px}{(p^R+d)}}^{x/(1+r)} f_t(w)\lambda\exp\left(\lambda\frac{A\sigma^2(1+r)}{p^R - p(1+r) + d}w\right)dw$$

因此，无论 $p^R - p(1+r) + d$ 为正或为负，

$$\left|\frac{A\sigma^2}{p^R - p(1+r) + d}\right|\left|\int_{\Omega_x} f_t(w)\lambda\exp\left(\lambda\frac{A\sigma^2(1+r)}{p^R - p(1+r) + d}w\right)dw\right|$$

$$= \frac{A\sigma^2}{p^R - p(1+r) + d} \int_{\frac{px}{(p^R+d)}}^{x/(1+r)} f_t(w)\lambda\exp\left(\lambda\frac{A\sigma^2(1+r)}{p^R - p(1+r) + d}w\right)dw$$

$$B(x) = \exp(-\lambda((1+r)p - d))\exp\left(-\frac{\lambda A\sigma^2 x}{p^R - p(1+r) + d}\right)$$

$$\times \frac{A\sigma^2}{p^R - p(1+r) + d}\sum_{i=1}^{n}\alpha_i\int_{\frac{px}{(p^R+d)}}^{x/(1+r)}\lambda\exp\left(\frac{\lambda A\sigma^2(1+r)}{p^R - p(1+r) + d}w - \beta_i w\right)dw$$

$$= \exp(-\lambda((1+r)p - d))\times\sum_{i=1}^{n}\alpha_i\left(\frac{\lambda A\sigma^2}{p^R - p(1+r) + d}\right.$$

$$\left.\frac{p^R - p(1+r) + d}{\lambda A\sigma^2(1+r) - \beta_i(p^R - p(1+r) + d)}\times E\right)$$

$$= \exp(-\lambda((1+r)p - d))\times\sum_{i=1}^{n}\alpha_i\frac{\lambda A\sigma^2}{\lambda A\sigma^2(1+r) - \beta_i(p^R - p(1+r) - d)}\times E$$

其中，

$$E = \exp\left(-\frac{\lambda A\sigma^2 x}{p^R - p(1+r) + d}\right)\left[\exp\left(\frac{\lambda A\sigma^2(1+r)}{p^R - p(1+r) + d}\frac{x}{1+r} - \frac{\beta_i x}{1+r}\right)\right.$$

$$\left.- \exp\left(\frac{\lambda A\sigma^2(1+r)}{p^R - p(1+r) + d}\frac{px}{p^R + d} - \frac{\beta_i px}{p^R + d}\right)\right]$$

$$= \exp\left(-\frac{\beta_i x}{1+r}\right) - \exp\left(-\frac{\lambda A\sigma^2 x(p^R - p(1+r) + d)}{(p^R + d)(p^R - p(1+r) + d)} - \frac{\beta_i px}{p^R + d}\right)$$

$$= \exp\left(-\frac{\beta_i x}{1+r}\right) - \exp\left(-\frac{\lambda A\sigma^2 x}{p^R + d} - \frac{\beta_i px}{p^R + d}\right)$$

$$= \exp\left(-\frac{\beta_i x}{1+r}\right) - \exp\left(-\frac{\lambda A\sigma^2 + \beta_i p}{p^R + d}x\right)$$

所以,

$$B(x) = \exp(-\lambda((1+r)p - d)) \times \sum_{i=1}^{n} \frac{\alpha_i A\sigma^2}{\lambda A\sigma^2(1+r) - \beta_i(p^R - p(1+r) + d)}$$

$$\left(\exp\left(-\frac{\beta_i x}{1+r}\right) - \exp\left(-\frac{\lambda A\sigma^2 + \beta_i p}{p^R + d}x\right)\right)$$

因此,加总 A、B、C 并整理,可得:

$$f_{t+1}(x) = \sum_{i=1}^{n} \frac{\alpha_i}{1+r}\exp\left(-\frac{\beta_i}{1+r}x\right) + [p^R - p(1+r) + d][\exp(-\lambda((1+r)p - d))]$$

$$* \sum_{i=1}^{n}\left[\begin{array}{c} \dfrac{\alpha_i\beta_i}{(1+r)[\lambda A\sigma^2(1+r) - \beta_i(p^R - p(1+r) + d)]}\exp\left(-\dfrac{\beta_i}{1+r}x\right) \\[2ex] -\dfrac{\alpha_i(\beta_i p + \lambda A\sigma^2)}{(p^R + d)[\lambda A\sigma^2(1+r) - \beta_i(p^R - p(1+r) + d))]}\exp\left(-\dfrac{\beta_i p + \lambda A\sigma^2}{p^R + d}x\right) \end{array}\right]$$

式 2-25

对于 $p^R - p(1+r) + d = 0$ 的情况, $f_{t+1}(x) = \sum_{i=1}^{n} \frac{\alpha_i}{1+r}$

$\exp\left(-\frac{\beta_i}{1+r}x\right)$, 正好等于式 2-25 的第一项。所以,不管 $p^R -$

$p(1+r) + d$ 是否等于 0,公式 2-24 总是成立的。在此基础上,对

2-25 中单指数分布的系数进行化简,可得正文中的式 2-17。证毕。

附录 3　式 2-15 的推导

首先考察预期价格的分布具有单一指数分布形式,即 $F_y(x) =$

$1 - e^{-\lambda x}$。此时,风险资产的总需求和总供给由以下两式给出:

$$Z^D = \frac{1}{A\sigma^2}\int_{[0,\infty)} \frac{1}{\lambda}\exp(-\lambda((1+r)p - d))\left(1 - \exp\left(-\lambda\frac{A\sigma^2}{p}w\right)f_{W,t}(w)\right)dw$$

$$= \frac{1}{\lambda A\sigma^2}\exp(-\lambda((1+r)p-d))\int_{[0,\infty)}\left(1-\exp\left(-\lambda\frac{A\sigma^2}{p}w\right)\sum_{i=1}^{n}\alpha_i\exp(-\beta_iw)\right)dw$$

$$= \frac{1}{\lambda A\sigma^2}\exp(-\lambda((1+r)p-d))\left(1-\sum_{i=1}^{n}\int_{[0,\infty)}\left(\alpha_i\exp\left(-\frac{\lambda A\sigma^2}{p}-\beta_i\right)w\right)dw\right)$$

$$= \frac{1}{\lambda A\sigma^2}\exp(-\lambda((1+r)pd))\left(1-\sum_{i=1}^{n}\frac{\alpha_ip_t}{\lambda A\sigma^2+\beta_ip_t}\right)$$

$$= \exp(-\lambda((1+r)p-d))\sum_{i=1}^{n}\frac{1}{\lambda A\sigma^2+\beta_ip_t} \qquad \text{式}2\text{-}26$$

其中，最后一个不等式来自于混合指数分布的特征 $\sum\alpha_i/\beta_i=1$。

当预期价格分布具有混合指数形式（式2-14），则价格演化方程表示为式2-26依权重系数 $\alpha_i^\gamma/\beta_i^\gamma$ 的加权平均，即正文中的式2-15。证毕。

附录4 命题2-4的证明

根据式2-15，$p_t=0$ 时，$p_{t+1}=0$；$p_t\to\infty$ 时，$p_{t+1}\to0$ 显然成立，同时注意到 $1-\sum_{i=1}^{n}\frac{\alpha_ip_t}{A\sigma+\beta_ip_t}=1-\int_{[0,\infty)}\exp\left(-\frac{A\sigma}{p_t}w\right)f_t(w)dw$ 不可能取负值，其中 $f_t(w)$ 为满足式2-14的概率密度函数，从而庞加莱映射式2-15取非负实数值，由介值定理可知，式2-15存在至少一个极大值点。为证明是式2-15存在唯一的极大值点，对式2-15求关于 p_t 的一阶导数可得：

$$\frac{dp_{t+1}}{dp_t}=\frac{K'_{gd}\cdot\exp\left(-\frac{\theta(1+r)p_t}{\sigma}\right)\sum_{i=1}^{n}\frac{\alpha_i}{\beta_i}\left(\frac{-\theta(1+r)\sigma p_t}{A\sigma+\beta_ip_t}+\frac{(A\sigma)^2}{(A\sigma+\beta_ip_t)^2}\right)}{\left(1-\sum_{i=1}^{n}\frac{\alpha_ip_t}{A\sigma+\beta_ip_t}\right)^{1-\theta}}$$

令 $f(p_t)=\sum_{i=1}^{n}\frac{\alpha_i}{\beta_i}\left(\frac{-\theta(1+r)Ap_t}{A\sigma+\beta_ip_t}+\frac{(A\sigma)^2}{(A\sigma+\beta_ip_t)^2}\right)$，显然 $f(0)>$

0，$f\left(\dfrac{\sigma}{\theta(1+r)}\right) < 0$，因此在$\left[0, \dfrac{\sigma}{\theta(1+r)}\right]$上$f(p_t)$和$\dfrac{dp_{t+1}}{dp_t}$至少存

在一个零点。又由于在全部α_i均为正数的条件下可得

$$\frac{df(p_t)}{dp_t} = -\sum_{i=1}^{n}\frac{\alpha_i}{\beta_i}\left(\frac{\theta(1+r)A}{(A\sigma + \beta_i p_t)^2} + \frac{2(A\sigma)^2\beta_i}{(A\sigma + \beta_i p_t)^3}\right) < 0,$$

$f(p_t)$在$[0, \infty)$上单调递减，说明$f(p_t)$和$\dfrac{dp_{t+1}}{dp_t}$在$[0, \infty)$上

的零点都是唯一的。因此庞加莱映射式2-15只可能有一个极大值
点，即式2-15是一个单峰映射。

附录5　近似模拟算法及其收敛性

本章中使用的近似算法由以下三步构成：

第一步，任意给定精度阈值$\delta > 0$、定义初始财富分布集合$F_\delta = \{f_0\}$和初始价格p_0；

第二步，对给定$t > 0$，通过迭代方程式2-15获得p_{t+1}^δ；

第三步，给定p_{t+1}^δ，通过迭代方程式2-16，得到密度函数的输
出结果，记为f_{t+1}'。对于每一个$f \in F_\delta$，计算KS距离$\|f_{t+1}' - f\|_{KS}$，
将F_δ中与f_{t+1}'的KS距离最小的元素记为f^*。如果$\|f_{t+1}' - f^*\|_{KS} < \delta$，则令$f_{t+1}^\delta = f^*$；如果$\|f_{t+1}' - f^*\|_{KS} > \delta$，则令$f_{t+1}^\delta = f_{t+1}'$，并将其插
入分布集合F_δ。

对于以上算法，可以验证：对于任意$\delta > 0$，F_δ是有限集；对
于基于精确的财富分布演化方程所生成的迭代序列p_t、f_t，当$\delta \to 0$，序列p_t^δ、f_t^δ一致收敛于序列p_t、f_t。其中，f_t^δ向f_t的这种收敛为
依KS距离的收敛，即$\|f_t^\delta - f_t\|_{KS} \to 0$。其中，函数$f$和$g$的$KS$距
离被定义为$\|f - g\|_{KS} = \sup_{x>0}\left|\int_0^x (f(y) - g(y))dy\right|$。

证明：首先考虑序列 $\{p_t^\delta\}$、$\{f_t^\delta\}$ 的一致收敛性。令 $P(p,\ para)$ 代表价格演化方程式 2-15 右端的函数形式，其中 $para = (K,\ r,\ \theta,\ \lambda,\ A,\ \sigma,\ \alpha,\ \beta)$ 代表其他参数集合，因对于任意固定 $para$，$P(0,\ para) = \lim_{p\to\infty} P(p,\ para) = 0$，$P(\cdot,\ para)$ 可视为从单位圆周 $\mathbb{S}$ 到自身的连续映射。同时，由于全体定义于 $[0,\ \infty]$ 上的概率测度所构成的集合 P 依照弱 $*$ 拓扑构成一个紧 Hausdorff 空间，且该空间是可度量化的（Conway，1990），价格演化方程与财富分布演化方程共同构成了一个从紧度量空间 $\mathbb{S} \times P$ 到其自身的连续映射，记为 M。

对于给定的初始价格 p_0 和 f_0，令序列 $O_\infty = \{(p_t,\ f_t) = M^t(p_0,\ f_0)\}_{t=0}^\infty$ 为由映射 M 的任意正整数次迭代构成的轨道，则由空间 $\mathbb{S} \times P$ 的紧性和可度量性可知，对于任意 $\varepsilon > 0$ 均可找到截断轨道 $O_n = \{(p_t,\ f_t): t = 0,\ \cdots,\ n\}$，$n > 0$，使得任意 $(p_t,\ f_t) \in O_\infty$ 与 O_n 最近的点的距离小于给定的 ε。而由于 n 的有限性，总可以选取足够小的 $\delta > 0$，使得 $O_n \subset F_\delta$，因此任意 O_∞ 中任意的点与 F_δ 中的点的距离最小值也一致小于 ε，这证明了算法的收敛性。

关于 F_δ 的有限性，注意到任意两个 F_δ 中的不同元素的距离都不小于 δ，而在紧度量空间中，任何元素两两距离不小于给定正常数的集合都是有限集合，因此 F_δ 是有限集合。

附录 6　预期价格服从贝叶斯更新规则时的演化方程推导

在本章的理论分析部分，一个隐含的假设是价格预期的总体分布 F_y 是不随时间变化而变化的。在个体投资者层面引入贝叶斯预期更新机制，可以得到时变的价格预期分布 $F_{y,\ t}$ 及其演化方程。假设在给定个体价格预期 y_t 的条件下，个体视角下的未来价格 p_{t+1} 的主观概率分布 $F(x \mid y_t) = 1 - e^{-x/y_t}$ 为一个依赖于价格预期 y_t 的指数分布。其中，个体价格预期 y_t 可以理解为投资者在无信息条件下形成的关于未来价格的先验预期，而当投资者观测到当前的实际价格 p_t 后，会对先验的价格预期进行更新。

根据贝叶斯理论，可将个体视角下的未来价格 p_{t+1} 的主观概率分布 $F(x \mid y_t)$ 中的期望参数 y_t 看作从某个先验分布（记为 $y_t \sim F_{prior}(y)$）中抽样得到的，而在贝叶斯更新机制下可利用主观价格分布 $F(x \mid y_t)$ 的指数分布形式、观测值 p_t 和 y_t 的先验分布 $F_{prior}(y)$ 计算 y_t 的后验分布（记为 $F_{post}(y \mid y_t, p_t)$）。

在参数先验分布 $F_{prior}(y)$ 的选取上，根据应用贝叶斯更新的相关文献中的惯例，本章采用指数型主观价格分布的贝叶斯共轭先验分布作为 $F_{prior}(y)$ 的具体形式，由贝叶斯理论可知，以均值为参数的指数分布的贝叶斯共轭先验为逆伽马分布函数，记为 $\Gamma^{-1}(a, b)$，密度函数为：

$$f_{prior}(y) = \frac{1}{\Gamma(a)b^a} y^{-a-1} \exp\left(-\frac{b}{y}\right)$$

其中参数 a、b 的选取应保证先验预期的一致性，即在给定个体先验价格预期 y_t 值的前提下，基于参数 y_t 的先验分布 $F_{prior}(y \mid a, b)$ 与个体主观条件价格分布 $F(x \mid y)$ 计算的无条件期望应等于给定的价格预期 y_t，即：

$$y_t = \int_0^\infty \int_0^\infty x dF(x \mid y) dF_{prior}(y \mid a,b) = \int_0^\infty y dF_{prior}(y \mid a,b) = \frac{b}{a-1}$$

式 2-27

在此基础上，可将个体主观价格分布 $F(x \mid y)$ 看作依赖于期望参数 y 的条件分布函数，进而可以选取基于参数 y 的后验分布 $F_{post}(y \mid y_t, p_t)$ 的密度函数 $f_{post}(y)$ 也具有参数为 a'、b' 的逆伽马分

布形式，

$$\frac{1}{\Gamma(a')b'^{a'}}y^{-a'-1}\exp\left(-\frac{b'}{y}\right)$$

因此个体投资者关于未来价格的后验预期 y'_t 可表示为：

$$y'_t = \int_0^\infty \int_0^\infty x dF(x\mid y)dF_{post}(y\mid y_t,p_t) = \int_0^\infty y dF_{post}(y\mid y_t,p_t) = \frac{b'}{a'-1}$$

式 2-28

根据相关的参数更新公式有 $a' = a + 1$ 以及 $b' = b + p_t$。根据逆伽马分布的性质可知，$y_t = \dfrac{b}{a-1}$，$y'_t = \dfrac{b'}{a'-1}$。而作为指数分布的贝叶斯共轭先验，得到的后验分布 $F_{post}(y\mid y_t, p_t)$，在此基础上，利用式 2-27 可得更新后的个体价格预期：

$$y'_t = \frac{b'}{a'-1} = \frac{b+p_t}{a} = \frac{(a-1)y_t+p_t}{a} = \frac{a-1}{a}y_t + \frac{1}{a}p_t,$$

即在给定个体投资者的先验预期价格和当前实际价格的观测值后，个体的后验价格预期为先验预期与实际观测价格的加权平均，权重由主观先验分布中的参数 a 决定。在假设先验价格预期在投资者总体中的分布为混合指数分布式 2-14 的前提下，利用积分换元公式可得，后验价格预期在投资者总体中的分布可表示为如下平移后的混合指数分布（其中参数 $k = \dfrac{\alpha}{\alpha-1}$）：

$$f_{y,t}(x) = \begin{cases} \sum\limits_{i=1}^{n_y} k\beta_i^y e^{(k-1)\beta_i^y p_t - k\beta_i^y x}, & x \geq \dfrac{k-1}{k}p_t \\ 0, & x < \dfrac{k-1}{k}p_t \end{cases}$$

式 2-29

式 2-29 给出了价格预期的总体分布的跨期更新方式，在此基础上，用式 2-29 置换附录 1、2、3 中价格预期的总体分布函数 $f_y(x)$，可以验证财富分布和价格演化方程仍具有正文中式 2-15、式 2-16 的形式，但其中的权重系数 θ_{ij}^t、π_j^t 和 ρ_{ij}^t 按如下方式调整：

$$\theta_{ij}^t = \frac{k\beta_j^y A\sigma^2(1+r)}{k\beta_j^y A\sigma^2(1+r) - \beta_i^{W,t}(p_{t+1} + d_{t+1} - p_t(1+r))}$$

$$\pi_j^t = e^{-k\beta_j^y((p_t(1+r)-d_{t+1})+(k-1)\beta_i^y p_t)}$$

$$\rho_{ij}^t = 1 + A\sigma^2 k\beta_j^y/(\beta_i^{W,t} p_t) \text{。}$$

对比以上三式以及正文命题 2-1 中的结论可知，引入预期价格的总体分布的贝叶斯更新后，并不会显著改变命题 2-1 中的价格演化与财富分布演化方程的基本性质，特别是不会影响财富分布演化的分裂—混合性质，因此，并不影响本章的核心结论。但引入额外的观测价格信息后，我们可以得到一个更为灵活的框架来刻画价格预期总体分布的演化机制，为我们衡量预期与实际价格的偏离程度及其演化趋势提供了手段。该框架也可用于分析市场的非理性程度和股市泡沫的生成机制。

附录 7　买空卖空约束下的股票价格与财富分布演化方程

当买空卖空约束强度参数 $\eta > 1$ 时，投资者可以采取有限度的买空卖空策略，此时个体投资者的最优投资组合和跨期财富增值方程变更为：

$$z_t = \begin{cases} \dfrac{(1-\eta)W_t}{p_t}, & 0 \leq y_t + d_{t+1} \leq (1+r)p_t + \dfrac{A\sigma^2(1-\eta)W_t}{p_t} \\[3mm] \dfrac{1}{A\sigma^2}[y_t + d_{t+1} - p_t(1+r)], & (1+r)p_t + \dfrac{A\sigma^2(1-\eta)W_t}{p_t} < \\[3mm] & y_t + d_{t+1} < (1+r)p_t + \dfrac{A\sigma^2\eta W_t}{p_t} \\[3mm] \dfrac{\eta W_t}{p_t}, & y_t + d_{t+1} \geq (1+r)p_t + \dfrac{A\sigma^2\eta W_t}{p_t} \end{cases} \qquad \text{式 2-30}$$

和

$$W_{t+1} = \begin{cases} W_t\left(\eta(1+r) + \dfrac{(1-\eta)(p_{t+1}+d_{t+1})}{p_t}\right), & 0 \leq y_t + d_{t+1} \leq (1+r)p_t + \dfrac{A\sigma^2(1-\eta)W_t}{p_t} \\[3mm] W_t(1+r) + \dfrac{(y_t+d_{t+1}-p_t(1+r))(p_{t+1}+d_{t+1}-p_t(1+r))}{A\sigma^2}, & \\[3mm] & (1+r)p_t + \dfrac{A\sigma^2(1-\eta)W_t}{p_t} < y_t + d_{t+1} < (1+r)p_t + \dfrac{A\sigma^2\eta W_t}{p_t} \\[3mm] W_t\left((1-\eta)(1+r) + \dfrac{\eta(p_{t+1}+d_{t+1})}{p_t}\right), & y_t + d_{t+1} \geq (1+r)p_t + \dfrac{A\sigma^2\eta W_t}{p_t} \end{cases}$$

$$\text{式 2-31}$$

此时，利用与附录 1、2、3 中类似的演算过程、混合指数的价格预期分布与财富分布函数，可以得到与式 2-15、式 2-16 类似的股票价格演化方程和财富分布演化方程：

$$p_{t+1} = \frac{K_C p_t}{C^\theta}\left(\sum_{i=1}^{n_{W,t}}\sum_{j=1}^{n_y} \frac{\alpha_i^{W,t}\alpha_j^y}{\beta_i^{W,t}\beta_j^y} \frac{(2\eta-1)e^{-\beta_j^y(p_t(1+r)-d_{t+1})}}{(\beta_j^y A\sigma^2(2\eta-1)+\beta_i^{W,t}p_t)} + \frac{1-\eta}{\beta_i^{W,t}p_t}\right)^\theta$$

$$\text{式 2-32}$$

$$f_{W,t+1}(x) = \sum_{i=1}^{n_{W,t}}\sum_{j=1}^{n_y} \frac{\alpha_i^{W,t}\alpha_j^y}{\beta_i^{W,t}\beta_j^y}(1-\pi_j+\pi_j\theta_{ij}) \frac{\beta_i^{W,t}p_t}{\eta p_t(1+r)+(1-\eta)(p_{t+1}+d_{t+1})}$$

$$\exp\left(\frac{-\beta_i^{W,t}p_tx}{\eta p_t(1+r)+(1-\eta)(p_{t+1}+d_{t+1})}\right)+\sum_{i=1}^{n_{W,t}}\sum_{j=1}^{n_y}\frac{\alpha_i^{W,t}\alpha_j^y}{\beta_i^{W,t}\beta_j^y}\pi_j(1-\theta_{ij})$$

$$\frac{\beta_j^yA\sigma^2(2\eta-1)+\beta_i^{W,t}p_t}{(1-\eta)p_t(1+r)+\eta(p_{t+1}+d_{t+1})}\exp\left(\frac{-\beta_j^yA\sigma^2(2\eta-1)-\beta_i^{W,t}p_t}{(1-\eta)p_t(1+r)+\eta(p_{t+1}+d_{t+1})}x\right)$$

式 2-33

其中

$$\pi_j=e^{-\beta_j^y(p_t(1+r)-d_{t+1})}$$

$$\theta_{ij}=\frac{\beta_j^yA\sigma^2((1-\eta)(p_{t+1}+d_{t+1})+\eta p_t(1+r))}{\beta_j^yA\sigma^2((1-\eta)(p_{t+1}+d_{t+1})+\eta p_t(1+r))-\beta_i^{W,t}p_t(p_{t+1}+d_{t+1}-p_t(1+r))}$$

根据式 2-32、2-33，融入了非完全买空卖空约束后，约束强度（η）的确会对价格和财富分布的演化产生影响。但对比式 2-32、式 2-33 与式 2-15、式 2-16，不难发现，式 2-15、式 2-16 中演化方程的三个基本属性，价格演化方程的非单调性、财富演化方程关于混合指数分布类封闭以及财富演化方程的分裂—混合特征，对于式 2-32、式 2-33 仍然成立。本章的基本结论均以股票价格与财富分布联合演化方程的上述三个性质为基础，因此本章的基本结论不受放松买空卖空约束的影响，这也进一步验证了本章结论的稳健性。

第三章

多资产连续化异质性投资者
模型与投资组合理论

　　如前一章所展示的，异质性投资者模型在整体上可以较好地预测资产收益率，但也需要看到相关的模型及其在投资组合领域的应用仍存在很大的问题。一方面，异质性投资者模型通常依赖于对两到三类不同投资者的投资行为的建模，如价值投资者、顺趋势投资者、反趋势投资者等。然而，在针对具体问题时，究竟在模型中应当融入哪几类投资者、每类投资者投资行为的具体设定应当采取哪种形式，这些问题往往依赖于研究者的主观判断，因此具有一定的随意性。而模型对于特定典型化事实的解释力往往依赖于模型所设定的形式，这限制了异质性投资者模型在资产组合领域的可应用性。另一方面，现有的关于异质性投资者模型的文献更多侧重于对资产收益的理论解释，因而在模型设定上通常被简化为仅考察风险资产和无风险资产的组合问题。换言之，这些文献中通常将多种风险资产加总成一大类风险资产进行处理，而不对多种资产之间的比例关系进行深入考察。然而，投资组合理论更加关注多种风险资产之间的比例搭配问题，因此相对于投资组合理论的关注点而言，异质性投资者模型存在资产端的过度加总问题，这也大大限制了其在投资组合领域的应用。

针对以上局限性，本章试图在以下两个维度上拓展异质性投资者模型。首先，借鉴 Zhao 和 Zhang（2022）的连续化异质性投资者建模方法，以连续空间分布函数的方式来刻画投资者的异质性，由此弱化在投资者类别和行为模式设定上的主观随意性。其次，在 CRRA 效用函数框架下拓展 Zhao 和 Zhang（2022）中针对单一风险资产的异质性投资者模型，使其适用于任意 $n > 1$ 种风险资产的投资组合及收益率预测问题。本章的模型可以看作对 Markowitz 经典投资组合理论的拓展，在市场实现稳态出清的情形下，本章模型的最优投资组合和均衡下的收益率预测将等于 Markowitz 的最优组合和资本资产定价模型中的理论收益率。同时，本章的模型也可以看作对 BL 模型的拓展，其中反映市场异质性程度的协方差矩阵可以看作由 BL 模型导出的基于有限类别的非同质主观认知的收益率条件协方差矩阵。现实世界的市场中不存在无限的流动性，因此风险资产的实际收益率一定会受到资产供给和需求的影响，进而受到投资者财富水平的影响，为了刻画这种影响，本章的模型引入了非均衡撮合定价机制（Chiarella and He 2003；LeBaron 2006），使其反映交易过程、市场供求以及财富分布对风险资产价格的影响。基于中国股市真实数据的数值分析，我们发现，无论是收益率预测的精确度，还是最优资产组合的外推收益率，本模型的表现都显著优于经典模型，同时在最优投资组合的外推收益率上，本模型的最优组合还显著优于基于其他"拇指法则"构建的投资组合，如充分分散化和基于市值分散化的投资组合方式。在这个意义上，本章提供了一种全新的基于异质性投资者模型的资产组合理论，该模型相对于传统的资产组合理论而言可以更好地刻画市场动态，形成对于收益率的更为精准的预测，并构造盈利能力更强的资产组合，因此具有很强的实践意义。

第一节　异质性投资者视角下的多资产定价模型与投资组合优化

本章对 Zhao 和 Zhang（2022）的连续化异质性投资者模型框架进行拓展，使其适用于多风险资产的分析场景。在此基础上，本章将提出一个新的风险资产定价公式，并基于该公式进行投资组合的优化选择。

假设市场上存在 n 种不同的风险资产和一种无风险资产，每一期不同的投资者对风险资产未来的收益率存在不同的预期，并具有不同的财富禀赋。一般来说，风险资产的未来收益率对个体投资者而言是一个随机变量，它服从一个个体投资者的主观概率分布，而这个分布属于该投资者的私人信息，其他人未必知道。针对这个分布求期望和方差（协方差），可以得到个体投资者的收益率预期和协方差矩阵，而这个预期值和协方差矩阵在本文中将分别用 n 维向量 y_t 和矩阵 $\sum_t$ 表示。在不同投资者具有一致的收益率协方差估计，即不同投资者共用同一个 $\sum_t$ 的情况下，从投资者收益率预期异质性的角度来讲，不同的投资者是由不同的预期值来定义的，个体投资者对于未来价格的预期值在全体投资者群体内的分布 $F_{y,t}$，即 y_t 的分布代表了投资者群体的结构。需要强调的是，个体投资者的主观分布和主观收益率预期反映的是特定的个体对未来收益率变动可能性的主观认知，它是由个体所掌握的私有信息和个体的知识背景等因素决定的。相反，个体投资者收益率预期在群体中的分布反映的是市场中持有不同预期的投资者的相对占比，它是由个体投资者彼此之间的关联互动和各自历史经验的差异化程度所决定的。在这个意义上，个体投资者收益率预期在群体中的分布没有必要与个体关于未来收益率的主观分布相一致。在一般情况下，这两个分布也不会是一致的，根据 Zhao 和 Zhang（2022），正是以上两个分布之间的差异为很多"金融异象"的产生提供了解释。

在以上这种对异质性预期的处理方式下，异质性投资者对于风险资产价格以及收益率的动态影响都将通过异质性预期的群体分布 $F_{y,t}$ 来实现，而不依赖于某一类或某几类特定的投资者预期及其投资行为，在这个意义上，连续化异质性投资者模型则避免了研究者对投资者分类的主观随意性，便于在更一般的意义上刻画异质性预期对价格形成的影响。在此基础上，本章将参照 Chiarella 和 He（2001、2008）的做法，通过 CRRA 效用函数引入投资者财富的异质性对风险资产供求的影响及其对风险资产价格及收益率的动态影响。引入异质性财富有助于更好地刻画市场交易过程中的交易量约束对于风险资产收益率的影响，同时由于金融市场具有财富分配效应，风险资产价格变动反过来又会影响投资者的财富水平，进而对投资者下一步决策产生影响。对市场财富分布的变动及其产生的交易量约束的刻画使本章的模型可以更加贴近真实市场的交易过程，从而更好地刻画交易过程本身对于资产收益率的重要作用。相较于仅关注价格层面而忽略交易层面和数量层面影响的定价模型而言，如因子模型和 BL 模型等，本章的实证分析将证明引入交易过程和数量的模型可以显著提升收益率的预测精准度及优化投资组合的收益能力。

为方便阅读，表 3-1 总结了后文模型中常用的数学符号及其含义。

表 3-1　模型中的数学符号及其含义

符号	含义
r	无风险资产收益率
P_t	$n \times 1$ 维向量，表示 t 时刻风险资产价格
p_t	$= lnP_t$，表示 t 时刻风险资产价格的对数变换
d	$n \times 1$ 维向量，表示风险资产的瞬时红利回报率，为简化分析，假设其为外生常数
dY_t	$= dp_t + (d - r)dt$，表示 n 种风险资产在 t 时刻真实的瞬时未来超额收益率，等于资本收益率 dp_t 与红利收益率之和减去无风险利率
y_t	$= \dfrac{E_t(dY_t)}{dt}$，表示个体投资者在 t 时刻对 n 种风险资产的瞬时超额收益率的预期，等于个体投资者关于未来超额收益率的主观分布的期望值
$\sum_t$	$= \dfrac{E_t((dY_t - y_tdt)(dY_t - y_tdt)^T)}{dt}$，$n \times n$ 维正定矩阵，表示由个体投资者在 t 时刻对 n 种风险资产未来收益率的主观分布的协方差矩阵
$F_{y,t}$	表示 t 时刻投资者收益率预期 y_tdt 在投资者群体中的分布函数
μ_t	$n \times 1$ 维向量，mu_tdt 表示分布 $F_{y,t}$ 的期望值，即个体收益率预期的群体均值
Θ_t	$n \times n$ 维正定矩阵，Θ_tdt 表示分布 $F_{y,t}$ 对应的协方差矩阵，即个体收益率预期在群体内分布的协方差
w_t	表示 t 时刻个体投资者的财富
$F_{w,t}$	t 时刻个体投资者财富 w_t 在投资者群体中的分布函数
C_t	$n \times 1$ 维向量，表示 t 时刻各类风险资产的存量供给

一　个体投资组合决策与市场需求

给定 t 时刻和风险资产协方差矩阵的估计值 $\sum_t$，不失一般性，给定的个体投资者可由其当前的收益率预期和财富水平所对应的二元组 (y_t, w_t) 表示。投资者 (y_t, w_t) 在 t 时刻对于未来真实的风险资产的超额收益率过程 $\{Y_{t+s}: s > 0\}$ 会形成一个主观认知，假设该认知会形成一个带漂移的布朗运动，记为个体 (y_t, w_t) 的主观收益率过程 $\{Y_{t+s}^S: s > 0\}$，满足：

$$dY_{t+s}^s = y_t ds + \sum_t {}^{\frac{1}{2}} dM_s^s \qquad \text{式 3-1}$$

其中，M_s^s 代表标准的布朗运动，刻画个体投资者 (y_t, w_t) 主观认知中的风险资产收益率的随机变动情况。给定式 3-1，投资者主观认知下的财富自 t 时刻起的增长轨迹 $\{w_{t+s}^S: s \geq 0\}$ 由如下随机微分方程给出，其中 z_{t+s} 是一个 $n \times 1$ 维列向量，代表 $t+s$ 时刻各种风险资产持有比例：

$$\frac{dw_{t+s}^s}{w_{t+s}^s} = (r + z_{t+s}^T y_t) ds + z_{t+s}^T \sum_t {}^{\frac{1}{2}} dM_s^s \qquad \text{式 3-2}$$

并且，财富增长轨迹满足初值条件 $w_t^S = w_t$，即在初始时刻 t 投资者的主观认知财富与其实际拥有的财富相等。

借鉴 LeBaron（2006）中的设定，假设给定投资者的单期效用函数为具有常相对风险规避系数（CRRA）的效用函数：

$$U(w) = \frac{w^\gamma - 1}{\gamma}, \qquad \text{式 3-3}$$

则投资者的最优风险资产投资组合选择将通过求解以下跨期期望效用最大化问题获得：

$$\max_{z_{t+\cdot}} \int_0^T \beta^{-s} U(w_{t+s}^s) ds \qquad \text{式 3-4}$$

其中，β 代表贴现率，T 表示给定的决策期限。根据 LeBaron

（2006），式 3-4 等价于在每期消费为当期财富的一个固定比例的条件下，投资者基于跨期消费效用最大化的投资行为，因此与经典理论保持一致。

对式 3-3 应用伊藤引理后，利用最大化问题式 3-4 的变分法一阶条件可得，在初始时刻 t，最优化的投资组合 z_t 应当满足：

$$z_t = \frac{1}{1-\gamma} \sum{}_t^{-1} y_t, \qquad 式\ 3\text{-}5$$

而个体投资者对于各种风险资产的需求由列向量 $D(w_t, y_t) = P_t^{-1} w z_t$ 表示，其中 P_t 是由风险资产当前价格向量作为对角线的对角矩阵。

给定个体投资者的收益率预期和财富水平在群体中的分布，在不考虑个体投资者当前收益率预期与其当前财富水平的相关性的前提下，投资者总体在初始时刻 t 对风险资产的需求由如下积分方程表示：

$$D_t = \int_0^\infty \int_{\mathbb{R}^n} \frac{w_t}{(1-\gamma)} P_t^{-1} \sum{}_t^{-1} y_t \, dF_{y,t}(y_t) \, dF_{w,t}(w_t) = \frac{W_t}{1-\gamma} P_t^{-1} \sum{}_t^{-1} \mu_t$$

$$式\ 3\text{-}6$$

其中，$F_{w,t}$ 代表 t 时刻个体投资者财富水平在群体中的分布，W_t 代表该分布的期望值。

二 撮合定价、收益率演化与资本资产定价模型的拓展

给定 t 时刻各类风险资产的存量供给 C_t，采用文献 Zhao 和 Zhang（2022）、Chiarella 和 He（2003）中的非均衡撮合定价机制确定风险资产价格和收益率的更新方程，即风险资产的资本收益率（即对数价格变化率）为其当前价格水平下的供求缺口的一个比例

$\alpha(\alpha > 0)$:

$$dp_t = \alpha(D_t - C_t)\,dt = P_t^{-1}\alpha\left(\frac{W_t}{1-\gamma}\sum_t{}^{-1}\mu_t - P_t C_t\right)dt \qquad \text{式 3-7}$$

由于 t 时刻各类风险资产的真实（超额）收益率可以表示为其资本收益率与红利收益率之和减去无风险资产收益率，因此在给定资本收益式 3-7 后，风险资产在 t 时刻瞬时的真实收益率 dY_t 可表示为：

$$dY_t = dp_t + (d - r)dt = \alpha P_t^{-1}\left(\frac{W_t}{1-\gamma}\sum_t{}^{-1}\mu_t - P_t C_t\right)dt + (d - r)dt$$

式 3-8

其中，d 表示风险资产的瞬时红利收益率向量，r 表示无风险资产利率。

利用式 3-5、式 3-7 以及式 3-8，可以得到定理 1（定理 1 的证明见附录）中的资本资产定价模型拓展公式。

定理 1. 令 $\tilde{C}_t = \sum_{i=1}^{n} P_{it} C_{it}$，$\bar{C}_t = \dfrac{P_t C_t}{\tilde{C}_t}$ 表示代表市场市值的投资组合，$D_t = (D_{1t}, \cdots, D_{nt})^T$ 表示需求端计算的 n 种资产的 t 时刻需求向量，从而 $\tilde{W}_t = \dfrac{1}{W_t}\sum_{i=1}^{n} P_{it} D_{it}$ 表示单位财富下的风险资产总需求，$\mu_{m,t} = \bar{C}_t^T \mu_t$ 表示市场组合的平均预期收益率。令 $F_{\sum_t}$ 表示协方差矩阵为 $\sum_t$ 的正态分布。假设收益率服从分布 $F_{\sum_t}$ 的条件下，$\rho_{m,D,t} = cov_{F_{\sum_t}}\left(\dfrac{(P_t D_t)^T}{\tilde{W}_t} y_t, \ \bar{C}_t^T y_t\right) = \dfrac{(P_t D_t)^T}{\tilde{W}_t}\sum_t \bar{C}_t$ 表示需求端和供给端的市场组合收益率预期的协方差。$\rho_{m,t} = (\rho_{1m,t}, \cdots, \rho_{nm,t})^T$ 以及 $\rho_{im,t} = co$

$v_{F_{\sum_t}}(y_{i,\,t},\ \bar{C}_t^T y_t) = e_i^T \sum_t \bar{C}_t$ 表示供给端市场组合与单个风险资产依收

益率预期的群体分布计算的协方差向量，其中 e_i 表示第 i 个元素为

1 其余元素均为 0 的列向量，$\sigma_{m,\,t}^2 = var_{F_{\sum_t}}(\bar{C}_t^T y_t) = \bar{C}_t^T \sum_t \bar{C}_t$ 表示市场

组合依收益率预期的群体分布计算的方差。

在以上符号定义下，给定撮合定价机制式 3-7，风险资产 t 时

刻的资本收益率可表示为：

$$dp_t = \frac{\alpha \tilde{C}_t}{1-\gamma} P_t^{-1} \sum_t{}^{-1} \left(\frac{1}{\tilde{W}_t} CAPM\_Gap_t + Wealth\_Gap_t \mu_t + \frac{\mu_{m,t}}{\tilde{W}_t} \rho_{m,t} Demand\_Gap_t \right) dt$$

式 3-9

其中，

$$CAPM\_Gap_t = \mu_t - \frac{\mu_{m,t}}{\sigma_{m,t}^2} \rho_{m,t}$$

$$Demand\_Gap_t = \frac{1}{\sigma_{m,t}^2} - \frac{1}{\rho_{m,D,t}}$$

$$Wealth\_Gap_t = \frac{W_t}{\tilde{C}_t} - \frac{1}{\tilde{W}_t}$$

式 3-10

进一步地，

$$dp_t = 0 \Leftrightarrow \begin{cases} CAPM\_Gap_t = 0 \\ Demand\_Gap_t = 0 \\ Wealth\_Gap_t = 0 \end{cases}$$

式 3-11

特别地，令 $Y_{m,\,t} = \bar{C}^T \dfrac{dY_t}{dt}$ 给出了供给端市场组合的真实收益率。

当市场处于稳态时，即 $dp_t = 0$ 与 $\dfrac{dY_t}{dt} = \mu_t$ 成立，风险资产的真实超

额收益率满足：

$$d - r = \frac{dY_t}{dt} = \frac{\rho_{m,t}}{\sigma_{m,t}^2} EY_{m,t} \qquad\qquad 式\ 3\text{-}12$$

注意到，式 3-9 将 t 时刻的资本收益率分解为三个部分。其中，$CAPM\_Gap_t$ 代表了由个体收益率预期的群体均值偏离资本资产定价模型（Sharpe 1964；Lintner 1965；Mossin 1966）中的市场组合隐含的收益率而引致的资本收益。$Demand\_Gap_t$ 刻画了供给端的市场组合中各风险资产所占比例与需求端中的比例之间的差异，反映了由单位化的供求失衡引发的资本收益。$Wealth\_Gap_t$ 反映了市场中用于投资风险资产的财富存量与现存风险资产的总市值之间的差异，即反映了财富效应带来的资本收益。

进一步地，当风险资产市场在当前价格水平 P_t 上实现出清时，式 3-11 要求以上三类资本收益来源必须同时归零，此时 $CAPM\_Gap_t = 0$ 意味着风险资产的价格 P_t 与红利收益率 $E(d)$ 之间必须满足经典资本资产定价模型中的定价关系，即个体风险资产的收益率完全由其红利收益率和无风险资产利率决定，并且每种风险资产的收益率都表现为市场组合收益率的一组仿射变换。在这个意义上，本章的连续化异质性投资者模型拓展了经典的资本资产定价模型，并解释了引发风险资产收益率及价格偏离资本资产定价模型的三个机制。

根据式 3-9，个体投资者的收益率预期只会通过其在群体内的均值影响风险资产的价格变动，而反映收益率预期的异质化程度及相关性程度的协方差矩阵 Θ_t 并不会直接影响风险资产价格。但这并不意味着投资者预期的异质性无足轻重，相反，反映投资者异质性结构的 Θ_t 会影响投资者在组合策略选择上的群体分布，投资组合的分布将通过影响个体投资者的财富在群体中的分布来影响市场财富总量的演化轨迹，进而通过 $Wealth\_Gap_t$ 影响风险资产价格的演化。为了厘清投资者异质性结构参数 Θ_t 对风险资产价格的影响机制，后文将深入分析财富分布、财富总量的演化轨迹以及 Θ_t 对这一过程的影响。

三　正态群体分布下的财富与收益率的联合演化

进一步假设个体投资者收益率预期在群体中的分布函数 $F_{y,t}$ 为一个多元正态分布，进而在每一时刻 t，y_t 可看作一个 $N(\boldsymbol{\mu}_t, \boldsymbol{\Theta}_t)$ 型随机变量。进而当 $dt \to 0^+$ 时，对于小区间内的 $s \in (t, t+dt)$，个体投资者的财富在群体内的分布可以由如下带漂移的布朗运动所决定的概率分布近似表示：

$$
\begin{aligned}
dw_{t+s} &= w_{t+s}\left(r + z_{t+s}^T \frac{dY_{t+s}}{dt}\right) ds + w_{t+s} z_{t+s}^T \Theta_t^{\frac{1}{2}} \frac{Y_{t+s}}{dt} dM_s \\
&= w_{t+s}\left(r + \frac{1}{1-\gamma}\mu_t^T \sum_t^{-1} \frac{Y_{t+s}}{dt}\right) ds + w_{t+s} \frac{1}{1-\gamma}\mu_t^T \sum_t^{-1} \Theta_t^{\frac{1}{2}} \frac{Y_{t+s}}{dt} dM_s
\end{aligned}
$$

式 3-13

其中，$\{M_s: s>0\}$ 为一个标准布朗运动。在此基础上，式 3-13 中的布朗运动 $\Theta_t^{\frac{1}{2}} dM_s$ 是由多元正态分布 $F_{y,t}$ 决定的，本质上反映的是个体投资者收益率预期 y_t 在群体中的分布，进而是由市场结构、投资者彼此间的相互影响所决定的。相对地，在个体投资者主观认知下的个体财富演化过程式 3-2 中，布朗运动项 $\{M_s^s: s>0\}$ 和 $\sum_t^{\frac{1}{2}} dM_s^s$ 是由个体投资者关于收益率的主观分布决定的，进而是由投资者个人的历史经验决定的。在这个意义上，过程 $\sum_t^{\frac{1}{2}} dM_s^s$ 与 $\Theta_t^{\frac{1}{2}} dM_s$ 是由截然不同的影响因素决定的，因此本章假设二者相互独立。在此基础上，协方差矩阵 Θ_t 与 $\sum_t$ 之间的差异反映了由个体经验决定的投资者主观收益率分布与由市场结构决定的投资者收益率预期在群体内的分布之间的差异。一般意义上，Θ_t 与 $\sum_t$ 是存在差异的，而在 Θ_t 与 $\sum_t$ 刚好重合的时候，可以看作市场是由一个代表性投资者在随机扰动的环境中进行投资决策驱动的，此时的市场与有效市场假说中的同质化投资者市场相一致。

利用式 3-13，投资者群体中全部个体投资者的财富的演化轨迹可以看作服从一个带漂移的几何布朗运动，而投资者群体的总财富则等于该几何布朗运动的期望值，利用几何布朗运动的性质可知，投资者群体的总财富的更新方程满足如下形式：

$$
\frac{dW_t}{dt} = \int_0^\infty \int_{\mathbb{R}^n} w_t \left(r + \frac{y_t^T}{1-\gamma} \sum_t{}^{-1} \frac{dY_t}{dt} + \frac{1}{2(1-\gamma)^2} \frac{dY_t}{dt}^T \sum_t{}^{-1} y_t y_t^T \sum_t{}^{-1} \frac{dY_t}{dt} \right) dF_{y,t}(y_t) dF_{w,t}(w_t)
$$

$$
= W_t \int_{\mathbb{R}^n} \left(r + \frac{y_t^T}{1-\gamma} \sum_t{}^{-1} \frac{dY_t}{dt} + \frac{1}{2(1-\gamma)^2} \frac{dY_t}{dt}^T \sum_t{}^{-1} y_t y_t^T \sum_t{}^{-1} \frac{dY_t}{dt} \right) dF_{y,t}(y_t)
$$

$$
= W_t \left(r + \frac{\mu_t^T}{1-\gamma} \sum_t{}^{-1} \frac{dY_t}{dt} + \frac{1}{2(1-\gamma)^2} \frac{dY_t}{dt}^T \sum_t{}^{-1} \Theta_t \sum_t{}^{-1} \frac{dY_t}{dt} \right) \qquad \text{式 3-14}
$$

将式 3-14 与式 3-7 相结合，即可得到风险资产收益率与投资者总体财富的联合演化方程。

从式 3-14 中可以看出，反映个体投资者的收益率预期在市场中分布特征的协方差矩阵 Θ_t 会通过影响个体投资者的策略选择来影响其财富增长路径，进而影响市场中的财富分布及财富总量（即财富分布的期望值）的演进轨迹。此外，根据风险资产价格演化方程的分解式 3-9 可知，财富总量的演化会通过 $Wealth\_Gap_t$ 冲击风险资产的供求平衡，进而使风险资产价格的演化路径偏离资本资产定价模型的均衡路径。在此基础上，利用式 3-14 可以将式 3-9 中

的 $Wealth\_Gap_t$ 进行进一步分解，从而分离出异质性预期对风险资产价格演化的影响。具体而言，考虑如下剔除了异质性预期影响的财富演化方程：

$$\frac{dW_t}{dt} = W_t \left(r + \frac{\mu_t^T}{1-\gamma} \sum_t^{-1} \frac{dY_t}{dt} \right) \qquad \text{式 3-15}$$

令 $W_\Theta(t)$ 和 $W_*(t)$ 分别表示方程式 3-14 和式 3-15 的满足初始条件 $W_\Theta(0) = W_*(0) = W_0$ 的解，利用 $W_\Theta(t)$ 和 $W_*(t)$ 可将式 3-9 拓展为：

$$\frac{dp_t}{dt} = \frac{\alpha \tilde{C}_t}{1-\gamma} \sum_t^{-1} \left(\frac{1}{\tilde{W}_t} CAPM\_Gap_t + Homo\_Wealth\_Gap_t \mu_t + \right.$$

$$\left. Hetero\_Wealth\_Gap_t \mu_t + \frac{\mu_{m,t}}{\tilde{W}_t} \rho_{m,t} Demand\_Gap_t \right) \qquad \text{式 3-16}$$

其中，

$$Homo\_Wealth\_Gap_t = \frac{W_*(t)}{\tilde{C}_t} - \frac{1}{\tilde{W}_t}$$

$$Hetero\_Wealth\_Gap_t = \frac{W_\Theta(t) - W_*(t)}{\tilde{C}_t} \qquad \text{式 3-17}$$

$Homo\_Wealth\_Gap_t$ 反映了只在市场平均意义上考察投资者收益率预期引致的财富的价格效应，而 $Hetero\_Wealth\_Gap_t$ 则刻画了个体投资者预期的异质性对于财富演进轨迹的冲击以及由此带来的超额财富的价格效应。

四 收益率预测与最优投资组合的构造

利用联合演化方程式 3-7 和式 3-14，可以得到一套完整的风险资产收益率的预测算法。具体而言，在离散化时间下，联合演化方程式 3-7 和式 3-14，可改写为如下形式：

$$p_{t+1} - p_t = \alpha P_t^{-1}\left(\frac{W_t}{1-\gamma}\sum_t^{-1}\mu_t - P_t C_t\right) \qquad \text{式 3-18}$$

$$W_{t+1} - W_t = W_t\left(r + \frac{\mu_t^T}{1-\gamma}\sum_t^{-1}\Delta Y_t + \frac{1}{2(1-\gamma)^2}\Delta Y_t^T\sum_t^{-1}\Theta_t\sum_t^{-1}\Delta Y_t\right)$$

$$\text{式 3-19}$$

其中，

$$P_t = \exp(diag\{p_t\}) \qquad \text{式 3-20}$$

$$\Delta Y_t = p_{t+1} - p_t + d - r = \alpha P_t^{-1}\left(\frac{W_t}{1-\gamma}\sum_t^{-1}\mu_t - P_t C_t\right) + d - r, \quad \text{式 3-21}$$

$diag\{v\}$ 表示将向量 v 转化为对角线为 v 的对角矩阵的运算。结合式 3-18 和式 3-21 可以得到风险资产的价格、对数价格、收益率和投资者财富总量的联合演化关系，其中依赖的参数向量表示为 $Params_t = (\mu_t, \sum_t, \Theta_t, d, r, \gamma)$。考虑到在现实世界中，投资者的财富总量往往是不可直接观测的，即使在特殊情况下可以观测，其观测频率也远远低于对风险资产价格的观测频率，因此在后续应用中，将利用方程式 3-19 的迭代关系，对 $t > 0$ 时期投资者的财富总量 W_t 进行估算。在这个意义上，由式 3-18 和式 3-21 决定的演化模型可以被视为一个依赖于时变参数组合 $Params'_t = (\mu_t, \sum_t, \Theta_t, d, r, \gamma, W_0)$ 的关于风险资产（对数）价格和收益率序列 $\{\Delta Y_t: t = 0, 1, \cdots\}$、$\{p_t: t = 0, 1, \cdots\}$ 的演化模型。

给定风险资产的收益率和价格的历史序列 $Y_s = \{\Delta Y_t: t = 0, 1, \cdots, s\}$、$P_s = \{p_t: t = 0, 1, \cdots, s\}$，为了预测 $s + 1$ 期的收益

率 $\widehat{\Delta Y}_{s+1}$ 与价格 $\hat{p}_{s+1}$，需要估算模型中的参数 $Params'_s$。对每一时期 s，风险资产红利收益率和无风险利率可通过观测数据计算获得，因此视为给定。在时期 s，参数向量 μ_s 和矩阵 $\sum_s$ 分别表示个体投资者的收益率预期和对收益率协方差矩阵的预测值在全市场中的平均值，因此本章将采用具有普遍认可度的计量方法估算其取值，以确保估计值对市场平均的代表性。具体而言，采取宽度为 T 的滑动窗口下的向量自回归模型（Vector Auto-Regressive，VAR）从收益率历史 Y_s 中估算 $\{\mu_t: t=0, 1, \cdots, s\}$，使用经典的 DCC 方法（Harris et al., 2017）估算 $\{\sum_t: t=0, 1, \cdots, s\}$。

对于剩余的参数 γ、W_0 和 Θ_s，初始时刻市场中投资者的财富总量 W_0 和投资者的相对风险厌恶系数 γ 难以直接观测；鉴于 Θ_s 作为 s 时期个体投资者收益率预期在市场中分布的协方差矩阵，反映的是当期市场中不同投资者的主观预期的差异化程度和相关性，也无法直接从真实的价格数据和收益率数据中进行观测。因此，本章将联合演化方程式 3-18 和式 3-21，采用基于滑动窗口的极大似然法进行估算。具体而言，给定滑动窗口宽度 T，考虑如下引入随机冲击的价格演化方程：

$$p_{s+1} - p_s = \alpha P_s^{-1}\left(\frac{W_s}{1-\gamma}\sum_s^{-1}\mu_s - P_s C_s\right) + \varepsilon_s \qquad \text{式 3-22}$$

其中随机冲击项满足 $\varepsilon_s \sim N\left(0, \alpha^2\frac{W_s^2}{(1-\gamma)^2}P_s^{-1}\sum_s^{-1}\Theta_s\sum_s^{-1}P_s^{-1}\right)$，即随机冲击可以理解为需求端的冲击，而在冲击下真实需求偏离的概率由市场中特定个体投资者的收益率预期偏离市场均值的概率决定。在此基础上，注意到由于我们只关心对于 $s+1$ 期的收益率和价格预测，在选定滑动窗口宽度为 T 后，我们可将基期设为 $s-T$，从而基期财富 W_0 由 W_{s-T} 取代。对于基期以后的位于滑动窗口 $\{s-T, s-T+1, \cdots, s\}$ 内的每一个时期 s'，$W_{s'}$ 通过迭代式 3-9 获得。给定风险厌恶系数 γ、基期财富 W_{s-T} 和 Θ_s，利用历史收益率和价格序列，可得如下似然函数：

$$l(\Theta_s, W_{s-T}, \gamma) = \prod_{s'=s-T}^{s-1} \frac{1}{\left((2\pi)^{\frac{n}{2}} \alpha^n \frac{W_s^n}{(1-\gamma)^n} \left| P_s^{-1} \sum_s{}^{-1} \Theta_s \sum_s{}^{-1} P_s^{-1} \right| \right)^{\frac{1}{2}}}$$

$$\exp\left(-\frac{\left(p_{s'+1} - p_s - \alpha P_s^{-1} \left(\frac{W_s}{1-\gamma} \sum_s{}^{-1} \mu_s - P_s C_s \right) \right)^2}{\alpha^{2n} \frac{W_s^{2n}}{(1-\gamma)^{2n}} P_s^{-1} \sum_s{}^{-1} \Theta_s \sum_s{}^{-1} P_s^{-1}} \right) \qquad \text{式 3-23}$$

通过最大化以上似然函数可以得到估计值 $\hat{\gamma}$、$\hat{W}_{s-T}$ 和 $\hat{\Theta}_s$，将其与 μ_s、$\sum_s$ 的估计值代回式 3-18，可以得到风险资产的对数价格的估计值 $\hat{p}_{s+1}$，进而通过式 3-21 得到风险资产的真实收益率在 $s+1$ 期的外推估计值 $\widehat{\Delta Y}_{s+1}$。

给定收益率预测值 $\widehat{\Delta Y}_{s+1}$，在原假设下，即风险资产的价格演化遵循带随机冲击的方程式 3-22，风险资产真实收益率将近似服从均值为 $\widehat{\Delta Y}_{s+1}$、协方差矩阵为 $\alpha^2 \frac{W_s^2}{(1-\hat{\gamma})^2} P_s^{-1} \sum_s{}^{-1} \Theta_s \sum_s{}^{-1} P_s^{-1}$ 的正态分布，进而利用 Markowitz 基于均值方差的投资组合优化框架，可以计算最优投资组合 Z_{s+1}^h，其表达式如下：

$$Z_{s+1}^h = \left(\alpha^2 \frac{W_s^2}{(1-\gamma)^2} P_s^{-1} \sum_s{}^{-1} \Theta_s \sum_s{}^{-1} P_s^{-1} \right)^{-1} \widehat{\Delta Y}_{s+1 \circ} \qquad \text{式 3-24}$$

五　与主流资产定价、投资组合模型的联系与区别

尽管本章的风险资产收益率预测模型式 3-18 和式 3-21 与相应的投资组合模型式 3-24 以异质性投资者、有限理性、市场非均衡定价和财富流动性约束为基本假设，它与建立在有效市场假说之上的资本资产定价模型、因子模型以及 BL 模型都存在着深刻的联系。

从与资本资产定价模型和多因子模型的联系来看，定理 1 表明在风险资产市场刚好达到出清状态时，本章的收益率演化方程将达到一个不动点。在该不动点上，风险资产因价格变动而产生的资本收益率为零，其收益率完全由红利收益率与无风险资产收益率决定，同时单个风险资产的收益率和价格与市场组合的收益率之间必然满足资本资产定价模型所预言的理论关系。换言之，在市场出清时，本章的定价模型退化为资本资产定价模型。而当市场处于非出清状态时，式 3-16 中的四项分解表明，风险资产的价格和收益率将沿着四个偏离资本资产定价模型方向的合力的方向变动。进一步考察这四个偏离方向，则会发现它们分别代表了对于资本资产定价模型背后的四个基本假设的偏离。

CAPM_Gap 反映了市场平均意义上的收益率预期对于资本资产定价模型中市场组合隐含的理论收益率的偏离程度，而市场平均的收益率预期依赖于市场中无数个个体投资者的主观预期，因此这种偏离反映了投资者对收益率的主观认知与建立在理性投资者假设之上的理论收益率的差异，可以被视为对市场平均意义上的投资者有限理性程度的度量，进而可被视为对市场关于完全理性投资者假设的偏离程度的度量。

Demand_Gap 反映了在单位财富下对各类风险资产的需求比例

与供给存量比例之间的偏离程度，刻画了市场的非均衡程度，可以被视为对市场关于均衡出清假设的偏离程度的度量。

Homo_Wealth_Gap 反映了在不考虑预期异质性程度的前提下，以当前价格衡量的风险资产的总市值与投资者财富总量中用于投资风险资产的财富价值之间的差异，从而刻画了用于风险资产投资的财富存量和风险资产存量市值的不匹配程度。而在本章假设下，市场中全部资产由风险资产和单一的无风险资产构成，而无风险资产可以理解为现金，在这个意义上用于风险资产投资的财富存量与风险资产存量市值之前的缺口可以被看作市场流动性缺口，因此 *Homo_Wealth_Gap* 可以被视为对市场关于完全流动性假设的偏离程度的度量。

Hetero_Wealth_Gap 反映了由个体投资者收益率预期在群体中的分布所决定的协方差矩阵 Θ 对市场中财富分布和财富总量的演化轨迹的影响，以及由此引致的超额的风险资产总量需求与总量供给间的偏离，而这部分额外的偏离起源于投资者收益率预期的异质性，因此 *Hetero_Wealth_Gap* 也可以被理解为对市场关于同质化投资者假设的偏离程度的度量。

综上，本章基于连续化异质性投资者模型推导的收益率演化公式拓展了资本资产定价模型和因子模型中的定价公式，并定量地描绘了当市场偏离资本资产定价理论及有效市场假说所描绘的理想化设定时，应如何刻画风险资产收益率对其理论预测值的偏离程度及其自身的动态演化趋势。

本章的异质性投资者模型与 BL 模型及其各种变体也存在着密切的联系。一方面，本章模型中，反映异质性投资者在市场中分布情况的关键参数 μ_t 和 Θ_t 可以看作在特定的收益率均值、协方差矩阵以及某主观判断变量观测值的条件下，由 BL 模型依贝叶斯更新规则所决定的风险资产收益率的后验均值和后验协方差矩阵。鉴于 BL 模型中的主观判断变量通常根据财经专家或分析师的经验判断进行选取，在将后验均值、方差（协方差）理解为市场中个体投资者预期的平均值和协方差矩阵的视角下，BL 模型中的贝叶斯更新过程实质上刻画了在市场中作为意见领袖的专家如何影响个体投资者信念形成的过程。也正是在这个意义上，将本章的异质性投资者模型与 BL 模型进行结合，有助于为关键参数 μ_t 和 Θ_t 赋予一个直观的经济学含义。

另一方面，本章基于异质性投资者模型的收益率预测与 BL 模型中基于贝叶斯更新的收益率预测也存在很大的差异。BL 模型重点强调后验收益率均值和协方差矩阵的决定过程，而在收益率预测方面则沿用了经典资本资产定价模型中的完全流动性和无套利均衡假定。因此，将 BL 模型中的后验收益率均值作为对未来收益率的预测值，只能反映特定的主观判断变量中隐含的投资者有限理性和异质性等因素对收益率的影响，而无法捕捉市场的供求非均衡与财富效应带来的收益率冲击，即无法反映定理 1 中 *Demand_Gap* 和 *Wealth_Gap* 对于收益率变化的冲击。在这个意义上，本章的异质性投资者模型也对 BL 模型进行了拓展，使其能够融入市场非均衡的价格调节效应。

近期文献在应用人工智能、深度学习领域的预测方法解决资产定价和投资组合领域的问题方面进行了大量的尝试（Gu et al.，2020；Leippold et al.，2021），分析结果都表明基于 RNN、图卷积等深度学习技术（Wu et al.，2022）的收益率预测方法，相较于传统的因子模型、BL 模型，可以显著提升收益率预测的精确度和优

経济社会系统中的复杂网络与非线性动力学

化投资组合的盈利能力。本章的连续化异质性投资者模型与这些基于深度学习的收益率预测模型之间也存在深刻的联系。事实上，将反映个体投资者预期在市场中分布信息的协方差矩阵 Θ_t 视为 RNN 深度学习模型中的隐藏层网络，将财富总量 W_t 视为隐藏状态变量，则本章的收益率预测模型式 3-18 和式 3-21 在数理上等价于一个 RNN 深度学习网络模型（Liu et al.，2016；Zhang et al.，2020）。这意味着，本章的连续化异质性投资者模型实质上是一个 RNN 深度学习模型，但与常规的 RNN 模型不同的是，在常规的 RNN 模型中，隐藏层的网络结构与隐藏状态变量往往缺乏直观的经济学含义。而在异质性投资者模型中，与隐藏层网络相对应的协方差矩阵 Θ_t 反映了市场的异质性分布结构，相应的隐藏状态变量则反映了市场的总体财富水平，在这个意义上，本章的连续化异质性投资者模型为与其对应的 RNN 模型中的"黑箱"参数提供了现实含义，从而有助于提升深度学习模型在资产定价和投资组合应用中的可解释性。

第二节　投资组合实证

本节将在收益率预测值 $\widehat{\Delta Y_{s+1}}$ 的精准度和基于该预测值的优化投资组合式 3-24 的收益表现这两个维度上，结合中国 A 股数据，对本章的模型与其他主流资产定价和投资组合模型进行对比分析，从而揭示基于连续化异质性预期与市场非均衡动态的资产定价和投资组合模型的比较优势。

一　基于 A 股市场的资产池构建

本节搜集了 2018 年 3 月至 2022 年 3 月全部 A 股上市公司每个

116

交易日的股票价格数据和股票分红数据，数据来源为国泰安数据库。由于算力有限，无法将全部 A 股上市公司作为资产池的全市场样本，因此对构成资产池的股票样本进行了筛选。为了避免样本选择带来的偏差，本章采取一种准随机方式选择用于构建投资组合的股票池。具体而言，本章计算了全部 A 股上市公司在样本期内的平均市值，按由小到大排序后分别选取了市值排行位于 10% 分位数、20% 分位数、……、100% 分位数的 10 只股票作为资产池。一方面按市值分布的分位数选择资产池的做法排除了根据个人经验选股带来的主观性偏误，另一方面股票市值差异也反映了股票所属行业、公司个体经营境况等方面的差异。因此，按照市值分布的分位数选股能够反映行业层面、公司个体层面差异因素在市场总体中的分布情况，对于全市场具有很好的代表性。

在依市值分布的分位数进行筛选后，得到的 10 只股票分别是工商银行（601398）、铜陵有色（000630）、东方集团（600811）、浙大网新（600797）、中曼石油（603619）、伟星股份（002003）、兴化股份（002109）、盛天网络（300494）、旭光电子（600353）以及恒基达鑫（002492）。可以看到，以上 10 只股票涉及金融、能源、矿产、农业、化工、服装、电子电器、科技、互联网等行业，几乎覆盖了 A 股上市公司的全部大类行业。表 3-2 和表 3-3 分别报告了以上 10 只股票流通市值和价格的描述性统计以及 10 只股票价格在样本期内的相关系数矩阵。从表 3-2 中可以看出，除工商银行这只大盘蓝筹股外，其余 9 只股票在样本期内的相对波动幅度都在 12% 以上，而其中 7 只股票的相对波动幅度超过 20%，中曼石油的相对波动幅度甚至超过 50%。而在表 3-3 中，10 只股票价格波动的相关系数普遍远离于零，这意味着 10 只股票价格的波动之间存在着显著的相关关系。10 只股票价格的高波动率与彼此间的高相关性意味着，相较于直接持有股指组合或采用完全分散化的被动型投资组合，采取动态调整的积极组合策略更可能有效地利用价格波动与相关性进行风险对冲，获得超额收益。

表 3-2　10 只股票价格和流通市值的描述性统计

	观测期	价格（单位：元）				流通市值（单位：亿元）			
		均值	标准差	最小值	最大值	均值	标准差	最小值	最大值
工商银行	910	5.51	0.52	4.61	7.89	14598.47	1387.41	12213.43	20894.95
铜陵有色	910	40.51	8.91	29.68	84.91	256.79	63.48	186.43	563.16
东方集团	910	49.66	7.47	37.33	71.91	134.1	17.41	105.87	203.93
浙大网新	910	105.49	22.71	69.77	168.59	86.03	15.17	60.21	125.52
中曼石油	910	18.17	9.32	8.03	48.93	25.49	13.47	7.01	73.28
伟星股份	910	66.15	14.31	45.87	129.86	47.24	10.03	33.3	94.21
兴化股份	910	14.04	3.21	9.74	26.11	32.6	15.96	13.26	81.81
盛天网络	910	28.82	6.61	17.22	54.6	20.18	7.34	7.99	43.58
旭光电子	910	35.75	4.25	24.08	53.41	29.17	3.49	19.9	43.86
恒基达鑫	910	17.52	2.27	13.29	27.15	22.83	2.37	17.64	31.96

表 3-3　10 只股票价格样本期内的相关系数矩阵

	工商银行	铜陵有色	东方集团	浙大网新	中曼石油	伟星股份	兴化股份	盛天网络	旭光电子	恒基达鑫
工商银行	1	-0.3	0.48	0.72	0.69	-0.02	-0.18	-0.14	0.15	0.4
铜陵有色	-0.3	1	-0.35	-0.33	-0.06	0.63	0.89	0.23	0.31	0.11
东方集团	0.48	-0.35	1	0.66	0.62	-0.05	-0.29	0.25	0.31	0.57
浙大网新	0.72	-0.33	0.66	1	0.75	0.02	-0.28	0.19	0.45	0.65
中曼石油	0.69	-0.06	0.62	0.75	1	0.4	0.07	0.04	0.27	0.69
伟星股份	-0.02	0.63	-0.05	0.02	0.4	1	0.64	0.23	0.35	0.37
兴化股份	-0.18	0.89	-0.29	-0.28	0.07	0.64	1	0.05	0.19	0.18
盛天网络	-0.14	0.23	0.25	0.19	0.04	0.23	0.05	1	0.7	0.35
旭光电子	0.15	0.31	0.31	0.45	0.27	0.35	0.19	0.7	1	0.48
恒基达鑫	0.4	0.11	0.57	0.65	0.69	0.37	0.18	0.35	0.48	1

　　利用 10 只股票在样本期内的日交易价格数据、分红数据以及十年期国债收益率（转化为日利率）代表的无风险资产利率数据，本节将使用拟合算法估计模型相关参数。具体而言，参数估计分为两个步骤。

　　第一步，选择代表一整年交易日数量的滑动窗口宽度 $T = 250$，在给定交易日 t，使用 $t-T$、$t-T+1$、…、$t-1$ 期内综合了股票价格变动（资本收益）与分红的收益数据，估计经典的向量自回归模型和 DCC-GARCH 模型，并依据估计结果计算 10 只股票在 t 期的市场平均收益率预期 μ_t 和协方差矩阵 $\sum_t$。

第二步，对于每个交易日 t，将滑动窗口 $t-T$、$t-T+1$、…、$t-1$ 期内的股票收益数据和估算的市场平均收益率预期与协方差矩阵数据带入式 3-23 中的似然函数，使用极大似然法估算出 t 期对应的参数矩阵 Θ_t 及其他参数，并将其带入式 3-18 和式 3-21 计算股票收益率在 $t+1$ 期的预测值，以此为基础利用式 3-24 计算 t 期最优投资组合中 10 只股票的相对比例。在此基础上，随着时间 t 的推移，投资组合式 3-24 提供了一种动态调整的股票持仓策略，后文将对比这种动态调仓策略与其他组合策略的收益表现。

样本期包含 910 个交易日，在滑动窗口 T 设定为 250 个交易日（即一年内的交易日总数）的基础上，前述两步估计法将损失掉 500（$=250\times2$）个初始交易日数据，从而最终获得 410（$=910-250\times2$）个交易日的数据作为检验收益率预测和投资组合盈利表现的外推测试集。

本节将从收益率预测值 $\widehat{\Delta Y}_{s+1}$ 的精准度和基于收益率预测的优化投资组合式 3-24 的盈利表现这两个角度，对本章的连续化异质性投资者模型与其他经典资产定价/投资组合模型进行对比分析。在收益率预测精准度上，本节主要考察的替代模型为向量自回归（Vector-Auto-Regressive，VAR）模型，对于测试集内的每个交易日 t，本节将对比 VAR 模型给出 $t+1$ 期的收益率预测、本章的演化模型式 3-18 和式 3-21 给出的收益率预测与真实的 $t+1$ 期收益率的偏离程度及其分布。鉴于式 3-24 属于动态调整的积极配置型投资策略，而常用的投资策略既包括类似的需要动态调整的积极配置策略，也包括基于"拇指法则"的消极配置策略，因此，在盈利能力的对比上，本节考察的替代模型将包括积极配置和消极配置两类模型，其中积极配置策略为基于 VAR 模型的实时收益率预测和 Markowitz 的均值方差优化的投资组合，而消极配置模型包括资本资产定价模型中的股票市值比确定的市场组合和等额持有 10 只股票资产的完全分散化组合。针对以上投资组合，本节将计算测试集内每个交易日 t 的真实组合收益率，并基于真实组合收益率的时间序列，从收益和风险两个维度比较不同组合策略的盈利表现。

二　基于异质性投资者模型的收益率预测分析

本部分将在收益率预测精准度的维度上，对比分析本章的收益率预测模型与 VAR 模型的相对表现。表 3-4 报告了针对本节遴选的 10 只股票，两种预测模型在测试集 410 个交易日内的外推收益率预测表现。其中，预测偏误比 $Bias$ 由以下计算公式获得：

$$Bias = \frac{\sum_{t=1}^{410} \widehat{\Delta Y_t} - \Delta Y_t}{\sum_{t=1}^{410} |\Delta Y_t|}$$ 式 3-25

其中，ΔY_t 和 $\widehat{\Delta Y_t}$ 分别表示 t 期的真实收益率和收益率预测值。由于收益率的量纲很小，在上式中除去真实收益率之和可以剔除量纲的影响，在这个意义上 $Bias$ 应被理解为收益率预测值与其真实值的偏离比率，即预测偏误比。在此基础上，偏误比标准差计算公式为：

$$Std = \sqrt{410 \times \sum_{t=1}^{410} \left(\frac{\widehat{\Delta Y_t} - \Delta Y_t}{\sum_{t=1}^{410} |\Delta Y_t|} - \frac{Bias}{410} \right)^2} ,$$ 式 3-26

偏误比标准差反映了收益率预测值偏离真实值的比例的标准

差。在此基础上，表 3-4 中的 5% outlier 列给出了在收益率预测偏误比服从正态分布的原假设下，两种模型在 410 个交易日的预测偏误比超过正态分布 95% 置信区间的比例，这一比例刻画了两种模型收益率预测的极值风险，如果该比例超过 5%，意味着收益率预测偏误比的真实分布具有厚尾特征，因此相较于正态分布有着更高的极值风险。

从表 3-4 可以发现，在 10 只股票的收益率预测上，测试期内基于演化方程式 3-18 和式 3-21 的一期外推预测与 VAR 模型的预测在偏误比和偏误比标准差上，表现各有优劣、基本相当。如果考察尾部特征和极值风险，表 3-4 中的 5% outlier 列显示，在基于演化方程式 3-18 和式 3-21 的预测偏误比中，超过 95% 置信区间的比例基本上在其理论值 5% 上下浮动，而 VAR 模型的预测偏误比中，超过 95% 置信区间的比例普遍高于 5%。由于表 3-4 中计算 5% out-lier 时使用的 95% 置信区间是基于原假设计算得到的，即收益率预测偏误比服从正态分布时的 95% 置信区间，因此 VAR 模型预测的极端偏差发生频率高于原假设下的置信区间，这意味着原假设大概率不成立，其偏误比应服从更加厚尾的分布函数。而这种对于正态分布的偏离也意味着，使用 VAR 模型进行收益率外推预测会引致对极值风险的低估。相较之下，基于演化方程式 3-18 和式 3-21 的预测偏误比在 95% 的尾端区域与正态分布基本吻合，意味着收益率预测的极值风险可以在常规的正态分布假设下得到较为精准的测度。在这个意义上，连续化异质性投资者模型能够更好地捕捉股票市场中真实收益率的动态演化趋势。

表 3-4 模型预测偏误

股票名称/代码	HAM Bias	VAR Bias	HAM Std	VAR Std	HAM 5% Outlier	VAR 5% Outlier
工商银行（601398）	-0.276	-0.067	4.864	2.157	4.2%	4.2%
铜陵有色（000630）	0.164	0.159	2.003	2.017	4.9%	5.1%
东方集团（600811）	-0.158	-0.078	1.892	1.614	5.4%	5.9%
浙大网新（600797）	-0.179	-0.062	2.479	1.993	5.9%	6.4%
中曼石油（603619）	-0.017	0.031	1.779	1.971	4.4%	7.1%
伟星股份（002003）	0.139	0.269	1.918	1.971	4.9%	5.1%
兴化股份（002109）	-0.013	0.125	1.889	2.227	5.6%	6.6%
盛天网络（300494）	-0.033	0.042	1.679	1.893	5.4%	6.1%
旭光电子（600353）	0.112	0.114	2.119	2.009	5.1%	4.4%
恒基达鑫（002492）	-0.167	0.02	2.214	1.725	4.4%	5.9%

三 优化投资组合盈利能力评估

本部分将基于 A 股数据，对比以下四种投资组合的实际盈利能力：基于本章收益率预测式 3-24 的最优投资组合（记为 HAM 组合），基于时间序列计量模型 VAR 的收益率预测的 Markowitz 最优投资组合（记为 VAR 组合），市场组合（即以股票市值比为权重的投资组合），完全分散化组合（即十种股票的持有比重均为 1/10 的投资组合）。

表 3-5 总结了以上四种投资组合在整个测试期内的总盈利水平和各种度量方式下的总体风险水平。

表 3-5 四种组合策略的收益风险分析

	HAM 组合	完全分散化组合	VAR 组合	市场组合
日均收益率（$\bar{Y}$,%）	1.702	0.001	0.218	−0.001
波动率（$\sqrt{Var_Y}$）	17.226	0.013	28.566	0.01
夏普指数（$\bar{Y}/\sqrt{Var_Y}$）	0.099	0.087	0.008	−0.016
负向波动率（$\sqrt{Var_{Y<0}}$）	10.123	0.009	26.732	0.006
最大回撤（%）	−55.566	−0.05	−154.884	−0.049
回撤频率（%）	49.1	45.7	53.5	46.7
相对回撤频率（%）（基准：HAM 组合）	−	50.4	48.9	52.1

从收益表现来看，无论是组合的绝对日均收益率还是考虑了风险后的夏普指数，HAM 组合都显著高于市场组合、完全分散化组合和 VAR 组合，这证明了 HAM 组合具有优异的绝对收益表现和相对收益表现。从波动率来看，以测试期内组合收益的标准差测度，HAM 组合的波动率高于市场组合与完全分散化组合，这在很大程度上是由于市场组合与完全分散化组合中都不考虑风险资产的买空卖空，因此不涉及杠杆，整体波动率较低。在这个意义上，HAM 组合更高的波动率与更高的日均收益率可以理解为容许买空卖空和财务杠杆带来的风险溢价。与同样容许买空卖空和财务杠杆的 VAR 组合相比，HAM 组合与 VAR 组合的波动率量级相当，而 HAM 组合的波动率绝对值明显更低。如果进一步考察会引致财富损失的负向波动，HAM 组合的负向波动率显著低于 VAR 组合。这意味着，

在同样容许买空卖空和积极的调仓行为的前提下，HAM 组合的损失发生频率更低，这也从侧面验证了，相较于基于时间序列的 VAR 模型，本章基于连续化异质性投资者模型得到的收益率预测更为精准，特别是在考虑了风险加成后，这种精准度提升得更为显著，这与前文基于收益率预测精确度的分析结论相一致。

在风险控制指标上，就测试期内的最大回撤与回撤频率而言，HAM 组合的最大回撤与回撤频率都显著低于 VAR 组合，但高于市场组合与完全分散化组合，这同样表现为 HAM 组合的高收益对应的风险溢价，与基于波动率的分析结论相一致。从以 HAM 组合为基准的相对回撤频率来看，市场组合与完全分散化组合的相对回撤频率均高于 50%，这意味着尽管 HAM 组合以绝对回撤频率衡量的风险更高，但在以相对回撤频率衡量的相对风险上，HAM 组合则要低于两种基于"拇指法则"的被动投资组合，因此相对收益更高，这也体现为一种风险溢价。

综合来看，基于连续化异质性投资者模型的 HAM 组合相较于其他三种组合而言，具有更高的日均收益率，也伴随更高的投资风险，而更高的收益率可以被视为高风险引致的收益溢价。针对 HAM 组合的风险溢价是否足以覆盖超额的投资风险，本节选用广泛使用的夏普指数进行评估。夏普指数利用收益—波动比计算经风险折价的收益率，因此可以被视为剔除了风险及溢价后的平价收益率。根据表 3-5 中报告的结果可知，HAM 组合的夏普指数显著高于其他三种组合策略，这意味着同比例地增仓四种组合，由 HAM 组合所带来的单位风险成本上升对应的日均收益率溢价显著高于其他三种组合策略，因此在考虑了风险折价后，HAM 组合的综合风险收益表现仍然显著优于其他组合。

表 3-5 中的日均收益率和波动率是由测试集全样本上的 410 个交易日的实际收益率计算得到的，这等于预设了投资者对组合收益的评估建立在一个由 410 个交易日构成的长持有周期之上。而现实世界中，投资者不仅关注长持有周期的风险收益权衡，还关注更短周期内的风险收益权衡，而短期内过大的风险波动很可能使得投资者偏离既定的组合策略，从而无法获得长期坚持既定组合策略所能获得的收益。本节针对不同的持有期限计算了期限内的日均收益率和收益波动率，并由此计算了不同持有期限内各组合策略的夏普指数。在图 3-1 中，本节分别针对持有期限为 30 天、60 天、90 天和 120 天的四种情形，以这四个持有期限为时间滑动窗口 T，在每个起始时间点 t 上，计算每个窗口期 $[t, t+T)$ 内四种组合策略的夏普指数，并分别画出了 $T = 30$、60、90、120 四种情况下每种组合策略的夏普指数随起始时点 t 的变化轨迹。

从图 3-1 中不难发现，HAM 组合在各个持有期限内和各个起始时点上几乎都是四种组合策略中"最不坏"的策略，即几乎对于全部 4 个持有周期 T、测试集内的全部初始时刻 t，HAM 组合的夏普指数都不是四种策略中最低的。同时，随着持有周期的延长，HAM 策略夏普指数的回撤频率与回撤幅度都在降低，当持有周期延长至 120 天时，除了在三个个别的初始时刻 t 上 HAM 组合的夏普指数略小于零，其余时刻 HAM 组合对应的夏普指数全都为正。相比之下，其余三种组合策略的回撤幅度与回撤频率在不同的持有周期几乎没有变化。以上观察表明，HAM 组合相较于其他组合策略具有更稳健的盈利表现，并且在较长的持有周期内，其盈利和抗风险性能将达到最佳，因此格外适用于投资期限相对较长的投资者，如侧重价值投资的公募基金等大型机构投资者。

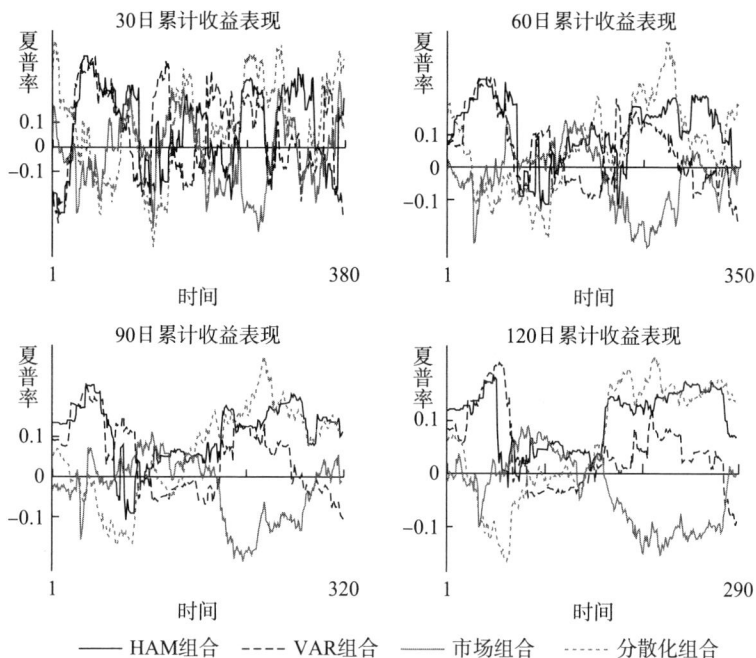

图 3-1 四种组合策略的盈利分析

综上，本节利用中国 A 股上市公司的历史数据构造了虚拟的投资组合竞争场景，并在该场景下，对比分析了本章的连续化异质性投资者模型与其他主流的收益率预测及资产组合选择模型的实战表现。结果表明，无论是在风险资产的收益率预测精准度上、还是在投资组合的收益与风险控制两个维度的盈利能力上，连续化异质性投资者模型的表现都明显优于其他主流模型，从而验证了模型的有效性和实用价值。

第三节 本章小结

针对经典资产定价模型和 Markowitz 投资组合理论在设定上存在的问题，本章在投资者异质性、有限理性和市场非均衡定价的基础上，构建了一个针对多风险资产场景的连续化异质性投资者模型，在此基础上推导了风险资产收益率的动态演化方程组，并以此为基础构建了风险资产收益率的预测模型与相应的最优投资组合。

本章的理论贡献与创新之处包括以下两点。第一，不同于传统异质性投资者模型将投资者分为价值投资者、趋势投资者、随机选取者等有限几个固定类别，本章对异质性预期投资者的分类采取连续化的处理方式，即假设个体的对数收益预期是可以取任意实数的随机变量，其在全体投资者中的分布由给定的连续概率分布函数加以刻画。这种对异质性预期的处理，避免了研究者对投资者分类的主观随意性，便于在更一般的意义上刻画异质性预期对价格形成的影响。第二，本章在市场以撮合定价方式调节风险资产供求缺口和决定风险资产价格跨期变化的设定下，推导了风险资产收益率的定价公式，该定价公式拓展了经典资本资产定价模型中的定价公式，解释了供求非及时出清条件下风险资产价格变动的四个来源。并且证明了在市场刚好在当前价格水平达到静态不动点的情况下，该定价公式退化为经典的资本资产定价公式，由此揭示了基于连续化异质性投资者模型的风险资产定价理论与经典定价理论间的关联与区别。

在应用层面，基于风险资产定价公式，本章提出了一套风险资产收益率的预测框架，并以此为基础构建了基于异质性投资者模型的优化投资组合。利用中国 A 股上市公司数据，本章从收益率预测精度、优化投资组合在收益和风险维度上的盈利能力等角度，证明了本章的收益率预测及投资组合模型的整体表现优于其他经典的定价与投资组合模型，由此揭示了本章模型的应用价值，以及在定价模型与投资组合理论中引入投资者的异质性、有限理性以及市场非均衡定价等因素的必要性。

本章的理论框架还存在进一步拓展的空间。首先，尽管本章通过相对风险厌恶的效用函数引入了财富对风险资产需求以及价格和收益率动态演化过程的影响，但在个体投资者层面上，本篇并未限制其买空卖空风险资产的最大比例。而在现实世界中，无论是欧美相对完善的资本市场，还是我国及其他发展中国家欠发达的资本市场，对个体投资者的买空卖空行为都存在着诸多限制，因此一个更加贴近现实世界资本市场的模型应当融入更为严格的买空卖空约束，这成为本章理论框架在未来的一个拓展方向。其次，本章模型的关键参数 Θ，作为反映个体投资者的收益率预期在群体中分布的差异化程度和相关性程度的协方差矩阵，其具体形式是由市场中的个体投资者对市场的认知过程与个体投资者彼此之间的互动过程决定的。囿于篇幅及分析焦点的限制，本章并未对 Θ 的决定过程进行深入的探讨。然而 Θ 起到了连接本章的连续化异质性投资者模型与经典的 BL 模型的关键作用，并且 BL 模型中应用的贝叶斯更新规则为 Θ 如何决定市场中的意见领袖与一般个体投资者之间的相互作用提供了一种直观的解释。动态来看，市场中意见领袖关于市场走势的看法从根本上说也是由市场的历史轨迹所决定的，因此沿着基于意见领袖决定 Θ 这一思路，Θ 本身也是处于一个演化过程中的，并且该演化过程与风险资产的价格、收益率以及个体投资者财富的演化过程协同进行。而协方差矩阵 Θ 的演化过程及其对市场演化的影响也是未来值得深入探索的方向。

第四节 附录

定理 1 的证明：

为了简化符号，以下证明中省略下标的时间 t。令 $y = (y_1, \cdots, y_n)^T$ 表示 $n \times 1$ 维正态随机向量，具有协方差矩阵 $\sum$。对于给定风险资产 i，令 $\bar{C}$ 表示定理 1 中市场组合的权重列向量，则计算如下协方差可得：

$$\rho_{m,i} = cov(y_i, \bar{C}^T y) = e_i^T \sum \bar{C} \qquad \text{式 3-27}$$

其中 e_i 表示第 i 个元素取 1 其余元素为 0 的 n 维列向量。利用价格演化方程式 3-7，可以得到：

$$\bar{C} = \frac{W}{(1-\gamma)\tilde{C}} \sum{}^{-1} \mu - \frac{1}{\alpha\tilde{C}} \frac{dp}{dt} \qquad \text{式 3-28}$$

结合以上两式，并写成向量形式可以得到：

$$\rho_m = \frac{W}{(1-\gamma)\tilde{C}} \mu - \frac{1}{\alpha\tilde{C}} \sum \frac{dp}{dt} \qquad \text{式 3-29}$$

整理式 3-29 可得：

$$\frac{dp}{dt} = \frac{\alpha\tilde{C}}{1-\gamma} \sum{}^{-1} \left(\frac{W}{\tilde{C}} \mu - \rho_m(1-\gamma) \right)$$

$$= \frac{\alpha\tilde{C}}{1-\gamma} \sum{}^{-1} \left(\left(\frac{W}{\tilde{C}} - \frac{1}{\tilde{W}} \right) \mu + \frac{1}{\tilde{W}} \mu - \rho_m(1-\gamma) \right)$$

式 3-30

进一步地，由个体投资者投资组合的一阶条件式 3-5 可得：

$$\tilde{W}(1-\gamma) = \frac{\bar{C}^T \mu}{\bar{C}^T \sum \dfrac{D}{\tilde{W}}} = \frac{\bar{C}^T \mu}{\bar{C}^T \sum \bar{C}} + \bar{C}^T \mu \left(\frac{1}{\bar{C}^T \sum \dfrac{D}{\tilde{W}}} - \frac{1}{\bar{C}^T \sum \bar{C}} \right) \qquad 式3-31$$

令市场组合收益率 $\mu_m = \bar{C}^T \mu$、市场组合方差 $\sigma_m^2 = \bar{C}^T \sum \bar{C}$ 以及

$\rho_{m,D} = \dfrac{1}{\bar{C}^T \sum \dfrac{z}{\tilde{W}}}$，将式3-31带入式3-29可得：

$$\frac{dp}{dt} = \frac{\alpha \tilde{C}}{1-\gamma} \sum{}^{-1} \left(\left(\frac{W}{\tilde{C}} - \frac{1}{\tilde{W}} \right) \mu + \frac{1}{\tilde{W}} \left(\mu - \frac{\rho_m}{\sigma_m^2} \mu_m \right) + \frac{\rho_m}{\tilde{W}} \mu_m \left(\frac{1}{\sigma_m^2} - \frac{1}{\rho_{m,D}} \right) \right)$$

$$式3-32$$

这证明了公式3-9。

在此基础上注意到，当 $\dfrac{dp}{dt} = 0$ 时，由式3-7可知，

$$W \frac{1}{1-\gamma} \sum{}^{-1} \mu = C \qquad 式3-33$$

进而有：

$$\frac{W}{\tilde{C}} D = \frac{W}{\tilde{C}} \frac{1}{1-\gamma} \sum{}^{-1} \mu = \bar{C} \qquad 式3-34$$

和

$$W\tilde{W} = W \frac{1}{1-\gamma} 1_n^T \sum{}^{-1} \mu = 1_n^T C = \tilde{C} \qquad 式3-35$$

其中，1_n 表示全部元素均为1的 n 维列向量。由于 $\tilde{C}$ 代表总市值取值恒定为正，因此 $\tilde{W} \neq 0$，从而式3-35意味着 $Wealth\_Gap = 0$。在此基础上，式3-34可以改写为：

$$\frac{1}{\tilde{W}}D = \frac{W}{\tilde{C}}\frac{1}{1-\gamma}\sum{}^{-1}\mu = \bar{C} \qquad \text{式 3-36}$$

式 3-36 意味着:

$$\bar{C}^{T}\sum \frac{1}{\tilde{W}}D = \bar{C}^{T}\sum \bar{C} > 0 \qquad \text{式 3-37}$$

从而 $Demand\_Gap = 0$。最后根据式 3-37 以及矩阵 $\sum$ 的可逆性,可得 $CAPM\_Gap = 0$。

最后,如果 $CAPM\_Gap = 0$ 以及 $Demand\_Gap = 0$ 同时成立,根据式 3-37,显然有 $\frac{dp}{dt} = 0$。证毕。

总结与展望

针对经典资产定价模型和异质投资者资产定价模型设定上存在的问题，本篇沿袭并拓展了 Hommes 和 Brock（1996）开创的异质性投资者模型。异质性投资者模型的本质是复杂性科学中的多主体模型，其中主体（投资者）的有限理性、不同投资者之间的异质性因素等共同决定了由其行为驱动的金融市场价格演进的非线性动力学特征。而本篇在经典异质性投资者模型的基础上，进一步引进投资者存在连续化的异质性价格预期、异质性财富、市场摩擦和非均衡出清等条件，刻画了资产价格和市场微观结构的联合演化机制，强调了市场微观结构动态调整引发的价格动态的非线性特征和相应的复杂性问题。

本篇在理论方面对现有的异质性投资者文献提出了以下反思。第一，不同于传统异质性投资者模型将投资者分为价值投资者、趋势投资者、随机选取者等有限几个固定类别，本篇对异质性预期投资者的分类采取连续化的处理方式，即假设个体的价格预期是可以取任意非负实数的随机变量，其在全体投资者中的分布由给定的连续概率分布函数加以刻画。这种对异质性预期的处理，避免了研究者对投资者分类的主观随意性，便于在更一般的意义上刻画异质性预期对价格产生的影响。第二，考虑到投资者买空卖空受到财富水平的限制，个体风险资产需求函数呈现非线性分段形式。相比而言，传统异质性投资者模型的常规做法是在个体需求函数被建立起来，就将财富约束排除在分析范围之外，或者以一种简单的线性方式将财富引入资产需求函数，这种简单的财富关联忽略了财富与资产价格间的非线性互动机制，大大低估了资产价格变动的复杂性。第三，不同于传统理论中的瓦尔拉斯均衡市场假设，本篇根据股票市场的非瓦尔拉斯均衡性和交易所主导的即时交易撮合规则确定股价的现实，设定了反映多空双方力量对比的价格演化方程。第四，针对财富分布的泛函演化方程，采用预期价格和财富的混合指数分布形式，得到了具有一般性的财富分布演化方程的显式解。

在方法论方面，本篇意在从微观个体最优化决策行为出发，根据大量微观个体的相互作用原理和市场供求双方多空力量对市场价格的影响机制，构筑反映金融市场的个体与整体、总量与结构、静态与动态相统一的资产定价理论。在分析方法方面，本篇采用了异质性个体的积分加总技术、非线性系统的倍周期分岔和混沌分析技术、李雅普诺夫指数、针对演化方程系统开发的数值模拟算法和计算机应用程序等。而在实证方面，基于风险资产定价公式，本篇提出了一套风险资产收益率的预测框架，并以此为基础构建了基于连续化异质性投资者模型的优化投资组合。利用中国A股上市公司数据，本篇从收益率预测精准度、优化投资组合在收益和风险维度上的盈利能力等角度，证明了本篇构建的收益率预测及投资组合模型的整体表现优于其他经典的定价与投资组合模型，由此揭示了本模型的应用价值，以及在定价模型与投资组合理论中引入投资者的异质性、有限理性以及市场非均衡定价等因素的必要性。

本篇的理论分析和模拟计算有助于深化我们对市场机制和市场现象的认识。第一，金融市场是众多个体组成的复杂系统，受外部冲击和内部相互作用的影响，表现出极大的不确定性。在异质性预期、借贷约束和卖空约束条件下，传统资本资产定价理论关于高风险高收益的预言在异质性投资者分析框架下不再成立。由于个体投资者根据自己的信念和预期效用最大化原则选择资产组合，而市场价格是投资者相互作用的结果，所以市场运行的结果经常与个体投资者的预期不一致。如果风险资产投资者的预期没有犯方向性的错误，他就可以实际获得超过无风险资产收益的风险投资溢价；如果风险资产投资者的预期与市场运行的方向相反，投资者即使不亏损，也只能获得低于无风险资产收益的收益。第二，本篇的模型提供了一种新的关于股票价格和收益的波动聚集、长程依赖性、长期自相关等现象的理论解释。分析表明，波动聚集现象完全可以内生于确定性系统的演化过程，这与依赖外生随机冲击的波动聚集机制完全不同，也意味着在引入财富分布的协同演化后异质性投资者模型足以产生充分的复杂性，以揭示现实世界中的金融市场异象。第三，市场行为的复杂性还表现在财富分布的演化上。由于个体投资者预期行为和财富分配的异质性，财富分布密度函数一直处在变化之中，而这种动态变化过程呈现了一种分裂—混合的动力学模式，这有助于我们在财富分布的演化过程与资本市场的微观结构的变迁、不同投资者小群体的分化与合并过程之间建立一个深刻的联系。在这种联系下，本篇的连续化异质性投资者模型可以看作对传统的异质性投资者模型的拓展，并且内生化了不同类别的投资者群体的涌现和演化过程。在此基础上，投资者小群体的分裂过程会采取随机混合和反向配对两种不同的形式，它们对于小群体内部和投资者总体的财富分配的不平等程度有着深刻的影响。分裂过程的差异还会引致财富分布密度函数出现单峰分布、双峰分布等不同状态，并反作用于股票价格的演化过程，由此引致的演化复杂性为我们理解股票的波动聚集现象提供了新的思路。第四，在多风险资产场景下，本篇推导的风险资产定价公式进一步拓展了经典资本资产定价模型中的定价公式，解释了供求非及时出清条件下风险资产价格变动的四个来源，并且证明了在市场刚好在当前价格水平达到静态不动点的情况下，本篇的定价公式退化为经典的资本资产定价公式，由此揭示了基于连续化异质性投资者模型的风险资产定价理论与经典定价理论间的关联与区别。

本篇的数值模拟和基于上证指数和深证成指日交易数据的校准分析表明，连续化异质性投资者模型可以比传统异质性投资者模型更好地捕捉上证指数和深证成指的波动聚集、长程自相关以及波动率的非平稳性等特征。通过对流动性充裕度参数的反事实调节，本篇发现，股票收益的波动聚集、长程自相关的程度会受到市场中流动性充裕程度的显著影响，并且随着充裕程度的增加，股票价格序列波动的短期依赖性也明显增强，这会放大股票的短期波动和投资者面临的价格风险。

本篇的研究结果对于认识市场本质、进行投资决策和构建投资组合具有一定的指导意义，对市场监管者有一定参考价值。

第一，股票价格的无序波动意味着风险增大和投资者的潜在损失，因此对股价无序波动的事前提示有助于投资者实现风险控制，保护投资收益。在本篇的框架中，市场的无序波动或超额波动可由价格轨迹是否呈现混沌特征来刻画，从这个意义上讲，价格轨迹是否呈现混沌可以被用作可量化的风险指标。由于股票价格轨迹会随着市场流动性充裕程度增加在周期轨和混沌之间来回切换，识别处于混沌区边缘的流动性充裕程度可以为投资者提供一种全新的风险预警思路。

第二，对监管者来说，股票价格的过分波动意味着风险。由于股票供给量是流动性充裕与否的反映，增加股票发行量相当于流动性紧缩，平均收益率和波动性都将下降；减少股票供给有利于增强股市活跃度，平均收益率将恢复。为了避免股票价格指数的过分波动，监管者有必要控制新股上市节奏，从而达到稳定市场的目的。

第三，外生冲击属于可分散化的非系统风险，倍周期分岔和混沌导致的市场波动属于系统风险。考虑到市场系统在倍周期分岔点和混沌区边缘附近对参数和初值的敏感性，微小的政策干预可能使市场从高倍周期分岔状态拉回到低倍周期分岔或稳定状态，从混沌状态拉回到倍周期分岔或稳定状态。所以，从控制系统性金融风险的角度，有限度的市场干预是必要的。

在理论方面，本篇的理论框架还存在进一步拓展的空间。

首先，在单一风险资产场景中，价格方程有一个尚未讨论的外生信息变量 k，它可以被视为宏观政策和制度变量。未来的研究可以考虑将它内生化，如让它成为一个受货币政策影响的内生变量 $k = k(M)$，从而讨论货币政策的松紧程度对资产价格和收益率的影响。从定性的角度来看，k 与 K_c 的作用效果是类似的，也是影响系统性风险的因素。这个问题可以在未来实证研究中加以考虑，也可以在宏观经济与资本市场联合建模中加以体现。

其次，本篇在多资产场景分析中，通过相对风险厌恶的效用函数引入了财富对风险资产需求、价格和收益率动态演化过程的影响，但在个体投资者层面上，并未限制其买空卖空风险资产的最大比例。而在现实世界中，无论是欧美相对完善的资本市场，还是我国及其他发展中国家欠发达的资本市场，对个体投资者的买空卖空行为都存在着诸多限制，因此一个更加贴近现实世界资本市场的模型应当融入更为严格的买空卖空约束，这成为本篇理论框架在未来的一个拓展方向。

最后，本篇的多资产模型的关键参数 Θ，作为反映个体投资者的收益率预期在群体中分布的差异化程度和相关性程度的协方差矩阵，其具体形式是由市场中的个体投资者对于市场的认知过程与个体投资者彼此之间的互动过程决定的。囿于篇幅及分析焦点的限制，本篇并未对 Θ 的决定过程进行深入的探讨。事实上，Θ 起到了连接本篇的连续化异质性投资者模型与经典的 BL 模型的关键作用，并且 BL 模型中应用的贝叶斯更新规则为 Θ 如何决定市场中的意见领袖与一般个体投资者之间的相互作用提供了一种直观的解释。动态来看，市场中意见领袖关于市场走势的看法从根本上说也是由市场的历史轨迹所决定的，因此沿着基于意见领袖决定 Θ 这一思路，Θ 本身也是处于一个演化过程中的，并且该演化过程与风险资产的价格、收益率以及个体投资者财富的演化过程协同进行。而协方差矩阵 Θ 的演化过程及其对市场演化的影响也是未来值得深入探索的方向。

第二篇

实体经济中的扭曲与产业政策——基于
生产网络一般均衡视角

第四章

经济系统中的复杂网络

实体经济系统中，不同个人、企业、生产部门等主体之间通过交易行为相互连接，天然地构成了特定的网络结构。根据所聚焦的经济主体的不同以及不同学科在术语上的差异，实体经济中的复杂网络可以被分为以国家或地区为节点的区域间的贸易网络、以行业/部门为节点的投入产出网络以及以微观企业为节点的供应链/价值链网络等。尽管在经济主体的界定和术语称谓上有所不同，实体经济系统中的复杂网络背后，真实反映的都是产品在不同经济主体之间的流动。与金融系统中的纯粹交易关系不同，实体经济系统中的产品流动伴随了经济主体对产品的加工、再生产和消费的过程，因此产品在网络上的流转过程中会发生价值的增减变化。经济主体对产品的生产和消费行为及其引致的产品价值变化给实体经济系统中的复杂网络赋予了额外的特征，同时也正是因为融入了生产过程，实体经济系统中不同的网络结构可以被一般性地概述为生产网络。为了综合刻画实体经济中的生产网络结构及其对实体经济中产品流转和价值增益的影响，本章将对基于生产网络的一般均衡分析范式进行系统性介绍和梳理，并重点强调将经济主体的生产、消费行为融入生产网络后，所引致的分配上的复杂性及其给产业政策的制定及政策有效性带来的挑战。

第一节　生产网络与一般均衡分析

基于 Acemoglu 等（2012）以及 Carvalho 和 Tahbaz-Salehi（2019），对于一个由 n 个生产性经济主体构成的实体经济系统，生产网络是一个由 n 个主体间的投入产出矩阵 α 作为邻接矩阵而决定的有向加权网络，其中投入产出矩阵 α 可以表示为：

$$\alpha = \begin{pmatrix} \alpha_{11} & \cdots & \alpha_{1n} \\ \vdots & \ddots & \vdots \\ \alpha_{n1} & \cdots & \alpha_{nn} \end{pmatrix} \qquad \text{式 4-1}$$

α_{ij} 表示主体 i 使用主体 j 的产品作为自身生产原料的价值与自身产出价值的比例，即主体 i 对主体 j 的投入产出比。当研究的经济主体是微观企业时，通常要求同一企业 i 不会使用自己的产品作为投入，因此 $\alpha_{ii} = 0$。然而，当所研究的经济主体表示行业/部门或一个国家/地区时，通常容许每个经济主体使用自身产出作为投入品，因此 $\alpha_{ii} \neq 0$。

投入产出矩阵和生产网络刻画了不同经济主体之间的生产关联关系。但从经济学视角出发，任何经济主体的生产决策都应建立在其自身利益最大化的基础之上，换言之，式 4-1 中的投入产出比应当由经济主体的利益最大化决策所内生。产品在不同经济主体之间的流转依赖于不同主体的交易，而交易过程会决定不同产品之间的相对价格。经济学的一般均衡分析要求，产品间相对价格的调整应当保证各类产品的市场总供给与总需求相等，即实现市场出清，这意味着产品之间的相对价格将在市场出清时内生地被决定。

综合来看，一方面，给定产品的相对价格，各经济主体要根据价格和自身的利益最大化选择各自的产品产出和使用其他主体的产品投入，进而内生决定式 4-1 中的投入产出矩阵；另一方面，给定各经济主体各自的产品产出以及对其他主体产品的投入需求，市场出清又将内生地决定产品间的相对价格。生产网络与一般均衡分析的结合要求找到同时满足以上两方面条件的均衡价格与均衡产量。在此基础上，式 4-1 中生产网络内的隐含参数的变化对生产网络拓扑结构的影响及其通过生产网络对均衡价格和均衡产量的影响，将成为生产网络一般均衡分析的重点研究对象。

第二节　生产率冲击与生产网络的产出乘数

对经济学家而言，即使在不考虑一般均衡的内生价格与内生产量的前提下，式 4-1 中的生产网络仍然具有重要的经济和政策含义。具体而言，著名的 Liontief 逆矩阵（Baqaee and Farhi，2019、2020）可以由生产网络式 4-1 构造：

$$h = (I - \alpha)^{-1} = \lim_{T \to +\infty} \sum_{t=1}^{T} \alpha^t \qquad 式 4-2$$

其中，α^t 表示矩阵 α 自乘 t 次得到的密集阵。投入产出矩阵式 4-1 具有良定义，式 4-2 右侧极限存在，进而 Liontief 逆矩阵具有良定义。其中元素 h_{ij} 依据式 4-2 可以表示为：

$$h_{ij} = \sum_{t=1}^{+\infty} \alpha_{ij}^t$$

其中 α'_{ij} 为 α' 中 ij 位置上的元素值，表示通过 t 次循环，主体 i 间接使用主体 j 的产品作为生产投入的比例。当 $t=1$ 时，α^t_{ij} 退化为 α_{ij}，表示主体 i 对主体 j 产品的直接使用。因此，综合来看，Liontief 逆矩阵中的元素 h_{ij} 代表了通过经济体的多次循环，主体 i 直接和间接使用主体 j 的产品作为投入的总和，也被称为 i、j 之间的完全耗散系数。

可以利用 Liontief 逆矩阵定义各种衡量经济主体在生产网络中相对重要性的指标。例如，通过对矩阵 h 中的每一列进行加总，得到的 n 维向量中的每个元素被称为相应主体的产出乘数，表示其他条件不变时，提升给定主体产出所能带来的全部主体的产出增幅。从复杂网络视角来看，产出乘数与生产网络 α 的 Katz 中心度等价。如果在生产网络的基础上进一步引入消费概念，不妨设 n 维列向量 β 表示最终消费者对 n 个生产主体产品的最终消费比例，则 $\lambda = h^T\beta$ 即为投入产出分析中著名的多玛权重（Baqaee and Farhi，2019、2020）。对比产出乘数与多玛权重，不难发现，多玛权重向量是以消费权重向量 β 对 Liontief 逆矩阵中行向量的加权平均，而产出乘数则是一等权重对 Liontief 逆矩阵中行向量的加权平均，在这个意义上多玛权重可以看作对生产网络 α 的 Katz 中心度的修正。

产出乘数与多玛权重在投入产出一般均衡分析中都有着重要的应用。更一般地，Liontief 逆矩阵与底层生产网络 α 关系式 4-2 意味着，通过变换矩阵 h 得到的向量或矩阵都在一定程度上蕴含了关于底层生产网络 α 的不同拓扑结构信息。后文将对矩阵 h 在定义上进行微调，并在此基础上复合矩阵 h 的不同变换，以得到生产网络 α 的拓扑结构对实体经济系统中价格扭曲、产业政策所产生的分配效应的数学刻画。

第三节　产品市场扭曲与产业政策

生产网络及一般均衡方法对于理解产业链中的扭曲及其对经济效率和福利的影响至关重要，同时在产业政策的有效性评估、具体的政策设计等领域有着重要的应用（Liu，2019）。具体来看，在工业化初期，各个国家为启动经济增长，都不同程度地实施了歧视性的产业政策和市场规则，由此引发的经济扭曲普遍存在。事实上，为了服务国家目标和发展战略，无论是美国的信息技术规划战略，还是欧洲的保护性产业政策，乃至日本积极协调的市场经济，在经济的各个行业之间都产生了不同程度的产品及要素价格的偏差，这些偏差构成了经济结构的最基本特征。相比较而言，中国的经济扭曲具有更加特殊的历史性和结构性。改革开放以前，中国实行的是工农业剪刀差的政策，以非市场化的方式决定产品价格和要素价格，为工业化赶超战略服务。改革开放以后，尽管剪刀差取消了，但是各种产业补贴政策仍作用于价格扭曲。市场化改革的推进和国际化水平的提升，很大程度上减弱了中国制造业的扭曲，但是对于基础的能源性行业，关乎国家经济稳定和民生安定的金融、房地产等行业，由于各种体制性原因和非经济因素，价格扭曲很难消除。中国大规模工业化进程接近尾声，诱致机制逐渐失效（陆江源等，2018），由此导致效率改进能力下降，亟须新的效率改进机制来维持经济的可持续增长，否则经济会陷入转型过程的结构扭曲和震荡，阻碍高质量发展和可持续城市化路径的达成。在这种情况下，消除关键行业的价格扭曲及资源错配，激发结构服务化和城市化的效率补偿潜力，将成为推动高质量发展的原动力。

已有的关于价格扭曲、资源配置效率以及扭曲矫正的文献，往往侧重于要素价格扭曲造成的资源错配与效率损失。尽管产品市场的价格扭曲对于经济效率的作用不弱于要素市场（尹恒和张子尧，2021），但仅有少量文献专注于讨论产品市场上的价格扭曲。对于矫正产品市场价格扭曲引致的效率改进，现有文献中更是缺乏有力的测算结果，同时也缺乏关于科学的测算方法与测算依据的理论探讨。事实上，要素市场与产品市场上的价格扭曲有着显著的差异。由于劳动、资本等生产要素会被全部产品部门使用，要素与产品部门之间的关联关系是相对简单的，因此文献中关于要素价格扭曲的讨论，更多地从产业部门的产值结构这一路径考察其对经济效率的影响机制。相反，产品市场的价格扭曲对于经济效率的影响不仅依赖于产品部门的产值结构，更高度依赖于产品部门与部门之间的网络化关联关系，即投入产出网络。产品部门之间的关联关系具有内生的复杂性。通过投入产出网络，部门间的产品价格扭曲会向相邻的产业部门传导，并改变产品部门之间以及终端消费者与产品部门之间的供求关系和价格体系，因此在一般均衡意义上，产品市场价格的扭曲及其矫正对经济效率的影响既会受到投入产出网络的影响，又会影响投入产出网络自身的结构。由此引发的复杂性给政府部门的产业政策选择带来了额外的困难和挑战。

国外学者关于价格扭曲的研究，已经关注到投入产出网络结构的重要性。在中间品市场存在外生的扭曲锲子（wedge）时，政府可以通过针对特定行业的产业政策补贴对冲市场扭曲的负效应，但会面临补贴的预算约束，在这样的经济环境中，Liu（2019）讨论了如何从生产网络结构中得到一个扭曲中心度指标，并研究了该指标的性质和其作为产业政策实施效应的充分统计量的可能性。Bigio

和 La'o（2020）考察了在使用单一劳动要素进行生产的生产网络中，劳动要素价格的扭曲引致的真实产出效应以及劳动扭曲引发的生产率冲击的产出效应。Baqaee 和 Farhi（2019，2020）在一个多要素生产网络经济中，利用 CES 型生产函数和效用函数的设定考察了在中间品市场存在等价于行业增值税形式的扭曲时，扭曲对于真实 GDP 和行业产出的一阶和二阶效应，并考察了在存在扭曲的非有效市场中，全要素生产率冲击对于真实 GDP 的一阶和二阶效应。实证文献方面，Carvalho 等（2021）将 2011 年日本东海岸大地震作为外生冲击，对由此带来的特定中间品市场的扭曲及生产网络对该扭曲的乘数效应进行了测算和分析。Boehm 和 Oberfield（2020）利用印度企业层面的数据测算了印度地方法律环境对于不同行业企业间交易的扭曲程度，从而从微观视角对中间品市场扭曲沿生产网络的宏观产出效应进行了测算和验证。国内学者方面，陆江源等（2018）考察了产品部门间的投入产出网络对于要素市场扭曲的放大作用，并计算了投入产出网络的效率乘数。倪红福和闫冰倩（2021）运用 Baqaee 和 Farhi（2019，2020）的理论框架，对间接税形式的产品市场价格扭曲引致的效率损失进行了估算，并对中国的间接税改革的效率改进效果进行了评估和测算。许雪晨和田侃（2023）考察了产品市场上的价格扭曲在面对金融危机等外生冲击时对于宏观经济整体的效率损失的放大效应。

不难发现，已有不少文献从投入产出网络的视角出发，考察了价格扭曲及其矫正对于经济效率的影响。然而，文献中的主要关注点仍然是要素市场的价格扭曲，要素市场价格扭曲通过影响产品部门的要素使用成本进而影响产品部门和整个经济体的效率。对我国金融、能源等关键行业而言，在其成本端，劳动、资本等要素基本能够自由流动，因此并没有面临严重的价格扭曲，相反由于这些行业自身面临的监管、市场准入等限制，在向其他部门提供产品和服务的过程中，其价格面临着严重的扭曲，因此表现为产品市场的价格扭曲，而文献中鲜有从产品市场价格扭曲的层面分析这些行业的价格扭曲和效率损失。对于产品市场而言，价格扭曲通常不仅涉及特定的产品部门/行业，同时还涉及部门与部门两两之间的交易关系。这意味着，从复杂网络视角来看，矫正产品市场价格扭曲的产业政策，在政策设计层面，不仅需要充分考虑生产网络中节点（部门）全局的重要性，还需要兼顾连边的重要性，这将大大增加产业政策的复杂性。

第四节　生产网络的收入分配效应

产品市场价格扭曲会通过生产网络影响经济效率，针对这种影响的发生和传导机制，已有文献主要关注价格扭曲通过污染价格信号导致效率损失，即价格信号机制。在数理上，价格信号机制等价于将价格扭曲理解为产品部门间交易的"冰山成本"（Iceberg cost），这导致了对价格扭曲引发的收入再分配效应的忽视。事实上，在存在管制的产品市场中，价格扭曲往往来自为了绕开管制和准入限制而向监管方寻租引致的成本加成，在这种行为动机下形成的寻租收入会在不同经济主体间起到收入再分配的作用，改变各个产品部门之间、产品部门与终端消费者之间的收入分配结构，进而改变对不同产品部门的需求结构，通过投入产出网络的乘数效应，这会进一步改变各产品的产出、价格以及产值，从而影响经济效率。已有文献中，鲜有研究在生产网络框架下，从收入再分配效应的视角分析和测度价格扭曲对于经济效率的影响。

本章旨在针对产品市场的价格扭曲，提供一个基于生产网络一般均衡框架的正式分析，以从理论上区分扭曲的价格信号效应和收入再分配效应两种机制，并在实证上通过测算两种机制对于经济效率损失的贡献程度，量化收入再分配效应的引入对于相关产业政策的实施效果与政策决策的影响。基于理论分析，得到如下结论。第一，产品市场价格扭曲的收入再分配效应可以进一步被分解为寻租行为引致的中间品市场的需求再分配效应与寻租收入转移支付引致的最终品市场的需求再分配效应；其中中间品市场的再分配效应会带来产出和经济效率的提升，从而对冲价格信号扭曲的负面影响，最终品市场再分配效应的正负号则依赖于生产网络的拓扑结构和转移支付的比例，使得总的收入再分配效应具有高度的复杂性。第二，价格信号效应、收入再分配效应与生产网络的上、下游结构密切相关，价格信号效应主要通过投入产出网络的前向联系自上游向下游传导价格扭曲和引发乘数效应；而收入再分配效应主要通过引发要素价格与中间品价格的相对变化，改变产品部门的相对要素使用和收入份额，进而从需求端自下游向上游引发乘数效应。第三，在引入收入再分配效应后，价格扭曲对效率影响的大小和方向高度依赖于扭曲经济体与无扭曲经济之间在扭曲程度上的距离，在扭曲经济体远离无扭曲经济的极端情况下，增大特定行业间的价格扭曲甚至可以提升总产出水平，即针对扭曲的扭曲可以带来经济效率。

第五章

生产网络分配效应视角下
产业政策的效率与公平

第一节　基于生产网络的产业结构模型

本章的模型以投入产出一般均衡模型为基础（Acemoglu et al.，2020；Baqaee and Farhi，2019、2020；Liu，2019；倪红福，2021），对价格扭曲的信号效应和收入再分配效应进行了正式的区分，重点考察中间品市场的扭曲锲子与劳动、资本要素跨行业分配之间的相互作用及其对真实 GDP、要素收入、资源配置效率等宏观变量的影响。

一　消费者决策

为简化分析，本章假设最终消费者始终采用 CD 型效用加总函数来决定最终消费和真实 GDP，即代表性消费者将通过最优化如下效用函数来决定对于 n 种产品的需求：

$$\max_{C_1,\cdots,C_n} U(C_1,C_2,\cdots,C_n) = \frac{1}{\prod\limits_{j=1}^{n} \beta_j^{\beta_j}} \prod\limits_{j=1}^{n} C_j^{\beta_j}$$

$$s.t. \sum_{i=1}^{n} P_i C_i = I \qquad\qquad 式5-1$$

其中，对于任意产品 j，权重系数 $\beta_j \geq 0$ 并且满足一次齐次性条件 $\sum\limits_{k=1}^{n} \beta_k = 1$；$C_j$ 表示对于第 j 种产品的消费量；P_i 表示产品 i 的价格；I 表示消费者的总收入，其取值由后文中的市场出清条件决定；$\dfrac{1}{\prod\limits_{j=1}^{n} \beta_j^{\beta_j}}$ 表示标准化参数，用于简化表达式。

二 生产者决策

为简化分析，本章重点考察中间品/消费品部门采用 CD 型生产函数的简单场景。具体地，假设对于每种产品 i，代表性厂商的生产函数满足：

$$Y_i = \frac{A_i}{\prod\limits_{j \in \{1,\cdots,n,L,K\}} \alpha_{ij}^{\alpha_{ij}}} \prod\limits_{j=1}^{n} X_{ij}^{\alpha_{ij}} L_i^{\alpha_{iL}} K_i^{\alpha_{iK}} \qquad\qquad 式5-2$$

其中，Y_i 表示产品 i 的代表性厂商的总产出；假设每种产品在生产过程中都会使用其他产品作为中间品，X_{ij} 表示产品 j 作为中间品在生产产品 i 的过程中的消耗量；每种产品的生产除中间品外还需要依赖劳动和资本两种要素，其消耗量由 L_i 和 K_i 表示；在此基础上，权重系数 $\alpha_{ij} \geq 0$ 对于任意 $j = 1,\cdots,n$，L，K 成立，并且满足一次齐次性条件 $\sum\limits_{j=1}^{n} \alpha_{ij} + \alpha_{iL} + \alpha_{iK} = 1$；在此基础上，$\prod\limits_{j \in \{1,\cdots,n,L\}} \alpha_{ij}^{-\alpha_{ij}}$ 表示标准化系数，用于简化表达式；A_i 表示产品 i 代表性厂商的全要素生产率。

在生产函数式 5-2 的基础上，假设部门的最优产量决策与中间品及要素的使用决策由如下利润最大化问题给出：

$$\max_{L_i, X_{ij}; j=1,\cdots,n} P_i Y_i - TC_i$$

$$TC_i = \sum_{j=1}^{n} P_j \Gamma_{ij} X_{ij} + L_i + rK_i \qquad \text{式 5-3}$$

其中，成本函数 TC_i 由购买每一种中间品的成本支出与劳动力的工资支出、资本的回报构成，假设劳动力的价格即工资为计价单位，因而恒定设为 1；资本的回报率记为 r。对于每一种中间品，在交易过程中存在价格扭曲，扭曲程度由外生的锲子 $\Gamma_{ij} \geq 1$ 表示，当 $\Gamma_{ij} = 1$ 时行业厂商 i 与 j 之间的交易不存在扭曲，否则下游厂商 i 将因扭曲而不得不对中间品进行超额支付。

求解生产者最优化问题，并与资本市场的出清条件结合，可以得到资本价格的决定方程：

$$r = \frac{\sum_{i=1}^{n} \alpha_{iK} P_i Y_i}{K} \qquad \text{式 5-4}$$

将式 5-4 与生产者最优化问题的一阶条件相结合，可以得到各部门产品的价格决定方程：

$$p = (I - \alpha)^{-1}(\alpha_K \ln r + diag(\alpha\gamma^T) - a) \qquad \text{式 5-5}$$

其中 $K = \sum_{i=1}^{n} K_i$ 表示社会资本存量总额，$p = (\ln P_1, \cdots, \ln P_n)^T$、$a = (\ln A_1, \cdots, \ln A_n)^T$、$\alpha_K = (\alpha_{1K}, \cdots, \alpha_{nK})^T$、$\alpha = \{\alpha_{ij}\}_{1 \leq i, j \leq n}$、$\gamma = \{\ln \Gamma_{ij}\}_{1 \leq i, j \leq n}$，$diag(.)$ 表示将给定矩阵提取对角线元素所得到的列向量。

三　市场出清与再分配效应

由于价格扭曲的存在，为了获得一定数量的中间品，厂商 i 不能仅按市场价格支付 $P_j X_{ij}$，而必须购买或支付额外的价值量 $P_j(\Gamma_{ij}-1)X_{ij}$，这部分超额价值可以看作价格扭曲的客观存在引致的寻租收入，会在不同的经济主体间进行分配，而不同的分配方式将决定不同的市场出清结构，并通过生产网络加总影响宏观的经济产出与效率。在现有关于生产网络的文献中，对于扭曲寻租收入的分配方式，基本没有展开深入的讨论。在经典文献中（Baqaee and Farhi，2019、2020；Liu，2019；Acemoglu and Azar，2020；倪红福，2021），尽管数学表达有所不同，对于扭曲的寻租收入，通常将其设定为上游行业的收入，即行业 i、j 之间交易时行业 i 的超额支付 $P_j(\Gamma_{ij}-1)X_{ij}$ 全部构成行业 j 的收入。在这种设定下，等价于要求每个行业 i 对上游中间品 j 的实际需求为 $\Gamma_{ij}X_{ij}$，从而产品市场出清条件可表示为：

$$\sum_{i=1}^{n} \Gamma_{ij}X_{ij} + C_j = Y_j, \forall j \in \{1,\cdots,n\} \qquad \text{式 5-6}$$

利用生产者利润最大化的一阶条件 $P_j\Gamma_{ij}X_{ij} = \alpha_{ij}P_iY_i$，式 5-4 可以被等价地表示为如下形式：

$$(I - \alpha^T)PY = \beta I \qquad \text{式 5-7}$$

其中，$PY = (P_1Y_1, \cdots, P_nY_n)^T$，表示各个行业的名义产值，$\beta = (\beta_1, \cdots, \beta_n)^T$。而在扭曲的寻租收入完全分配给上游行业的设定下，最终消费者的总收入 I 满足：

$$I = \sum_{i=1}^{n} (L_i + rK_i) = L + \alpha_K^T PY \qquad \text{式 5-8}$$

其中 L 表示经济体中劳动要素的存量。结合式 5-7 与式 5-8，从而各部门名义产值可以表示为：

$$PY = (I - \alpha - \beta \otimes \alpha_K)^{-1} \beta L \qquad \text{式 5-9}$$

其中 $\otimes$ 表示两个向量的外积构成的矩阵。

通过式 5-6 不难发现，将交易过程中价格扭曲形成的寻租收入完全分配给上游供应方这种分配模式，在市场出清层面上完全等价于假设价格扭曲表现为上下游贸易的"冰山成本"。由于只涉及在买卖双方之间重新分配寻租收入，而不考虑任何第三方参与分配过程，"冰山成本"假设大大简化了产品市场出清条件。事实上，式 5-7 意味着在"冰山成本"的寻租收入分配方式下，产品市场的出清条件与不存在扭曲（即 $\Gamma_{ij} \equiv 1$）时的市场出清条件完全一致。进而式 5-9 预示着在"冰山成本"下，各部门的名义总产出不会受到价格扭曲的任何影响，进而结合式 5-5，价格扭曲只能通过影响各部门的相对价格这条唯一的路径来影响经济体的真实产出和福利水平。换言之，以"冰山成本"解读扭曲寻租收入的分配方式，其背后对应的扭曲影响经济效率的机制可以被理解为一种价格信号效应。

然而，在现实世界中，产品市场价格扭曲形成的寻租收入通常并不会由上游行业获得。生产过程中的间接税是现实世界中产品市场价格扭曲的主要来源之一，直接构成政府部门的收入，并通过税收的转移支付功能被分配给最终消费者。除间接税外，对于存在准入限制的行业，如房地产、金融等，准入限制会刺激企业向监管者进行寻租以获得准入资格，租金既会融入企业成本和最终的产品价格从而形成价格扭曲，也会构成寻租收入从而并入最终消费者的收入。无论以何种形式，一旦价格扭曲引致的收入构成了最终消费者的部分收入，都将通过最终消费者的消费行为，在各个产业部门间实现重新分配。与"冰山成本"的分配方式不同，在基于寻租或间接税的分配过程中，参与行业 i、j 间由价格扭曲引致的收入分配过程的经济主体，不再是生产网络中的上下游行业，而是通过政府、寻租者和最终消费者的行为囊括了经济体中的全部产业部门。显然，间接税或寻租行为引致的上述收入分配机制会改变产品市场的出清条件，使得在均衡时，产品市场的供求应当满足如下等式：

$$\sum_{i=1}^{n} X_{ij} + C_j = Y_j, \forall j \in \{1, \cdots, n\} \qquad \text{式 5-10}$$

或等价地，

$$\left(I - \left(\frac{\alpha}{\Gamma} \right)^{T} \right) PY = \beta I \qquad \text{式 5-11}$$

对比式 5-6 与式 5-10，最大的区别在于，在前述收入再分配模式下，行业 i 对上游中间品 j 的有效需求始终是 X_{ij}，而不再是式 5-6 中的 $\Gamma_{ij} X_{ij}$，这导致在市场出清条件的向量表示中，投入产出矩阵由式 5-7 中的 α 变为式 5-11 中的 $\frac{\alpha}{\Gamma}$。显然，在式 5-11 中，由于上述收入再分配机制的引入，存在价格扭曲时，产品市场的出清条件在形式上不再等价于无扭曲经济中的出清条件。

除了影响出清条件的形式，收入再分配机制还会影响式 5-11 右侧的最终消费者收入。记价格扭曲引致的收入为 $D = \sum_{1 \leq i, j \leq n} P_i (\Gamma_{ij} - 1) X_{ij}$，在前述收入再分配模式下，这部分收入将成为最终消费者的部分收入。不失一般性地，我们认为在现实中既存在间接税形式的价格扭曲收入，也存在违法寻租形式的价格扭曲收入。尽管两种形式的扭曲都会形成收入在产业部门与最终消费者之间的再分配，但与通过税收转移支付获得的合法收入不同，由行业准入限制与寻租构成的收入分配机制并不合法合规，因此很可能导致这部分收入通过洗钱等非法途径转移至境外，从而这部分收入不再加入境内的经济循环。而在不考虑开放经济的前提下，被转移至经济循环外的收入将不再计入本国收入。本章假设价格扭曲引致的收入中，仅有 $l \in [0, 1]$ 的部分被留在经济循环内，用于消费开支。给定 l，最终消费者的收入将由以下公式表达：

$$
\begin{aligned}
I &= L + \sum_{j=1}^{n} \alpha_{jK} P_j Y_j + l \sum_{1 \le i,j \le n} \frac{\alpha_{ij}}{\Gamma_{ij}} (\Gamma_{ij} - 1) P_i Y_i \\
&= L + \alpha_K^T PY + l 1_n^T \left(\frac{\alpha}{\Gamma} \circ (\Gamma - 1) \right)^T PY
\end{aligned} \qquad \text{式 5-12}
$$

其中，"$\circ$"表示通过两个矩阵（向量）逐点相乘得到新矩阵（向量）的运算。

在式 5-12 的基础上，结合式 5-11 可以得到，在经济体存在价格扭曲和间接税/寻租收入形式的收入再分配机制时，各行业名义总产出的表达式为：

$$
PY = \left(I - \left(\frac{\alpha}{\Gamma} \right)^T + \beta \otimes \alpha_K + l\beta \otimes \left(\left(\frac{\alpha}{\Gamma} \circ (\Gamma - 1) \right) 1_n \right) \right)^{-1} \beta L \quad \text{式 5-13}
$$

显然，对比式 5-11 与式 5-13，间接税/寻租收入形式的收入再分配机制导致经济体的名义总产出不再独立于产品市场的价格扭曲，因此价格扭曲的变动对于最终真实产出的影响将不仅依赖于价格信号效应，还会通过影响间接税/寻租收入在产业部门与消费者之间、产业部门彼此之间的再分配而影响名义产出与真实产出。不失一般性地，本章将这种价格扭曲通过收入再分配影响名义产出和经济效率的机制归纳为价格扭曲的收入再分配效应。

第二节　产业政策的产出效应与分配效应

一　扭曲调整对真实 GDP 的影响分解与作用机制

扭曲锲子的变化会引致各行业总产出、增加值和 GDP 的变化，从而影响整个经济体的福利水平，不同的福利变化对于产业政策的制定具有重要的指导意义。本文选取经济体的真实 GDP 作为经济社会的福利评价指标，真实 GDP 等价于最终消费者在给定名义收入和产品价格下所能获得的最大效用水平，可以表示为：

$$GDP = P_0 I$$

其中 I 为式 5-8 或式 5-12 中最终消费者的名义收入，即名义 GDP。P_0 表示名义 GDP 的影子价格，由消费者最优化问题式 5-1 的拉格朗日乘子决定，因此 $\ln P_0 = -\beta^T p$。

在此基础上，命题 5-1 描述了价格扭曲锲子增大对真实 GDP 的一阶效应，并将其依照价格信号效应和收入再分配效应进行了分解。

命题 5-1：

$$\frac{d\ln GDP}{d\gamma_{ij}} = -\underbrace{\frac{\left(\left(\alpha_K^T + l1_n^T\left(\frac{\alpha}{\Gamma}\circ(\Gamma-1)\right)\right)^T \theta\left(\frac{\alpha}{\Gamma}\circ(e_{ji}-l\beta\otimes e_i)\right)-l\frac{\alpha}{\Gamma}\circ e_{ji}\right)PY}{l}}_{\text{价格扭曲对名义}GDP\text{的影响}}$$

$$+\underbrace{\beta^T(I-\alpha)^{-1}\alpha_K\frac{\alpha_K^T\theta\left(\frac{\alpha}{\Gamma}\circ(e_{ji}-l\beta\otimes e_i)\right)PY}{\alpha_K^T PY}}_{\text{价格扭曲对要素收入的影响}}-\underbrace{\beta^T(I-\alpha)^{-1}diag(\alpha e_{ji})}_{\text{价格扭曲对价格系统的影响}}$$

$$
\begin{aligned}
= \quad & \underbrace{-\beta^T(I-\alpha)^{-1}e_i\alpha_{ij}}_{\text{价格信号效应}} + \underbrace{\lambda_i\frac{\alpha_{ij}}{\Gamma_{ij}}\frac{\beta^T\left((I-\alpha)^{-1}-\left(I-\dfrac{\alpha}{\Gamma}\right)^{-1}\right)\alpha_K}{\beta^T\left(I-\dfrac{\alpha}{\Gamma}\right)^{-1}\alpha_K}\alpha_K^T\theta_{.j}}_{\text{中间品市场需求在分配效应}} \\
& \underbrace{+l\lambda_i\frac{\alpha_{ij}}{\Gamma_{ij}}\left(\alpha_L^T\theta_{.j}+l1_n^T\left(\dfrac{\alpha}{\Gamma}\circ(\Gamma-1)\right)^T\theta\beta+\frac{\beta^T\left(\left(I-\dfrac{\alpha}{\Gamma}\right)^{-1}-(I-\alpha)^{-1}\right)\alpha_K\alpha_K^T\theta\beta}{\alpha_K^T\left(I-\left(\dfrac{\alpha}{\Gamma}\right)^T\right)^{-1}\beta}\right)}_{\text{最终品市场收入再分配效应}}
\end{aligned}
\left.\begin{aligned}\\ \\ \\ \\ \\ \\ \\ \\ \end{aligned}\right\}
\begin{aligned}\text{收}\\\text{入}\\\text{再}\\\text{分}\\\text{配}\\\text{效}\\\text{应}\end{aligned}
$$

式 5-14

其中 $\theta=\left(I-\left(\dfrac{\alpha}{\Gamma}\right)^T-\beta\otimes\left(\alpha_K+1\left(\dfrac{\alpha}{\Gamma}\circ(\Gamma-1)\right)1_n\right)\right)^{-1}$，$\lambda_i=\dfrac{PY_i}{I}$ 表示行业/厂商 i 的多玛权重。

式 5-14 中价格信号效应的表达式与 Liu（2019）中关于 GDP 对扭曲锲子的一阶偏导数相比，在不考虑产业政策补贴成本的前提下，二者在形式上完全一致，同时与 Baqaee 和 Farhi（2019）中得到的表达式在本质上也是一致的。进一步考察价格信号效应的表达式，可以发现，价格信号效应可以表示为无扭曲经济下下游行业 i 的多玛权重与上下游行业的投入产出比 α_{ij} 的乘积，显然该表达式中不再含有价格扭曲的分布矩阵 Γ，因此在不考虑生产函数中的中间品替代效应——即生产函数具有式 5-2 中的 CD 形式时，价格信号效应对于扭曲锲子的导数为零，这与 Baqaee 和 Farhi（2019，2020）中的结论完全一致。

然而，一旦引入收入再分配效应，将使得价格扭曲对于真实 GDP 和经济效率的影响变得十分复杂。收入再分配效应的存在将改变资本、劳动要素及其收入的行业分布，同时也会改变由价格扭曲形成的寻租收入的行业分布，下面我们将会看到，价格扭曲的收入再分配效应正是通过改变要素及扭曲收入的行业分布，而实现对真实 GDP 产生影响的。需要强调，劳动、资本要素收入与扭曲收入的行业分布决定了经济发展的公平性。除经济效率外，不同行业、不同要素之间收入分配的公平是社会福利的重要来源，更是包容性增长与高质量发展的题中应有之义。显然，在 CD 型生产函数下，若仅关注价格扭曲的信号效应，要素收入的行业分布将独立于价格扭曲的变动，这也进一步表明引入价格扭曲的收入再分配效应的重要性。

为了更好地理解价格扭曲的收入再分配效应，以及资本要素收入、劳动要素收入、扭曲寻租收入的行业分布与真实 GDP 之间的关系，命题 5-2 给出了价格扭曲对于行业要素份额与扭曲收入份额的一阶效应的数学表示。

命题 5-2：

对于要素 $W \in \{K, L\}$，有：

$$\frac{d\ln W_m W}{d\gamma_{ij}} = \frac{d\ln \dfrac{\alpha_{mW} P_m Y_m}{\alpha_W^T PY}}{d\gamma_{ij}} = \lambda_i \frac{\alpha_{ij}}{\Gamma_{ij}} \left(\frac{\alpha_W^T e_{mm}(\theta\beta - \theta_{\cdot,j})}{\alpha_{mW}\lambda_m} - \frac{\alpha_W^T(\theta\beta - \theta_{\cdot,j})}{\alpha_W T\lambda} \right)$$

式 5-15

其中 $\lambda = (\lambda_1, \cdots, \lambda_n)$ 为扭曲经济中各行业的多玛权重构成的向量，e_{mm} 为 mm 位置的元素为 1，其余位置均为 0 的 $n \times n$ 矩阵。

对于行业 m，记价格扭曲引致的寻租收入为 $D_m = \sum\limits_{j=1}^{n} (\Gamma_{mj} - 1)$
$P_j X_{mj} = 1_n^T \left(\frac{\alpha}{\Gamma} \circ (\Gamma - 1) \right)_{\cdot, m}^T PY_m$，记 $D = \sum\limits_{m=1}^{n} D_m$ 为扭曲引致的总收入，则有

$$\frac{d\ln D_m D}{d\gamma_{ij}} = \lambda_i \frac{\alpha_{ij}}{\Gamma_{ij}} \left(\frac{\alpha_L e_{mm} \theta_{\cdot,j} + l1_n^T \left(\frac{\alpha}{\Gamma} \circ (\Gamma - 1) \right)_{\cdot,m}^T e_{mm} \theta \beta}{1_n^T \left(\frac{\alpha}{\Gamma} \circ (\Gamma - 1) \right)_{\cdot,m}^T \lambda_m} - \right.$$

$$\left. \frac{\alpha_L \theta_{\cdot,j} + l1_n^T \left(\frac{\alpha}{\Gamma} \circ (\Gamma - 1) \right)^T \theta \beta}{1_n^T \left(\frac{\alpha}{\Gamma} \circ (\Gamma - 1) \right)^T \lambda} \right) \qquad \text{式 5-16}$$

在命题 5-1 与命题 5-2 的基础上，我们将对价格扭曲的收入再分配效应展开更深入的解读。考虑到由于价格扭曲经常伴随着寻租和腐败等违法违规行为，由此形成的收入不会转化为对本国产品的最终消费需求，而会被转移至境外，从而离开经济循环。在极端情况下，价格扭曲形成的收入完全被转移至境外（ $l=0$ ），此时价格扭曲的收入再分配效应完全表现为中间品市场上的需求再分配。而在一般情况下，$l>0$，此时扭曲形成的收入中会有 l 的部分留在经济体内循环，并被用于最终消费，从而形成最终品市场上的需求再分配效应。因此，针对中间品与最终品市场，价格扭曲的收入再分配效应可以进一步被分解为两部分，接下来，本章将分别分析这两部分的理论性质。

1. 中间品市场的需求再分配效应

根据式 5-14，中间品市场的需求再分配效应可以被进一步分解为：

$$V = -\lambda_i \alpha_K^T \theta_{\cdot,j} \qquad \text{式 5-17}$$

与

$$W = \frac{\beta^T (I - \alpha)^{-1} \alpha_K}{\beta^T \left(I - \frac{\alpha}{\Gamma} \right)^{-1} \alpha_K} \lambda_i \alpha_K^T \theta_{\cdot,j} \qquad \text{式 5-18}$$

其中 V 来自式 5-14 中第一个等式的第一项，即源自价格扭曲调整对名义 GDP 的一阶效应，这一项取值恒定为负，意味着在不考虑扭曲收入转移支付的前提下，行业 i 使用中间品 j 的价格扭曲锲子的增加会增加行业 i 的中间品投入成本并导致其产出水平的下降，通过生产网络的扩散效应，这种负向的产出效应导致各行业名义产出水平总体的下降，带来要素名义收入的下降。而 W 则源自扭曲锲子引致的要素价格与中间品价格的相对变化，在本章将劳动要素价格选作价格基准的设定下，要素的相对价格变化表现为资本要素价格与中间品价格的相对变化。具体地，行业 i 使用中间品 j 的价格扭曲锲子的增加会通过前述的 V 项降低要素的名义收入，在要素存量固定的前提下，这会导致要素价格的绝对下降，从而对于全行业而言，要素相对于中间品而言，其使用成本会相对下降，从而全行业呈现增加要素投入的决策倾向，这种增加要素投入的集体倾向会增加具有高边际回报率行业的要素投入，进而导致不同行业的相对产出水平发生变化，并影响不同产品的相对价格水平，而 W 恒定为正，意味着价格水平的相对变化最终会提升要素的真实回报率。通过整合 V 与 W，式 5-14 中的第二项反映了价格扭曲锲子调整引致的要素真实收入的变动，进而可以理解为价格扭曲锲子调整的要素收入效应。在这个意义上，中间品市场上的需求再分配效应最终表现为要素收入效应。进一步地，容易验证引理 5-1。

引理 5-1：

$$V + W \geq 0$$

引理 5-1 表示价格扭曲锲子调整对于要素真实回报率影响优于其对要素名义收入的影响，使得价格扭曲锲子调整的要素收入效应、中间品市场需求再分配效应恒定为正。根据以上讨论，在不考虑扭曲收入的转移支付与最终品市场的收入再分配效应的前提下，一方面，价格扭曲的增大会引致正向的中间品市场需求再分配效应；另一方面，价格扭曲增大的价格信号效应为负，因此价格扭曲增大对于真实 GDP 的一阶效应是正是负，并不总是一定的。并且可以证明，在特定的生产网络结构与特定的扭曲结构 Γ 下，特定行业的扭曲增大对于真实 GDP 的一阶效应一定为正，即针对扭曲的扭曲会引致经济效率提升。

需要强调，生产网络的相关文献（Baqaee and Farhi，2019、2020）对扭曲改变要素收入、进而引致要素回弹效应这一机制进行了一定的探讨，并且也得到了与本章类似的结论，即在扭曲经济下针对特定行业的扭曲会带来经济效率。但文献中的结论普遍建立在 CES 型生产函数假设下，CES 生产函数要求一般均衡下的生产网络结构 α 依赖于价格扭曲结构 Γ。相比之下，本章的结论仅依赖 CD 型生产函数，即由 α 所表示的生产网络结构恒定为常数，不随扭曲结构 Γ 的变化而变化。在这个意义上，价格扭曲的收入再分配效应提供了一种新的机制，使得即使不考虑投入产出比对于扭曲结构的依赖，也能产生要素收入行业分布的变化，并产生要素的回弹效应和扭曲引致经济效率的提升。

进一步解析价格信号效应与中间品市场需求再分配效应的表达式，可以发现，二者除了正负号相反，其沿产业链的传导机制也是完全相反的。价格信号效应在数学上表示为无扭曲经济中的多玛权重的一个比例。对于给定的行业 i，其多玛权重本质上是里昂惕夫完全耗散系数矩阵 $(I-\alpha)^{-1}$ 中第 i 列元素按消费比例的加权平均。投入产出矩阵中的列向量反映了给定行业与消耗其产品进行生产的下游行业间的联系强度，即所谓的前向联系强度，由此得到的完全耗散系数矩阵中的列向量则反映了给定行业作为上游行业，对每一个下游行业的总的影响程度。因此，作为对前向完全耗散系数依最终需求比例计算的加权平均值，多玛权重反映了给定行业在无扭曲经济中的上游化程度，该权重越大，该行业作为产业链的上游对下游行业产生的辐射和影响就越大。在这个意义上，价格扭曲调整的价格信号效应依赖于顺产业链的前向联系的传导机制，而行业的上游化程度越高，价格信号效应越大。

相对地，给定行业 i、j，价格扭曲调整的需求再分配效应在数学上表示为扭曲经济下的多玛权重 λ_i 与 $\alpha_K^T \theta_{.,j}$ 的乘积的一个比例。根据 θ 矩阵的定义，$\alpha_K^T \theta_{.,j}$ 反映了扭曲调整所涉及到的上游行业 j 的后向联系强度和下游化程度。具体地，由 θ 的定义可知，其第 j 列 $\theta_{.,j}$ 可以表示为：

$$\theta_{.,j} = e_j + \left(\sum_{t=1}^{\infty} \left(\left(\frac{\alpha}{\Gamma} \right) - \alpha_K \otimes \beta \right)_{j,\cdot}^t \right)^T$$

即全部 $t(=0, 2, \cdots)$ 阶投入产出（包括资本收入引致的消费需求矩阵，即 $\alpha_K \otimes \beta$）矩阵的第 j 行的加总。对于每个 t，t 阶投入产出矩阵中的行向量表示给定行业与其上游供应商之间基于产品需求的 t 阶后向联系强度，因此 θ 矩阵的第 j 列反映了行业 j 作为下游行业对上游品的需求强度，即行业 j 的下游化程度。扭曲经济下，多玛权重 λ_i 反映了扭曲调整的直接收入效应，即在不考虑中间品和要素价格变化以及除行业 i、j 以外的其他行业间投入产出网络变化的前提下，Γ_{ij} 的变化对 GDP 以及要素收入的影响程度。因此，$\theta_{.,j}\lambda_i$ 表示，当价格扭曲锲子 Γ_{ij} 增大时，资本要素回报会以 λ_i 的比例降低，从而将降低全社会的资本使用成本，这有助于促进各行业的资本使用。资本使用的增加会与中间品使用产生互补效应，在其他条件不变时，互补效应会促进各行业对其上游中间品的需求，这种需求扩张效应会通过生产网络的高阶作用在经济体内循环传导，最终由 $\theta_{.,}\lambda_i$ 与 $\alpha_K^T\theta_{.,}\lambda_i$ 分别刻画上述需求扩张机制引发的各行业总产出与资本要素收入的增量。在这个意义上，价格扭曲调整的资本收入效应、中间品市场的需求再分配效应依赖于逆产业链的需求传导机制，而受价格扭曲影响的上游行业 j 的下游化程度越高，需求再分配效应就越大。

分析价格信号效应与需求再分配效应在上、下游传导机制上的差异，对于现实世界中产业政策的制定也有着重要的启示意义。事实上，如果仅考察价格信号效应并以其作为产业政策的依据，以多玛权重衡量的上游化程度较高的行业往往被认为是最应被产业政策补贴的行业。然而，本章的讨论表明，在引入中间品市场的需求再分配效应后，下游化程度较高的行业也应得到产业政策制定者的重视。同时，哪些行业应当予以补贴，而哪些行业应被施以加税、罚款等形式的反向补贴，最终依赖于该行业的上游化程度与下游化程度之间的平衡，而不能仅由简单的上游化指数或多玛权重加以确定。这种上下游之间的权衡取舍也意味着在价格扭曲的经济中，产业政策的制定面临着更为严峻的复杂性挑战，需要政策制定者对具体产业政策的真实传导机制及实际效果进行更全面的反思与评估。

2. 最终品市场的需求再分配效应

如果由价格扭曲产生的收入中有 l 的比例留在经济体内循环，构成最终消费者的收入并用于最终品消费，这将引致最终品市场上的需求再分配效应。式 5-14 表明，最终品市场的需求再分配效应由两部分构成。在最终品市场的需求再分配效应中，最后一项表示价格扭曲引致的要素使用的跨行业重分配进而引发的需求再分配效应，其作用机制与中间品市场需求再分配效应中的 $\lambda_i \alpha_K^T \theta_{\cdot,j}$ 相似，但方向相反。事实上，根据引理 5-1，$\beta^T \left(\left(I - \dfrac{\alpha}{\Gamma} \right)^{-1} - (I - \alpha)^{-1} \right) \alpha_K \leq 0$ 恒成立，这意味着，扭曲收入转移支付给最终消费者，刺激了最终消费需求的扩张和各部门产出的提升，这将引致要素回报的增加，从而增大了要素的使用成本，这会反向激发由 $\lambda_i \alpha_K^T \theta_{\cdot,j}$ 所代表的要素份额跨行业的重分配机制，从而降低真实 GDP。

此外，容易验证：

$$\frac{\partial l1_n^T \left(\dfrac{\alpha}{\Gamma} \circ (\Gamma - 1) \right)^T PY}{\partial \gamma_{ij}} = l\lambda_i \frac{\alpha_{ij}}{\Gamma_{ij}} \left(\alpha_L^T \theta_{\cdot,j} + l1_n^T \left(\frac{\alpha}{\Gamma} \circ (\Gamma - 1) \right)^T \theta \beta \lambda_i \right)$$

式 5-19

式 5-19 表示，最终品市场的需求再分配效应还取决于扭曲锲子变化引致的扭曲收入的变化效应。容易验证式 5-17 恒为非负，因此当扭曲锲子增大时，扭曲所引致的名义收入始终增大。因此，最终品市场的需求再分配效应的方向依赖于正负两项的取值，但是，可以证明引理 5-2。

引理 5-2：

（I）最终品市场的需求再分配效应在如下不等式成立时始终为正：

$$\Lambda_K + \Lambda_D > \Lambda_K^*$$

式 5-20

其中，$\Lambda_K = \dfrac{rK}{NGDP}$ 表示扭曲经济下资本要素收入占名义 GDP（即 NGDP）的份额，即资本要素的多玛权重；$\Lambda_D = \dfrac{lD}{NGDP}$ 表示价格扭曲形成的、留存在经济体内的寻租收入占名义 GDP 的比重，可理解为扭曲收入的多玛权重，D 为命题 5-2 中定义的全行业的扭曲收入；Λ_K^* 表示无扭曲经济中资本要素的多玛权重。

（Ⅱ）存在一个 $\underline{l}$ 使得当扭曲收入的转移支付比例 $l \in (\underline{l}, 1]$，式 5-18 恒成立。

引理 5-2 表明，当扭曲形成的寻租收入通过转移支付至最终消费者用于经济体内最终消费的比例足够高时，最终品市场的需求再分配效应将始终为正，意味着扭曲锲子的增大将通过最终品市场的需求再分配促进真实 GDP 的提升。通过式 5-14 的表达式可知，最终品市场的需求再分配效应依赖于 θ 矩阵的列向量 $\theta_{\cdot j}$ 与 $\theta\beta$，因此依赖于行业（以及最终消费者）与上游行业的后向投入产出联系，从而依赖于行业（以及最终消费者）在整个生产网络中的下游化程度，这一作用机制与中间品市场的需求再分配效应相同，但与价格信号效应相反。

综合来看，在扭曲的寻租收入留存比例 l 较高时，价格扭曲引致的总的收入再分配效应始终取值为正，从而使得扭曲的增大可以刺激真实 GDP 的提升，这将对冲扭曲的负向的价格信号效应，以至于价格扭曲对于真实 GDP 的影响是正是负，具有高度的不确定性。这大大增加了利用产业政策提升经济效率这一政策实践所面临的复杂性，从而增大了产业政策制定面临的挑战。

二 扭曲调整对要素收入分配公平性的影响

前一小节的分析聚焦于扭曲楔子的变动对于真实 GDP 的影响，即扭曲调整对经济效率的影响。然而，行业间收入再分配效应的存在除了会对经济效率产生影响，还会对最终的要素收入分配产生影响。具体而言，在扭曲引致的寻租收入留存比例 $l = 0$ 的情形下，最终资本和劳动要素的名义收入之和即为名义 GDP，同时由于劳动要素的供给无弹性，并且本章将劳动要素的价格设为单位价格，对数名义 GDP 对扭曲楔子的一阶偏导数与资本劳动要素真实收入比对扭曲楔子的一阶偏导数始终具有相同的正负号，从而根据式 5-14 有：

$$\frac{\partial \dfrac{rK}{L}}{\partial \gamma_{ij}} \propto -\lambda_i \frac{\alpha_{ij}}{\Gamma_{ij}} \alpha_K^T \theta_{\cdot j} \leq 0$$

注意到上式意味着任意两个行业间扭曲楔子的增大，会带来劳动要素收入相对于资本要素收入的改善。这一结论主要源自本章对于扭曲收入的浪费部分，即 $D(1-l)$ 的处置方式。事实上，可以验证本章将 $D(1-l)$ 从市场出清式 5-10 右侧的行业产出中扣除的设定在数理上等价于在箱模型中引入了一个海外部门，而生产网络中涉及的 n 个行业部门均为国内部门，同时在引入海外部门后劳动和资本要素存在以下形式的非对称地位：劳动要素无法在国内部门与海外部门间流动，而资本要素可以在国内部门与海外部门之间自由流动。在这样的模型架构下，各国内部门的实际产出为 Y_i'，并且相较于式 5-10 中的 Y_i，$Y_i'-Y_i > 0$，其超额部分 $Y_i'-Y_i$ 包含了扭曲的寻租收入用于海外消费而引致的对国内产出部分的扣除、生产扣除部分的中间品消耗以及生产扣除部分需要引进的海外资本要素的回报。在这个意义上，劳动要素的收入 L 代表了生产全部国内部门实际产出 Y_i' 所获得的回报，而资本要素收入 rK 仅包含了生产各国内部门实际产出 Y_i' 所获得的资本回报中归国内资本要素所得的部分，而不包含对引进海外资本部分的回报。因此，在留存比例 $l=0$ 时，劳动要素相较于资本要素具有国内收入优势，这也是扭曲增大总会引发资本要素相对收入下降的原因。但也需要看到，提高劳动要素相对回报往往被认为是改善了要素分配的不平等，因此在 $l = 0$ 的经济系统中，提升扭曲楔子往往能够达到这一政策目标，这在很大程度上与降低扭曲以提升经济效率的政策目标之间存在冲突，从而增加了产业政策决策的复杂性。

更一般地，考虑寻租收入以税收转移支付的形式存在，在理想状态下，这对应于留存比例 $l = 1$ 的场景，从而式 5-14 中最终品市场的收入再分配效应将改变要素间的相对收入。引理 5-2 表明，$l = 1$ 时扭曲楔子增大通过最终品市场收入再分配效应引致的名义 GDP 增量恒定为正，在劳动要素价格作为价格基准的设定下，最终品市场的收入再分配效应总会降低劳动要素收入在 GDP 中的比例。因此，中间品市场和最终品市场的收入再分配效应对劳动收入占 GDP 的比重这一收入分配公平性指标具有相反方向的影响，最终劳动收入占 GDP 的比重随扭曲楔子的变动趋势取决于两种收入再分配效应的相对大小。根据式 5-12，两种收入再分配效应的相对大小高度依赖于生产网络的拓扑结构，因此，以上结论意味着，生产网络结构对于实体经济系统中要素收入分配结构及其公平性有着复杂的影响，同时在不同的网络结构下，扭曲变动很可能对于经济效率和要素分配公平这两个政策目标产生方向相反的影响，这大大增加了产业政策决策的复杂性和面临的挑战。

三　产业政策的参数化表示与上、下游扭曲矫正中心度

引入价格扭曲的收入再分配效应后，矫正扭曲的产业政策可能会抑制扭曲引致的寻租收入带来的产出效应，从而降低真实 GDP、压制经济效率，使得扭曲矫正政策在提高产出和经济效率这一维度

上的实际效果面临着复杂性。从产业政策评估角度来看，为了准确度量产业政策对产出及经济效率的影响，需要准确度量价格扭曲的收入再分配效应。

式 5-14 中给出了两两行业间的价格扭曲锲子调整的产出效应。而在现实应用场景中，产业政策的设计通常针对整个行业，而非行业两两之间的投入产出关系，这意味着产业政策可以被表示为依赖于行业下标的补贴比例参数 τ_i，其中 $i = 1, \cdots, n$。而产业补贴通过矫正行业间扭曲对真实 GDP 及要素收入分配公平性产生的影响程度则可以通过对式 5-14 沿行、列下标加总获得。由此获得产业补贴的影响程度度量指标，不仅可用于评估特定产业政策的有效性，同时从复杂网络视角来看，这些度量指标还构成了对生产网络拓扑结构的一种中心度（centrality）描述，而这种拓扑结构描述不仅依赖于生产网络自身，还依赖于独立于生产网络结构的消费者偏好参数，因此可以被理解为一种由生产网络上的经济活动衍生出来的网络结构度量。

具体而言，通过遍历上下游行业组合，式 5-14 实际上给出了一个扭曲增大影响真实产出与经济效率的一阶效应矩阵 $\left\{ \dfrac{\partial \ln GDP}{\partial \gamma_{ij}} \right\}_{1 \leqslant i,\, j \leqslant n}$，对该矩阵逐点取负得到的负向一阶效应矩阵 $G = \left\{ -\dfrac{\partial \ln GDP}{\partial \gamma_{ij}} \right\}_{1 \leqslant i,\, j \leqslant n}$，刻画了降低两两行业间的扭曲锲子对于真实 GDP 的一阶影响。在此基础上，G 构成了一个有向加权的网络结构的邻接矩阵，而针对给定行业的扭曲矫正政策对产出的影响可以由网络邻接矩阵 G 沿特定行或列加总得到的网络入度（in-degree）和出度（out-degree）表示。

事实上，固定 G 中第 j 列，将网络 G 沿行加总所得到的行业 j

的入度刻画了针对行业 j 的下游销售价格的补贴政策，即补贴后每个下游行业 i 购买 j 行业产品的价格由原先的 $P_j\Gamma_{ij}$ 降至 $P_j\Gamma_{ij}(1-\tau_j)$，τ_j 为补贴幅度。由于价格的下降部分源自补贴，行业 j 的单位产品销售收入仍为 P_j。显然，在现实世界中，针对下游销售价格的补贴政策等价于减免行业 j 销售环节的增值税。在上述设定下，可以验证：

$$\left.\frac{\partial \ln GDP}{\partial \tau_j}\right|_{\tau_j=0} = 1_n^T G_{\cdot,j} \qquad \text{式 5-21}$$

式 5-21 表明当对行业 j 实行针对下游销售价格的补贴政策时，补贴政策对于真实 GDP 的影响可以用补贴幅度 $\tau_j=0$ 时的一阶偏导数，进而由网络 G 中的行业节点 j 的出度加以近似。网络中节点的出度是一类重要的网络中心度指标，而式 5-21 对应的产业政策为针对行业 j 的下游销售价格扭曲的矫正，因此记式 5-21 为行业 j 的下游扭曲矫正中心度。

除了针对下游减免销售端的扭曲矫正政策，另一类常用的产业政策为针对特定行 j，在其成本支出端矫正扭曲。借鉴 Liu（2019）的设定，矫正行业 i 成本端的价格扭曲的政策可以理解为依行业的中间品购买支出的一个比例对行业内厂商进行补贴，同样记该比例为 τ_i。补贴会降低行业 i 的成本，使其总成本函数转化为：

$$TC_i = \sum_{j=1}^{n} P_j\Gamma_{ij}X_{ij} + L_i + K_i r - \tau_i \sum_{j=1}^{n} P_j\Gamma_{ij}X_{ij} = \sum_{j=1}^{n} P_j\Gamma_{ij}(1-\tau_i)X_{ij} + L_i + K_i r$$

矫正成本端价格扭曲的产业政策对真实 GDP 的影响可由网络 G 中的行业节点 i 的出度表示，即：

$$\left.\frac{d \ln GDP}{d\tau_i}\right|_{\tau_i=0} = G_{i,\cdot} 1_n \qquad \text{式 5-22}$$

由于针对行业 i 成本端价格扭曲的矫正发生在行业 i 与其上游行业的投入产出关联上，记式 5-22 为行业 i 的上游扭曲矫正中心度。

需要强调，尽管式 5-21、式 5-22 被理解为关于两类扭曲矫正的产业政策对真实产出的影响的度量，但也需要看到式 5-21、式 5-22 衡量了网络结构 G 中节点的中心度，因此也提供了一个度量行业在整体经济中的相对重要性的标准，以其对各行业进行排序有助于理解经济体的产业结构特征。

尽管通常衡量产业政策有效性的标准是其是否促进了真实 GDP 的增长和经济效率的提升，但价格扭曲的收入再分配效应的引入意味着，产业政策在矫正扭曲的同时，也会引致要素收入在不同行业间的重新分配，以及扭曲带来的寻租收入的跨行业再配置，这种重新配置会影响不同行业的发展前景，也会影响不同行业间的公平问题，而由此带来的经济社会成本也是衡量产业政策有效性的重要依据。命题 5-2 给出了两两行业间的扭曲锲子增大对第三方行业的劳动要素、资本要素收入份额以及扭曲引致的寻租收入份额的一阶效应。给定第三方行业 m，遍历全部两两行业间的价格扭曲可以得到

网络邻接矩阵 $K_m = \left\{ -\dfrac{d\ln K_m/K}{d\gamma_{ij}} \right\}_{1 \leq i,\, j \leq n}$ 以及 $D_m = \left\{ -\dfrac{d\ln D_m/D}{d\gamma_{ij}} \right\}_{1 \leq i,\, j \leq n}$。

在此基础上，可以按照式 5-21、式 5-22 类似的方式，利用以上网络中节点的入度与出度，测算针对每个行业 j 的上下游补贴政策对于行业 m 的收入份额的一阶效应，通过遍历 m 可以测算针对特定行业的产业政策对行业间收入分布的影响。

第三节　产业政策实证

本节应用前两节发展出的理论模型对现实中我国产业结构及产业政策在过去近 20 年间的变迁趋势进行实证检验。具体而言，本节将 2007 年、2012 年、2017 年和 2020 年中国投入产出表数据作为研究对象。其中参数 β 是通过计算投入产出中最终使用合计的权重来获得的。本节加总了行业的中间投入合计、劳动者报酬、生产税净额和营业盈余来获得一个行业的总产出，使用营业盈余除以总产出得到了资本所得的份额 α_K，使用劳动者报酬除以总产出得到了劳动者所得的份额 α_L，使用行业总产出除以当年的名义 GDP 得到有扭曲下的各行业多玛权重。

注意到，根据本章价格扭曲的设定，由投入产出表计算的行业间投入产出比与模型参数 $\dfrac{\alpha_{ij}}{\Gamma_{ij}}$ 一一对应，这意味着，除非获得价格扭曲锲子 Γ 的数值，否则难以直接得到无扭曲下的投入产出矩阵 α。根据式 5-21、式 5-22，为了计算扭曲矫正中心度，需要计算向量 $\beta^T(I-\alpha)^{-1}$，进而需要投入产出矩阵 α 的取值和对价格扭曲锲子 Γ 的估算。对此，假设所有行业的外生扭曲均表现为间接税，即扭曲锲子等于行业的间接税率（$\Gamma_{ij}=T_i$），并使用行业生产税净额与增加值之比来计算该行业的间接税率（倪红福和闫冰倩，2021）。为保证估算结果的稳健性，本节参照 Liu（2019），分别使用 Loecker 和 Warzynski（2012）、Gandhi 等（2017）估算产出弹性系数的方法，以及 Rajan 和 Zingales（1998）构建的外部融资依赖指数乘以经济体的平均利率的方法，作为价格扭曲的替代估算方法，进行稳

健性检验。在使用以上四种方法估算扭曲锲子 Γ 的基础上，根据式
5-21、式 5-22 计算行业的扭曲矫正中心度指标，基于间接税扭曲
计算的（上下游）扭曲矫正中心度记为 SC，由其余三种用于稳健
性测试的扭曲估计方法计算的扭曲矫正中心度分别记为 DLW、
GNR 和 RZ。

　　表 5-1 报告了基于四种方法计算的扭曲矫正中心度之间的相关
系数。可以发现使用不同外生扭曲的估计方法得到的扭曲矫正中心
度之间的相关性均超过了 0.95，这表明扭曲矫正中心度指标对外生
扭曲的设定并不敏感。对比四种扭曲矫正中心度和 Liu（2019）的
扭曲中心度（DC）的相关性，可以发现相关性大致在 0.3 到 0.4
之间浮动，这表明在价格扭曲下，扭曲调整引发的上游收入效应和
下游收入效应的协同作用导致在补贴产业的优先级上，本章的结果
与 Liu（2019）中仅考虑上游收入效应的结果有一定区别。

表 5-1　扭曲矫正中心度估算的稳健性分析

上游扭曲矫正中心度	SC	DLW	GNR	RZ	DC
（1）SC	1				
（2）DLW	0.983***	1			
（3）GNR	0.990***	0.992***	1		
（4）RZ	0.994***	0.990***	0.994***	1	
（5）DC	0.392***	0.395***	0.387***	0.394***	1
下游扭曲矫正中心度	SC	DLW	GNR	RZ	DC
（1）SC	1				
（2）DLW	0.926***	1			
（3）GNR	0.954***	0.969***	1		

下游扭曲矫正中心度	SC	DLW	GNR	RZ	DC
（4）RZ	0.958***	0.976***	0.981***	1	
（5）DC	0.303***	0.376***	0.329***	0.356***	1

注：***$p<0.01$，**$p<0.05$，*$p<0.1$

一 产业结构重要性排名

本节将对上、下游扭曲矫正中心度的经验特征进行分析。根据基期（2007 年）的计算结果，表5-2 报告了在 $l=0$ 设定下的上、下游扭曲矫正中心度与 Liu（2019）中的扭曲中心度排名前 10 的行业，以及这些行业的上、下游扭曲矫正中心度（SC）、扭曲中心度（DC）。为了进一步反映扭曲矫正中心度、扭曲中心度与 Antràs 等（2012）提出的上游化指数之间的异同，表5-2 中还分别报告了每一行业的上游化指数（UI）。

从表5-2 中可以发现，扭曲中心度（DC）与上游化指数（UI）在大小排序上，几乎完全一致，这一特征源自 Liu（2019）的理论结论，即在具有科层结构的生产网络中，上游化指数与扭曲中心度在排序上具有等价性。然而，本文的（上、下游平均）扭曲矫正中心度（SC）在排序上，与扭曲中心度和上游化指数均存在一定差异。在依据扭曲中心度和上游化指数排序的前 10 位行业中，除有色金属冶炼及合金制造业外，其余 9 大行业依照扭曲矫正中心度排名，均未排在前 10 位。依据扭曲中心度和上游化指数排名的前 10 位行业基本只涵盖金属制造和冶炼的相关行业，这些行业位于产业链头部，因此具有很高的上游化指数。相较之下，依据扭曲矫正中心度排名的前 10 位行业则涵盖更多不同大类下的细分行业，如建筑业、

表5-2　扭曲矫正中心度排名前10的行业

上游 SC 前10的行业	SC	DC	UI	下游 SC 前10的行业	SC	DC	UI	DC 前10的行业	DC	SC	UI
电力、热力的生产和供应业	0.21	1.23	6.33	电力、热力的生产和供应业	0.23	1.23	6.33	有色金属矿采选业	1.46	0.03	8.17
电子元器件制造业	0.14	1.22	6.35	电子元器件制造业	0.14	1.22	6.35	黑色金属矿采选业	1.38	0.03	7.60
钢压延加工业	0.12	1.19	6.1	钢压延加工业	0.13	1.19	6.10	炼焦业	1.35	0.02	7.43
石油及核燃料加工业	0.12	1.17	5.94	石油及核燃料加工业	0.12	1.17	5.94	废品废料	1.35	0.01	7.40
建筑业	0.11	0.83	2.88	石油和天然气开采业	0.11	1.29	6.91	铁合金冶炼业	1.35	0.01	7.37
汽车制造业	0.09	1.18	5.89	基础化学原料制造业	0.08	1.27	6.80	炼铁业	1.34	0.02	7.31
石油和天然气开采业	0.08	1.29	6.91	有色金属冶炼及合金制造业	0.08	1.33	7.25	有色金属冶炼及合金制造业	1.33	0.08	7.25
基础化学原料制造业	0.07	1.27	6.80	汽车制造业	0.07	1.18	5.89	金属加工机械制造业	1.32	0.01	7.14
金属制品业	0.07	1.17	5.92	金属制品业	0.07	1.17	5.92	炼钢业	1.32	0.04	7.16
房地产业	0.07	0.79	2.30	煤炭开采和洗选业	0.07	1.31	7.03	输配电及控制设备制造业	1.31	0.04	7.03

汽车制造业、电子元器件制造业等，这些行业也具有较高的上游化指数，因此位于产业链前端，但相较于上游化指数排名前 10 的行业，这些行业的上游化指数普遍偏低，这意味着依据扭曲矫正中心度排名前 10 的行业多为产业链中上游的行业。基于先验经验，对于建筑业和汽车制造业等行业，在产业链中，沿其向下游和上游分别延伸，都会形成较长的产业链，因此其系统重要性不能简单地用上游化指数加以度量，在这个意义上，本章的扭曲矫正中心度提供了一个较好的量化指标，可以刻画部分具有先验系统重要性的行业的网络结构特征。

为了进一步验证扭曲矫正中心度与上游化指数（扭曲中心度）之间的数量关系，图 5-1（a）刻画了由 2007 年投入产出表计算得到的 143 个行业以上三个指标的相关关系散点图。为了规避量级差异的影响，本文将扭曲矫正中心度（SC）、扭曲中心度（DC）及上游化指数（UI）依据各自的最大最小值标准化为取值于［0，1］的数值。从图 5-1（a）中可以发现，扭曲中心度（DC）与上游化指数（UI）呈现明显的单调正相关关系，相比之下，扭曲矫正中心度（SC）仅在上游化指数（UI）接近其 75% 分位数附近时达到最大值，这一变化趋势的差异验证了扭曲矫正中心度 SC 在中上游行业达到最大的特征。

根据前述理论分析，扭曲矫正中心度与上游化指数的差异源自扭曲矫正中心度中不仅纳入了自上而下的前向投入产出关联引致的产出效应，还囊括了自下而上的后向投入产出关联引致的产出效应，而后向投入产出关联带来的对产出和经济效率的影响，本质上源自产品市场价格扭曲的收入再分配效应。为了刻画收入再分配效应对扭曲矫正中心度的贡献度，图 5-1（b）、（c）、（d）给出了产品市场价格扭曲的收入再分配效应与价格信号效应的相对大小及其在不同行业间的分布。如命题 5-1 强调的，产品市场价格扭曲的收入再分配效应可以进一步分解为针对中间品市场的再分配效应与转移支付引致的最终消费品市场的再分配效应两部分，而后者的相对大小依赖于价格扭曲引致的寻租收入的转移支付比例 l，在图 5-1（b）、（c）、（d）中，本文分别给出了在 $l \in \{0, 0.5, 1\}$ 三种不同设定下的两种收入再分配效应沿行业分布的情况，以及收入再分配效应与价格信号效应沿行业的变化趋势。为了刻画收入再分配效应与价格信号效应的相对大小，在图 5-1（b）、（c）、（d）中，对应于 Domar Weight 的曲线表示价格信号效应的绝对大小（经最大最小值标准化），对应于 distr 1 和 distr 2 的曲线分别表示中间品市场的需求再分配效应与价格信号效应之比、中间品与最终品市场的需求再分配效应之和与价格信号效应之比，同一场景下的实线和虚线分别表示上游与下游的扭曲矫正中心度。

从图 5-1 中可以发现，无论从成本端还是从产出端考察扭曲矫正中心度，在其构成中，仅由中间品市场的需求再分配效应引致的负向产出效应与由价格信号效应引致的正向产出效应的相对大小在不同行业间基本维持稳定，对不同行业而言，这二者之间的比例在12% 的水平上下浮动。但随着转移支付比例的提升，转移支付引致的最终品市场收入再分配效应与价格信号效应的相对大小呈增大趋势，并且呈现明显的行业异质性，特别是在 $l = 1$ 即由产品市场价格扭曲引致的寻租收入完全被转移给最终消费者并完全用于经济体内的最终消费支出时，在诸如烟草、文化艺术、体育、新闻出版、科技交流与推广、旅游、租赁、仓储、社会保障、邮政等行业，最终品市场与中间品市场的需求再分配效应的叠加将超过价格信号效应，这意味着降低这些行业在成本端面临的价格扭曲和相应的寻租收入，引致的负向收入再分配效应会超过正向的纠偏价格信号的效应，并导致最终产出的收缩。同时，在收入再分配的负效应超过价格信号的正效应的行业中，大多数为服务型行业（包括生产型服务业），这意味着从成本端与产出端来看，服务型行业普遍面临着较大的价格扭曲，但是价格扭曲会在这些行业中形成大量寻租收入，这部分收入通过转移支付流向最终消费者并由此刺激最终消费、扩大产出。相应地，矫正这些行业面临的价格扭曲会反转上述收入分配链条和压缩最终消费需求，至少在短期内会带来负面的产出效应，这意味着针对这些行业的扭曲矫正可能面临着动态的政策不一致性，进而导致政策选择复杂性的增加。

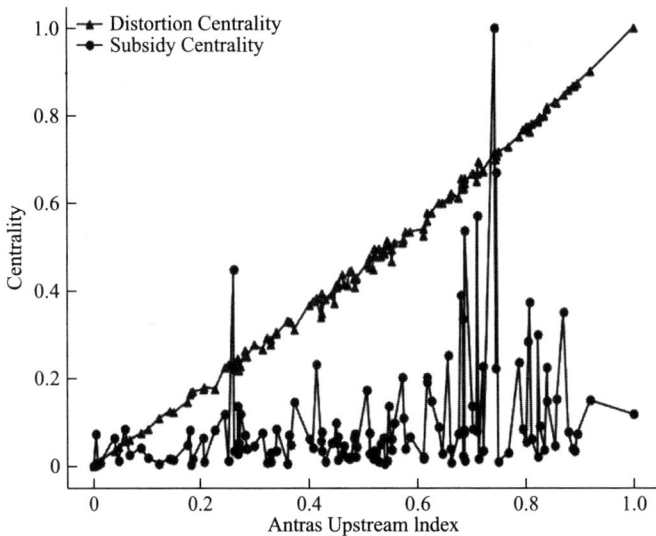

（a）扭曲矫正中心度分布

Relative Distribution Effect 2007

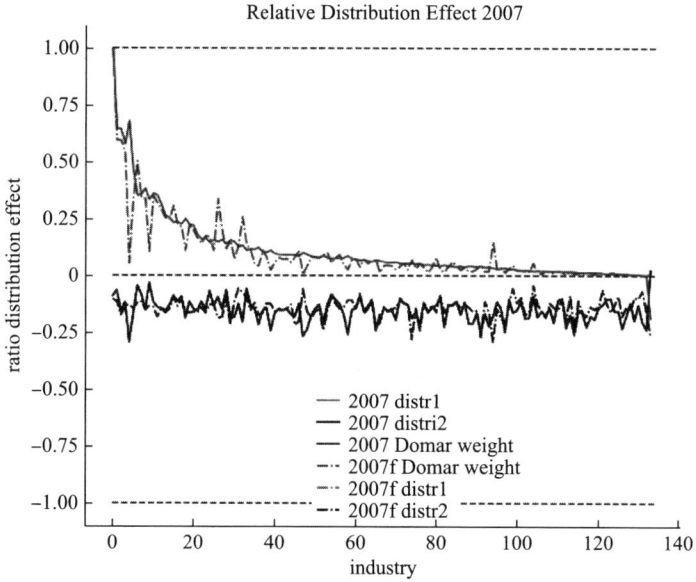

（b）收入再分配效应分解 *l*=0

Relative Distribution Effect 2007

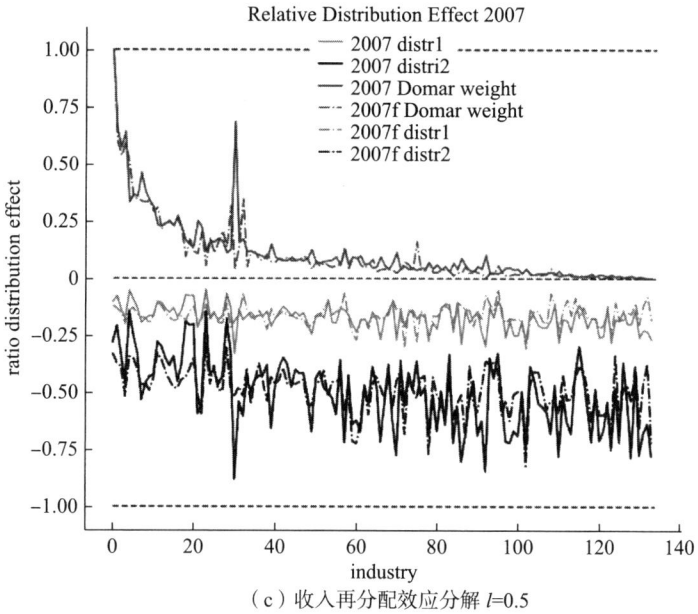

（c）收入再分配效应分解 *l*=0.5

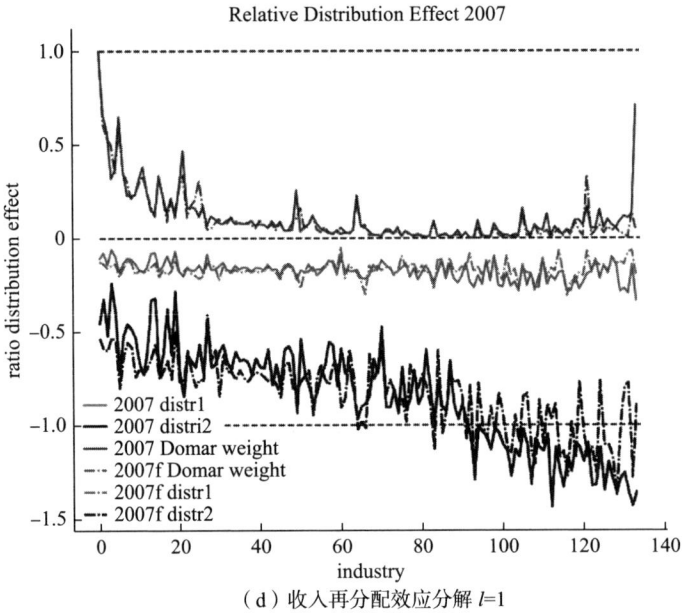

（d）收入再分配效应分解 *l*=1

图 5-1　扭曲矫正中心度的经验特征

二　生产网络结构与产业政策效率的变迁

特定行业的扭曲矫正中心度随时间的变化既反映了行业扭曲矫正所引致的产出变化和经济效率变化，更深层次意义上，也反映了行业在经济体中相对重要性的改变。随着时间的变化，行业扭曲矫正中心度的相对变化反映了经济结构的变迁，同时也预示了未来的经济增长点和产业政策的抓手。基于本节的扭曲矫正中心度估算结果，图 5-2 报告了 2007 年、2012 年、2017 年、2020 年依据成本端与产出端扭曲矫正中心度自大到小排序截取的前 20 位的行业及相应的扭曲矫正中心度。为了更加全面地捕捉由不同方式得到的扭曲矫正中心度所反映的行业的相对重要性，在图 5-2 中，针对每一年度，分别计算了 *l* ∈ {0，0.5，1} 三种情况下的上、下游扭曲矫正中心度，并分别依照计算结果截取排名前 20 的行业，将这些行业取并集进行汇报。结果表明，每个年度内，无论以何种方式计算扭曲矫正中心度，除少数例外，所得到的排名前 20 的行业覆盖的范围整体上是重叠的，这从一个侧面反映了扭曲矫正中心度的稳健性。

针对排名前 20 的行业，进行跨年度纵向对比，可以发现，在 2007 年扭曲矫正中心度排名前 10 的行业全部属于制造业，其中能源、化工、电力、金属类制造业占据绝大多数。而在排名前 20 的行业范围内，除金融、批发零售与商务服务 3 个服务型行业以及农业外，其余行业也都属于制造业。这一特征反映了 2007 年前后中国尚处于高速工业化进程中，对于基础原材料、能源制品以及其他工业制成品需求巨大，相应地，这一阶段相关行业在整个经济体中的相对重要性最高。而在进入 2010 年后，随着中国的高速工业化进程渐近尾声，电商平台及其带动的移动支付、互联网金融、数字经济金融等行业开始强势崛起，使得货币金融和其他金融服务、商务服务、批发和零售、道路运输等行业以扭曲矫正中心度衡量的相对重要性不断提升，并在 2012 年、2017 年度跻身扭曲矫正中心度排名前 20 行业。其中，货币金融和其他金融服务、商务服务行业的扭曲矫正中心度排名更是直接跳入前三，相比 2007 年度，排名提升幅度惊人。2008 年金融危机后大量资金流入房地产市场，带动全国范围内房地产价格普遍上涨，使得房地产市场持续火热，房地产行业在经济体中的相对重要性也大幅提升，并跻身扭曲矫正中心度排名前 20 行业。

通过图 5-2 可以发现，扭曲矫正中心度头部行业的变迁轨迹，与中国经济所经历的工业化进程加速、减速以及服务化转型等过程高度吻合。现实中，中国经济在经历了 21 世纪初的高速工业化后，逐渐进入以服务业为导向的结构服务化阶段。随着移动互联网的崛起，电商平台、数字经济、大数据与人工智能等新兴产业强势崛起，同时房地产、金融等传统行业持续强劲增长，以这些行业为代表的高端服务业高速发展，对中国的产业结构转型与结构服务化趋势产生了巨大的贡献，而这些转型特征都在扭曲矫正中心度头部行业排名的变化中得到了体现。

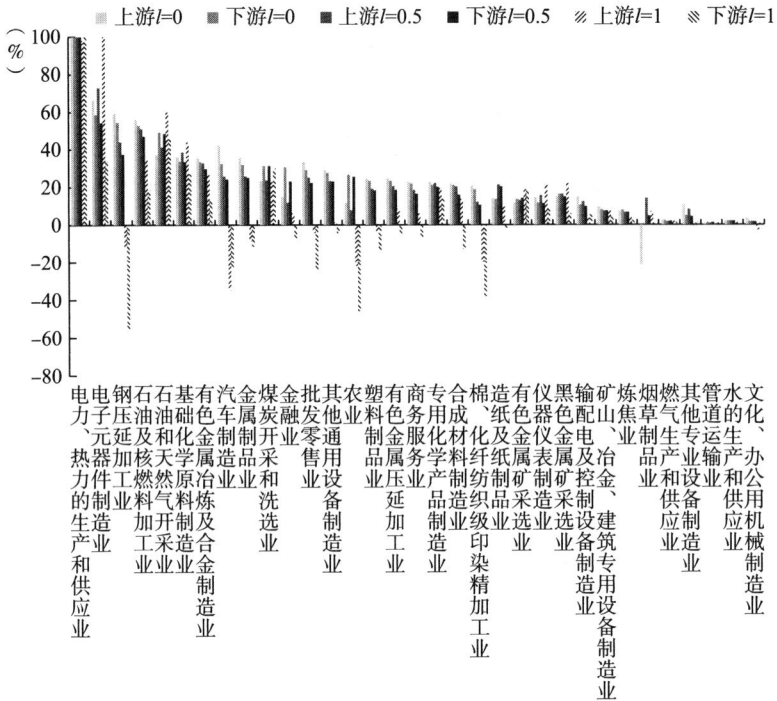

（a）2007年扭曲补贴中心度前20行业

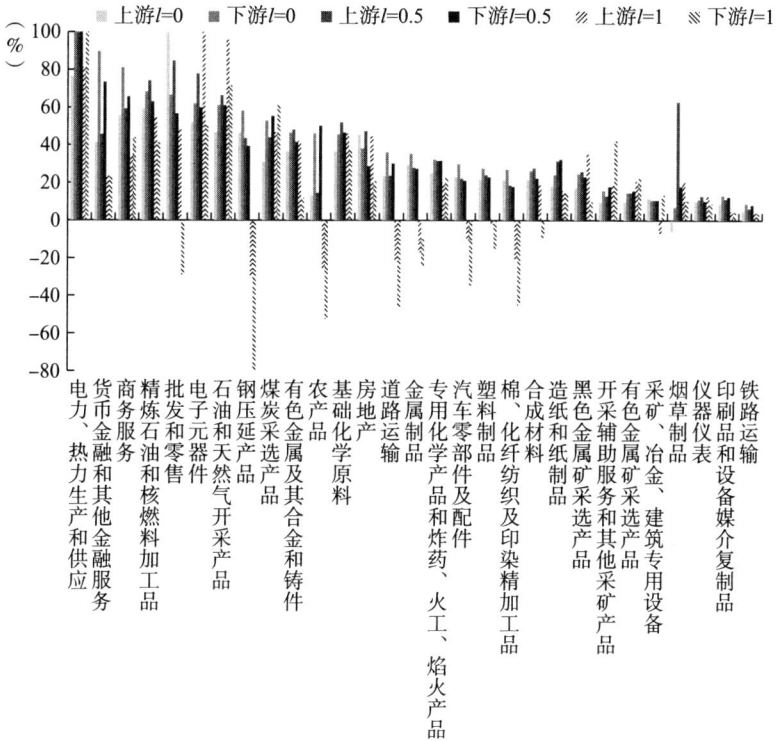

（b）2012年扭曲补贴中心度前20行业

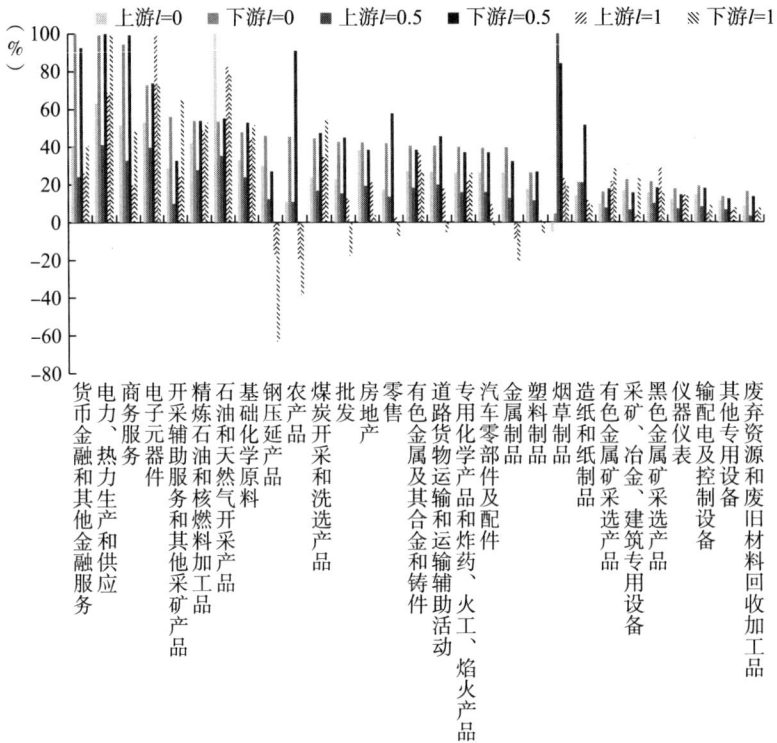

（c）2017年扭曲补贴中心度前20行业

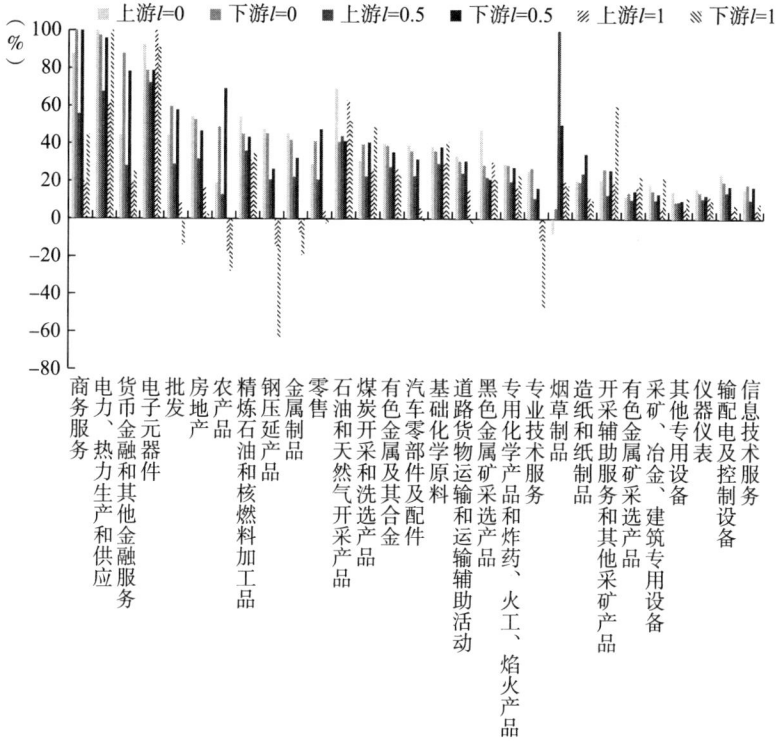

（d）2020年扭曲补贴中心度前20行业

图5-2　上、下游扭曲矫正中心度行业分布的演化

进一步地，扭曲矫正中心度的排名不仅反映了行业间的相对重要性，同时也刻画了矫正行业间产品市场价格扭曲所带来的产出和经济效率的提升。特别地，依成本端和产出端计算的扭曲矫正中心度反映了行业所面临的价格扭曲在上、下游环节的异质性，以及行业扭曲对于经济效率的不同影响路径。从上述异质性视角来考察图5-2，可以发现，在2012年、2017年、2020年三个年度，金融业依产出端计算的扭曲矫正中心度都显著高于依成本端计算的扭曲矫正中心度，并且这一结论对于不同的转移支付比例 l 一致成立。相反，对于房地产行业，在2012年、2017年，依成本端计算的扭曲矫正中心度总是低于依产出端计算的扭曲矫正中心度，这一结论对于不同的转移支付比例 l 一致成立。这意味着，对于金融业而言，其面临的价格扭曲主要集中于面向下游的一端，即资金价格或利率的扭曲，而这又源自资本市场的管制与不完全放开的利率市场化定价。相反，房地产行业的价格扭曲主要集中于上游的成本端，考虑到房地产行业的主要成本来自土地和资金，尽管土地供应属于存量供给，并不能在刻画流量的投入产出表中直接反映，但房地产企业的拿地资金主要来自于金融部门，因此土地价格的扭曲在很大程度上也反映了房地产行业面临的资金成本的扭曲，而这在更深层次上又源自土地市场与资金市场的扭曲。在这个意义上，图 5-2 表明在扭曲矫正时，不同的政策工具所能带来的政策效果存在巨大差异，这种差异预示着政策选择上的复杂性。同时也意味着，对比仅考察要素市场扭曲的做法，在投入产出网络中利用上下游的差异性考察产品市场价格扭曲能够提供更多的决策辅助信息。

除上、下游扭曲矫正中心度的差异外，图 5-2 表明，不同时期受产业结构变迁的影响，同一行业的上下游扭曲矫正中心度也会发生反转。例如批发与零售行业，在 2007 年、2012 年，其上游扭曲矫正中心度显著高于下游扭曲矫正中心度，特别是在 2012 年，不考虑转移支付（$l=0$）的上游扭曲矫正中心度超过 20%，约等于下游扭曲矫正中心度的两倍，同时以上游扭曲矫正中心度进行行业排名，批发零售行业在 2012 年排在全部行业之首。这意味着，截至 2012 年，批发与零售行业面临着巨大的价格扭曲，并且这种扭曲主要集中在行业上游。而在 2017 年，由于行业划分标准调整，批发与零售行业被划分为两个行业，但无论批发行业还是零售行业，下游扭曲矫正中心度都显著高于上游扭曲矫正中心度，并且这一结论对于不同的转移支付比例 l 一致成立。从微观层面解读批发零售行业上下游扭曲矫正中心度的反转，一个合理的解释是随着2012年以后电商平台的爆发以及由此带动的快递运输行业的长足发展，批发与零售行业成本大幅度降低，从而降低了批发与零售行业所面临的成本端的价格扭曲。另外，随着阿里、京东、拼多多等超级平台逐渐获得垄断地位和定价能力，批发与零售行业面临的下游价格扭曲也相应增大，甚至超过了上游成本端的价格扭曲。批发与零售行业的上下游扭曲矫正中心度随时间的相对变化表明微观市场结构的变迁会通过改变生产网络的拓扑结构影响特定行业所面临的产品市场价格扭曲及其对整体经济效率的影响程度与影响机制，这种变化对于具体政策选择以及政策效果至关重要。以批发零售行业为例，2012年以前成本端的价格扭曲的主要来源是平台发展不充分和规模经济的缺失，合理的产业政策为培育平台企业提供各种补贴和税费减免；2017年以后平台垄断是价格扭曲的主要来源，合理的产业政策则是反转对平台企业的补贴，转而限制或者削弱平台企业的垄断地位和定价能力。准确把握上下游扭曲矫正中心度的动态变化有助于识别适当的政策转变窗口。

根据前文的理论分析，产品市场价格扭曲的调整不仅会影响最终产出与经济效率，还会对资本要素与劳动要素的行业收入份额产生影响，从而改变行业间的收入分配结构。共同富裕的长期目标要求产业政策的制定与实施除了要充分考虑经济效率的影响，还需要兼顾分配的公平性。利用命题5-2，我们以金融业为例，在图5-3中给出了针对金融业进行上下游扭曲矫正所带来的行业要素收入份额的变化率。图5-3表明，在选择上、下游补贴时，政策制定者存在一个效率与公平的权衡取舍。

一方面，如前所述金融业的价格扭曲主要集中于下游的利率扭曲，针对利率扭曲的矫正能够带来 10% 左右的最终产出的提升，但如果对金融行业上游的扭曲进行矫正，所能带来的产出提升不足 5%。另一方面，对金融行业进行利率扭曲的矫正所引致的产出增长绝大部分都会形成金融业的收入，而绝大多数其他行业的要素收入份额都会因此下降，这会加剧行业间收入分配的不均等。相对地，如果对金融业的上游扭曲进行矫正，除金融业外，包括资本市场服务业、娱乐业、石油与天然气开采等在内的 20 余个行业的收入份额都会得到显著提高，其中多数行业的提升幅度甚至远远超过金融业自身，但由此带来的总产出和经济效率的提升幅度远低于对下游利率扭曲的矫正。同时即使是针对金融业上游的扭曲矫正，也难免引致大量其他行业的要素收入份额下降。因此，对于金融业扭曲矫正的政策选择上，如何兼顾经济效率与分配公平，是政策制定者在面临政策选择与效果评估时应当重要考虑的问题。

事实上，从更一般的意义上看，针对产出端价格扭曲的矫正在其他条件不变的前提下会增大给定行业的需求，同时不会带来其产品价格的降低，因此天然有助于扩大该行业的收入份额。相对地，其他条件不变时，针对成本端价格扭曲的矫正会在不降低价格的前提下增大上游行业的产出需求，因此有助于提升全部上游行业的收入份额。尽管上述机制难以在数理上给出严格的证明，但在实证层面上，以上机制对于电子元器件制造、商务服务、批发、零售等在图 5-2 中排名前 10 的行业也基本成立。这一经验结论意味着，在面对产出端扭曲矫正中心度高于成本端扭曲矫正中心度的行业时，产业政策的制定者普遍面临着效率与公平的决策困境。

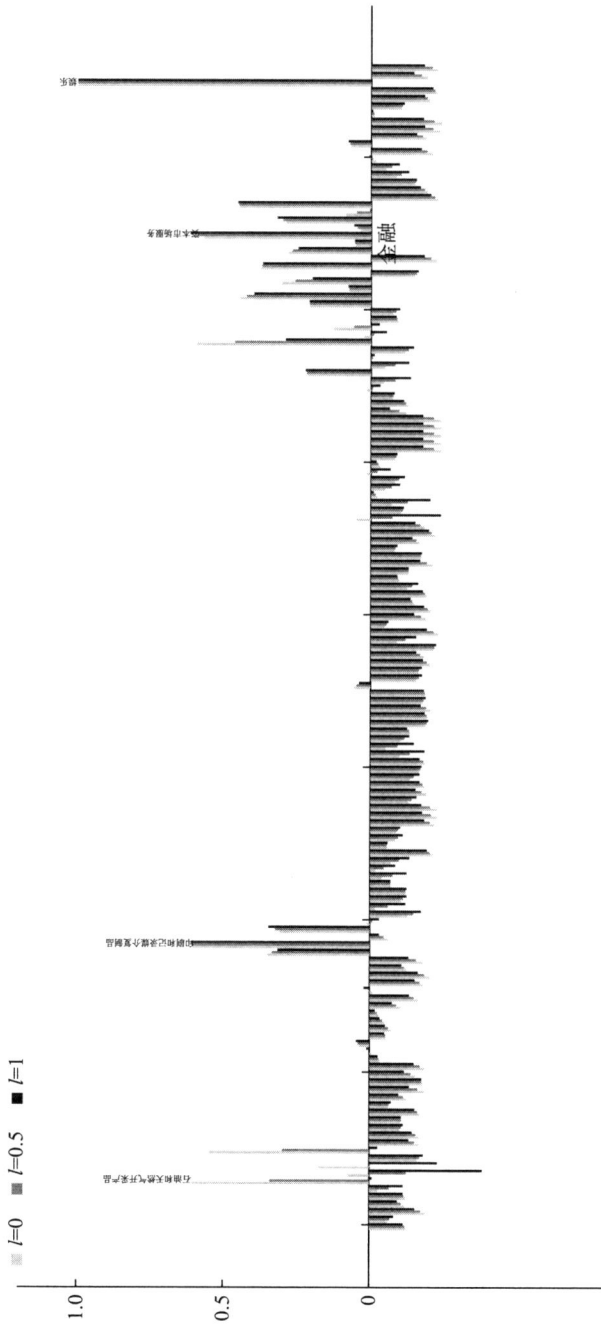

（a）金融业上游扭曲矫正引致的资本份额行业再分配

金融

体育和娱乐活动
保健和社会工作活动

批发零售业、农产品
住宿零售业、农产品
其他服务业、农产品

$l=0$ $l=0.5$ $l=1$

1.0

0.5

0

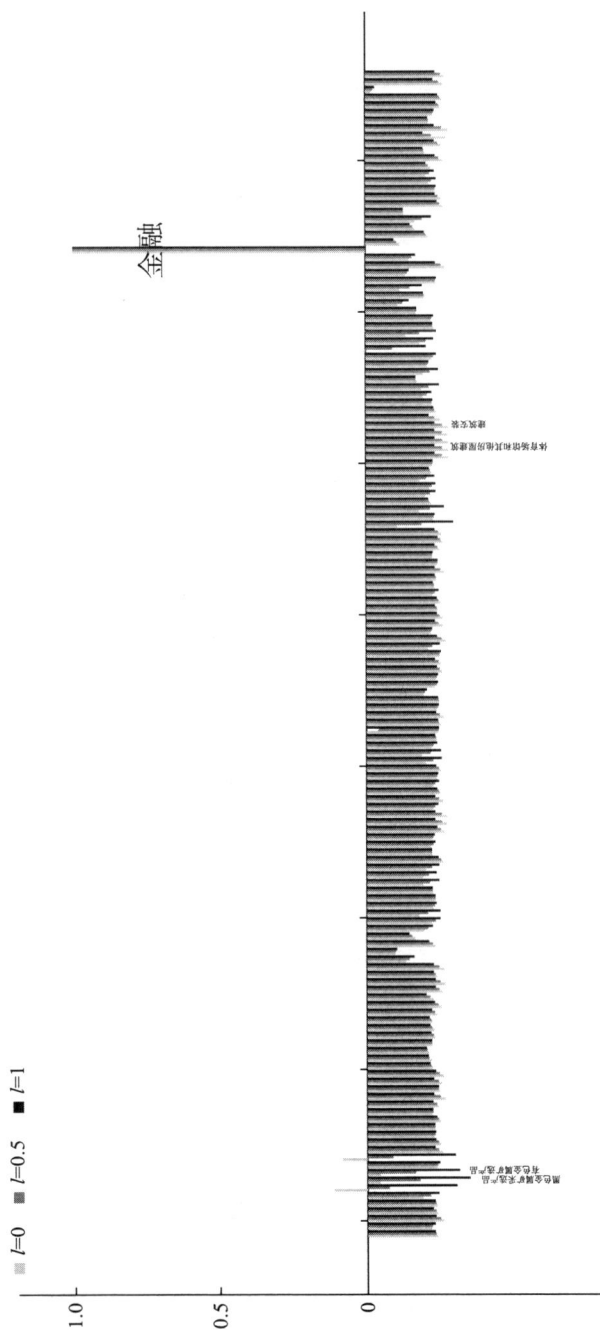

（b）金融业下游扭曲矫正引致的资本份额行业再分配

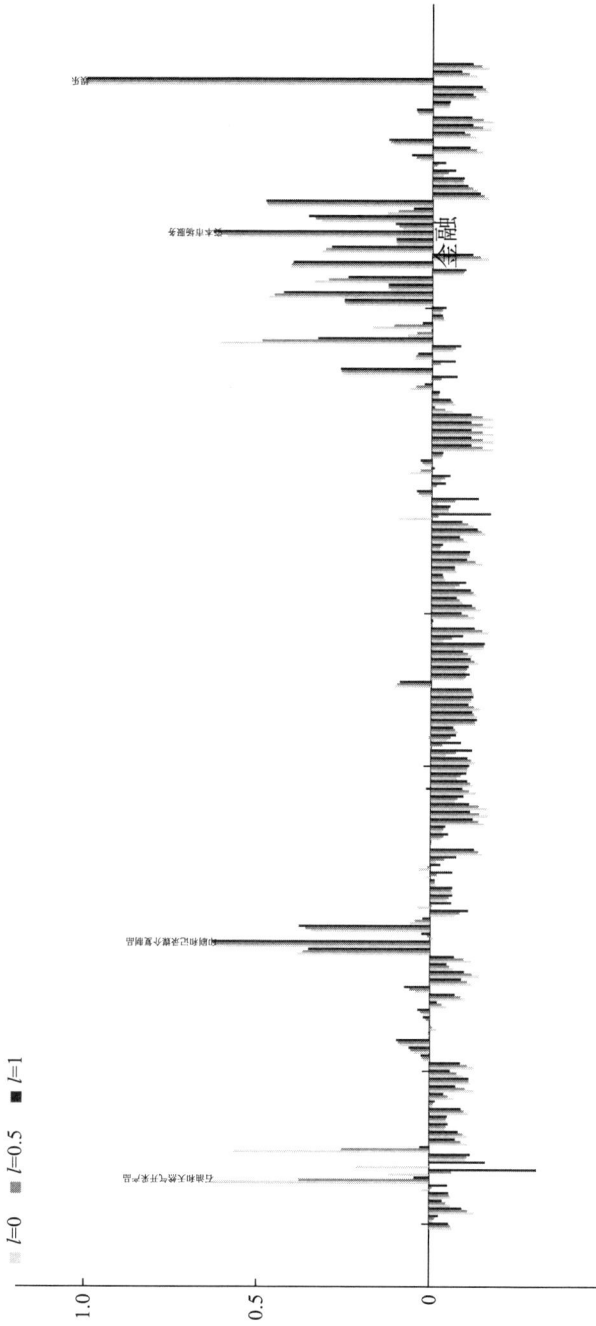

（c）金融业上游扭曲矫正引致的劳动份额行业再分配

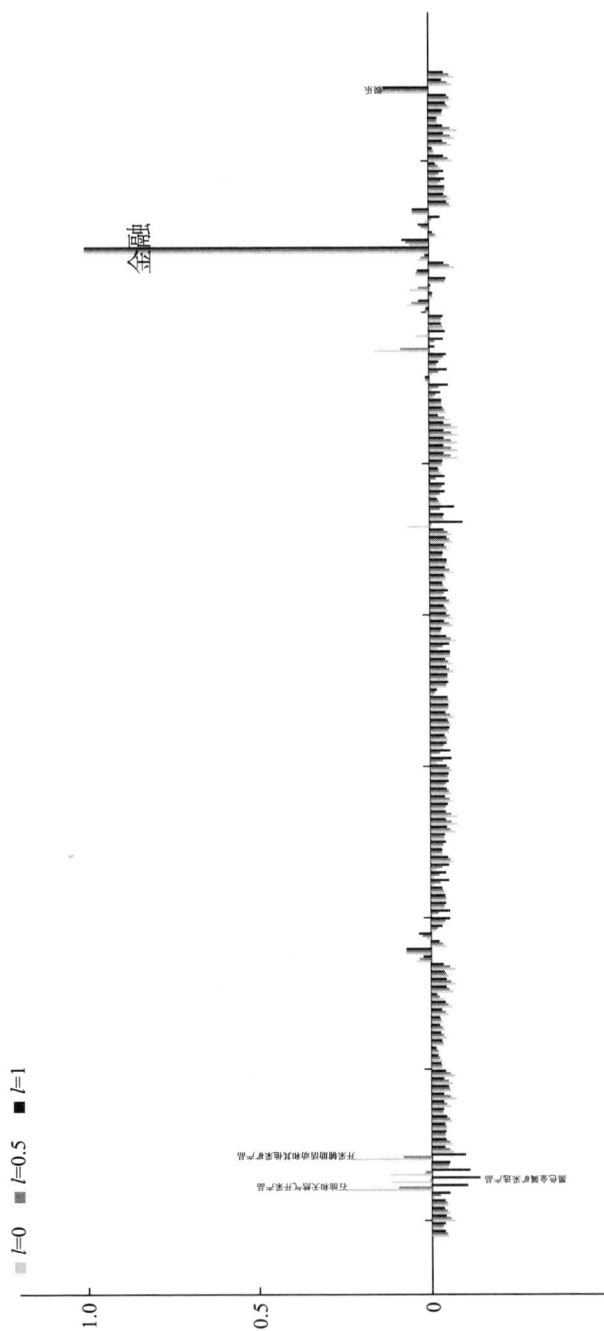

（d）金融业下游扭曲矫正引致的劳动份额行业再分配

图 5 - 3　矫正金融业扭曲引致的要素收入行业分布

结论与启示

　　本篇在生产网络一般均衡分析框架中，区分了产品市场扭曲引致的价格信号效应与收入再分配效应。收入再分配效应的存在使得扭曲可以通过刺激需求扩张在生产网络中自下游向上游产生正向的产出激励，从而使矫正扭曲的产业政策面临着正、负产出效应的权衡取舍，增大了产业政策的决策复杂性。基于以上理论机制，本篇使用中国历年的投入产出表实证分析，得到如下发现。

　　第一，当考虑了扭曲的收入再分配效应并针对行业上下游实施差异化的补贴政策时，依据矫正行业扭曲所能引致的产出增量对行业重要性进行排序，金融、房地产、商务服务、批发零售、电子元器件制造等服务性行业和高端制造业在 2012 年后迅速崛起，逐渐取代能源行业和传统制造业，成为引导中国经济增长的龙头行业。

　　第二，同一行业在不同时期以及不同行业面临的扭曲都存在着显著的差异。金融业、商务服务的扭曲主要集中在行业下游，即针对资金价格和借贷成本的扭曲；房地产行业的扭曲主要集中在上游，即土地成本的扭曲。对于批发零售、商务服务等行业，2012 年电商崛起之前，扭曲主要集中在上游供应环节，而 2012 年以后，电商平台的崛起与垄断，使扭曲逐渐向下游销售环节转移。

第三，矫正扭曲引致的行业收入分配也存在着巨大的行业差异性。对于金融、商务服务这样的扭曲集中在行业下游的行业，针对下游的扭曲矫正尽管可以带来显著的产出增长，但产出增量基本完全被这些行业自身吸收，并会导致其他行业劳动与资本要素收入份额的下降，由此引致行业间收入分配的不公平问题，加剧了产业政策决策的复杂性与面临的挑战。

基于以上发现，可以得到如下关于产业政策的新认识。

第一，针对产业自身的结构特征和所处的发展阶段制定差异化的产业政策。由于政府差异化的管制措施，金融、房地产等行业面临的扭曲具有明显的上下游差异。而随着行业发展阶段的不同，批发与零售、商务服务等行业面临的扭曲呈现由上游向下游转变的趋势。扭曲分布的异质性要求政府针对行业自身面临的扭曲特性，适应性地调整监管政策，同时针对不同发展阶段积极调整产业政策的实施方向与力度，防止早期扶植新兴行业发展的政策转变为后期市场垄断与价格扭曲的庇护所。

第二，在产业政策选择时平衡经济增长与分配公平目标，在求"富裕"的同时兼顾"共同"。扭曲的收入再分配效应导致针对金融、商务服务等头部行业矫正扭曲的产业政策在促进产出增长的同时会拉大这些行业与其他行业间的收入差距，从而导致政策制定者面临增长与公平两大发展目标的权衡取舍。为了平衡两大目标，政策制定者要更加注重对施政行业进行综合筛选，不能简单地以行业之于产出的相对重要性为标准"一刀切"。

回归复杂网络视角，本篇的理论和实证分析均表明，在一个存在产品市场扭曲的经济中，生产网络拓扑结构的不同对于经济效率和分配公平两大福利目标都有着关键且复杂的影响。特别地，在特定的生产网络结构下，简单地遵循自由主义的政策理念，矫正市场价格扭曲并不总能带来经济效率的提升，同时还可能引发要素收入分配的不公平问题，这就需要未来对生产网络结构与效率、公平两大目标之间的数量关系做更加深入、细致的研究。另外，本篇的侧重点是生产网络对经济效率与分配公平的影响机制，本篇的分析建立在静态一般均衡框架下，因而并未考虑经济主体的行为调整对生产网络的拓扑结构的反作用，以及由此衍生出的生产网络与经济决策相互作用、共同演进的非线性动力学。更一般地，一般均衡框架高度依赖于瓦尔拉斯式的市场出清条件以决定不同产品间的均衡价格。而现实中，除了少数拍卖场景，绝大多数的产品交易过程都无法实现供求双方的瓦尔拉斯出清，这意味着一般性的实体经济系统演进模型，同样应当建立在非均衡动力学框架基础上，而如何引入更加贴近现实的非均衡定价机制、探讨这种非均衡定价机制与生产网络的拓扑结构以及经济主体的决策之间的交互影响，也是未来从复杂系统视角探究实体经济系统复杂性问题的重要研究方向。

第三篇

公共健康系统中的管理博弈——基于疾病网络传播动力学视角

｜第六章｜

公共管理中的复杂网络与非线性动力学

　　流行病会给公共卫生系统乃至整个经济社会系统带来深远的影响。具体而言，从流行病传播角度来看，一方面，对于未知、突发并且具有较高传染性和传染隐蔽性的流行病，如何控制其早期的迅速扩散，防止其传播突破暴发门槛，给流行病传播理论和管理实践提出了挑战。另一方面，在经济社会系统中，流行病的传播并不是孤立事件，关于流行病的信息和谣言会通过社交网络与流行病协同在人群中传播，信息和谣言的传播会受到流行病传播进程的影响，同时也会通过影响人的行为而反作用于流行病传播进程，放大流行病传播进程和管理的复杂性。从流行病的防控视角来看，社交隔离等措施尽管可以有效抑制流行病的传播扩散，但也会带来很强的经济负外部性。人的经济活动会自发地引致人际接触，进而便于流行病传播，阻隔社交能够抑制流行病的传播，但同时也会削弱经济活动，从而阻碍经济增长，引发就业不平等等一系列负效应。针对流行病传播及其负效应的复杂性，我们需要从复杂系统视角对流行病的传播、防控及其带来的经济社会负外部性进行系统性反思。

第一节　复杂系统视角下疾病的传播动力学

针对疾病的动力学分析和建模，目前的主流研究以物理学中刻画保守系统内多部类间能量流动的微分方程模型（Compartmental Model）为基础，常见的传染病模型有两部类的 SI、SIS 模型，包含易感人群（Susceptible）和已感染人群（Infected）（Zhou et al.，2006）；三部类的 SIR 模型，包含易感人群、已感染人群以及已恢复人群（Recovery）（Acemoglu et al.，2020）；四部类的 SEIR 模型在 SIR 模型的基础上加入疾病暴露人群（Exposure）（Berger et al.，2020）。

从动力学视角来看，刻画疾病传染和积累过程的多部类模型具有典型的非线性特征，离散时间下的 SIS 模型等价于经典的 Losgistics 模型，在特定的参数范围内感染比例的动态轨迹会逐渐呈现倍周期分岔特征，并在触及某个临界参数后涌现混沌特征。而对于经典的 SIR 模型，传统动力学的非线性特征会导致人群中疾病感染比例的动态轨迹及感染人数在人群中的稳定分布在基础感染系数 R_0 临界值 1 两侧发生相变，疾病危机是否会暴发导致大范围传播取决于 $R_0 > 1$ 能否成立。而更为复杂的多部类传染病模型往往存在多个不动点，使疾病感染比例的动态轨迹呈现更加复杂的特征和不确定性。

第二节　网络结构对风险事件传播的影响

从复杂网络视角来看，在多部类模型中，一个隐含假设是不同人群之间的相遇概率完全均等（Acemoglu et al.，2020），但现实中人群分布往往呈现异质性特征，因此人际接触概率以及相应的疾病传播概率具有个体差异，而这一差异性可以通过在传统多部类模型中融入刻画人际接触的社会网络加以描述（Acemoglu et al.，2020）。

对于融合社会网络的模型与经典多部类传染病模型，Douglas和Harris（2007）进行了详尽的综述，并通过对比发现，相较于经典多部类传染病模型，融入特定网络结构可以显著提升模型的预测精度，而在模型中加入基于现实数据生成的网络结构，预测精度的提升尤为明显（Fang et al.，2020；Zhang et al.，2020；Jia et al.，2020）。Qiu等（2020）根据城市层面的流行病感染数据进行SIR建模，并在基准模型中加入反映疫情期间城市间人员流动强度的流动网络，模型的预测精度提升至近90%，远远高于不考虑网络结构的SIR模型生成的预测。Prem等（2020）将全样本人群按年龄段进行划分，并根据每个年龄段人群的平均出行模式数据对不同年龄段人群间的接触概率进行了测算，由此形成跨年龄人群的加权接触网络，并将其引入SIR模型，在此基础上的预测精度近90%。近期的研究成果通过社会网络结构将SIR模型与深度神经网络算法及高频的数据进行结合，进一步提升了预测精度，最优的预测精度甚至超过99%（Zhang et al.，2020）。这表明，一方面，社会网络为经典传染病模型提供了一个与大数据和人工智能技术相结合的契机，这有助于提高模型预测的精度，满足实时应用场景的需求。另一方面，由于网络结构的复杂性，网络连接在特定连边上的微小权重扰动可能带来截然不同的疾病传播轨迹，而在另一些连边上的权重扰动则可能不会显著影响传播轨迹的动态，在这个意义上网络结构的变动对于疾病传播扩散的动态轨迹具有显著、但高度不确定的复杂影响。而这一复杂性也意味着，想通过引入社会网络甚至深度神经网络技术等先进方法预测疾病传播轨迹，对模型训练数据有着极高的要求，而高质量数据的需求不总能够被满足，特别是在流行病危机早期相关数据缺位的前提下，基于网络结构的流行病模型并不能提供比经典多部类传染病模型更有价值的预测。

第三节　多层传播网络的耦合

随着社交媒体的高速发展，现代社会中流行病的传播会激发社交媒体上的信息流行病（Zarocostas，2020），后者又会通过影响大量个体看到信息后的行为而形成群体行为并进而影响流行病的传播走势。这种流行病与信息的交互作用也为应对流行病危机的公共卫生政策选择提供了新的思路。除物理世界中的社交隔离外，越来越多的文献开始意识到信息会对个体行为和疾病传播产生影响，因而可以对信息传播进行干预以产生抑制疾病传播的政策效果。沿着这一思路，在信息扩散网络与流行病传播网络的耦合上，现有文献也展开了一系列有价值的探讨。对此，Wang 等（2015）对相关文献进行了详尽的综述，并总结出成功遏制流行病传播的关键因素是了解疾病动态与人类行为和社会动态之间复杂的双向交互作用。

从机制上看，随着流行病在物理接触层中传播，有关疾病的信息可能会在虚拟层中传播开来（于凯等，2015），从而导致人们出现危机意识，某些人会采取预防措施以保护自己免受疾病的侵害。因此，流行病的传播可以促进信息的传播，而信息传播则可以抑制流行病的物理传播过程（Granell et al.，2013）。Funk 等（2009）

的量化研究证明，基于信息的行为反应确实可以减轻流行病的暴发，这种对流行病的抑制机制从个体放大到地方依然有效，但从全球层面并不能降低流行病暴发的可能性。Reluga（2010）使用博弈论方法的研究表明，疾病的基本生殖数量必须超过一定的阈值，个人才能感到自我保护行为值得付出努力。尽管存在纳什均衡，自我保护行为的水平并不是社会最优的（Chen，2012）。

信息除了来自人们自己的观察和体验（被称为原始资源），还包含来自社交媒体的二手信息，其信息的可信度经常受到质疑，公众普遍缺乏虚假信息判别意识，仅有少数人会核实信息论据或验证其他信息源，致使真相和逻辑在信息传播的过程中被忽视，情感煽动会主导舆论（Lynch and Hunter，2020）。信息在传播过程中的自发不实化叠加这种共情，会使信息加速传播（索琪和郭进利，2017；姚晶晶等，2018；Zhao et al.，2020；Alessandro，2020），当不确定性的增加和无法控制的感觉加剧了焦虑感，错误信息在社交媒体上的传播会加速，并可能增加人们对健康相关话题的感知风险和恐惧感（Ng et al.，2018）。恐惧则会扩大危机本身的危害，而互联网社交媒体更会放大这个效应（Bordia and Rosnow，1998）。恐慌会导致去医院的人数大幅度增加，哪怕这些人并没有得病；而另一些人会因信息影响而产生焦虑反复就诊（Barsky and Klerman，1983），从而增加人际接触频率，放大交叉感染风险。

综合来看，信息与流行病扩散网络的耦合作为一个全新的领域，近年来发展迅猛，但关于信息传播究竟是抑制还是激发了流行病的传播，相关研究尚未得到定论。而从研究方法上看，相关研究也存在一些局限。例如，现有文献要求底层信息传播网络和流行病网络具有无标度、小世界等经典特征，而这些特征都依赖于网络的度分布，属于宏观尺度上的特征，给定这些特征不足以确定完整的网络拓扑结构，因此文献中依赖随机图的概念对传播过程和网络结构进行了随机化和基于数学期望的处理（Wang et al.，2015）。这种处理的代价是忽略了底层的信息和疾病传播网络在更小尺度上的特征以及这些特征对于扩散过程的影响。也正因如此，相关文献的政策建议偏重要或不要促进信息自由流动这样的二分法式的定性结论，难以给出更具操作性的公共卫生政策预案。尽管现有文献中大部分分析支持信息流动对于遏制传染病扩散的积极作用，也有部分文献指出，在互联网自媒体时代，信息的自由流动可能会引发信息流行病，刺激民众的恐慌和焦虑情绪，从而削弱对流行病防控措施的有效性（Lu et al.，2020）。因此，最终信息流动对于传染病防控的综合效应在很大程度上取决于信息传播网络的底层拓扑结构和传播过程中信息文本的叙事特征（Shiller，2020），而这一问题值得进一步的深入研究。

第四节　个体行为与传播网络的交互与协同演化

信息扩散与疾病传播网络的耦合会大大增加疾病传播动态过程的复杂性，然而，现实世界中的疾病传播过程则更加复杂。事实上，疾病传播既发生于人与人之间，同时也处于一定的空间之内。疾病传播依赖于人与人直接的接触，而人与人的接触又依赖于人的空间流动，以及空间流动所引致不同空间位置之间的网络结构。随着疾病和相关信息的扩散，系统内的人会不断调整自身的行为模式以规避疾病的感染，这会导致人的日常出行模式的改变，进而加总到群体层面引致空间流动网络结构的改变（Lu et al.，2021）。从复杂系统视角来看，以上过程意味着系统内个体的行为与传播网络结构存在互动，从而引致传播网络结构自身的动态演化，构成了行为与网络的协同演化进程（Wang et al.，2015），而网络结构的动态化和内生化进一步增加了疾病传播过程自身的复杂性，也给疾病防控和更广义的公共卫生管理提出了挑战。

第五节　传播过程的复杂性与公共政策干预

从复杂系统管理角度来看，前述的非线性行为动力学、多层传播网络的耦合、行为与网络结构的协同演化等因素大大增加了流行病防控与管理的难度，而以上因素与公共卫生管理系统自身的组织结构特征结合，则会给突发流行病危机的应对决策带来外部性和复杂性。事实上，面对突发流行病危机，囿于相关信息不完备带来的不确定性，扁平化的决策系统往往能更快地对局部信息作出反应，避免决策失误的风险。但扁平化决策系统要求下放决策权，从而引致额外的决策困境，如属地管理模式下的多主体决策问题。其中，多个主体间的重复管理和潜在政策冲突将影响相关公共卫生政策的有效性（Zhang et al.，2020；Chen et al.，2020）。特别是在公共卫生政策决策需要同时考虑其经济成本的前提下，政策有效性将因决策的多主体性和多目标性的结合而变得更加复杂。Zhang 等（2020）对大流行期间各国实施的交通管制和社交隔离等防控措施进行分析，发现相较于地方多头模式下的最优策略，中央计划者的存在有助于在降低干预措施的经济负外部性和维持现有干预效果的双目标下实现帕累托改进。但是，这种改进会损害局部地方的利益，在属地管理的决策模式下是不可行的。这意味着，在现实世界中，人员流动网络与投入产出网络的耦合以及经济活动和流行病扩散的耦合，会使公共卫生政策决策面临分散决策和统一决策之间的艰难权衡，这放大了流行病危机期间公共卫生政策的决策难度，而破解这一两难抉择需要相关研究的深入推进。

从信息角度来看，在应对风险未知的公共健康危机时，政府该如何通过信息干预策略，最大化信息的健康防护作用，最小化其引致的非理性行为，同样是传染病大流行给复杂系统管理领域带来的重大理论挑战。如前所述，信息与疾病协同传播过程中，信息不确定环境下的谣言与恐慌会加剧疾病扩散，同时还可能扭曲人的行为模式、导致传播网络结构发生预料之外的改变，这些因素叠加都会加剧疾病的扩散。在此基础上，防控政策的引入会进一步改变个体的预期和行为模式，在大流行初期信息高度不完备的场景下，个体行为对政策的适应性反馈往往难以预料，具有高度的不确定性，这会构成政策制定者与公众之间的策略博弈，降低公共卫生政策的有效性和提升政策决策难度（Lu et al.，2020；Zhang et al.，2023）。

综合来看，疾病扩散危机及其管理是一个复杂系统工程，它依赖于对流行病传播本身的网络特征的精准刻画，同时更依赖于决策者对信息、经济活动等多重复杂系统和复杂网络的耦合作用拥有系统性的认知。对此，本篇将在以下两个章节中，分别从疾病传播的干预决策权限的分配，以及不同政策干预模式的权衡两个方面，就相关公共卫生管理方面的理论问题进行深入探讨，以从复杂网络和非线性动力学视角为相关领域提供新的思路和洞察。

第七章

疾病空间扩散与干预决策权限的空间分配

为了刻画传染病大流行的动态特征，本章构建了一个基于非参数动态传播网络和随机时滞感染的改进的 SEIR 模型，该模型能够很好地反映疾病在传播层面的隐蔽性、时滞性等特征，并考察其与网络结构复合而产生的复杂空间扩散效应以及给流行病防控带来的复杂性挑战。在模拟数据的基础上，本章通过对疾病防控的多元目标和干预决策权限的分配模式进行建模，对社交隔离、区域间人流管制等防控策略进行了有效性分析，据此指出了传播网络和非线性对力学机制的耦合对不同干预决策权限的分配模式的复杂影响。

第一节　基于动态空间网络的疾病扩散模型

全球级别的传染病大流行给传统的流行病模型提出了挑战，经典的流行病动力学模型（SEIR 模型等）难以刻画其隐秘的传播机制，这体现在以下几个方面。第一，感染源（病毒）潜伏期长且无症状感染者亦可传播疾病，因此疾病的传播是一个有时滞性且有随机性的过程，基于确定性微分方程的 SIR/SEIR 模型无法刻画这两个特征，从而导致估计偏误。第二，SEIR 模型及其改进版本均为总量模型，忽略了大流行跨区域传播带来的区域间的互动属性，导致对最终感染数字的低估。第三，在大流行早期，公共卫生系统只能针对传染病作出被动反应，信息披露不够及时，使得早期通报的确诊数严重低于实际的感染者人数，影响了传统 SEIR 模型的拟合及其预测能力的发挥。第四，一些针对 SIR/SEIR 模型的改进过于强调疾病扩散对跨区域人流的依赖（Li et al.，2020；Qiu et al.，2020），忽略了大流行早期恐慌和信息扩散引致的跨区域传播，导致对跨区域交通管制措施及其效果的过度乐观。第五，SEIR 模型的设定相对简洁，依赖参数较少，制约了 SEIR 模型在对各类干预决策进行精细化评估时的实用性，因此有待改进。

为弥补以上缺陷，本节构建了一个基于非参数动态传播网络和随机时滞感染的改进 SEIR 模型，记为 NP-Net-SIR 模型。模型具体设定如下：

$$\frac{dn(t)}{dt} = \int_{t-incub}^{t} p_I(\tau,t) W(t) \cdot n(\tau) d\tau - r(t) n(t)$$

$$m(t) = \int_{t-incub}^{t} p_B(\tau,t) n(\tau) d\tau \qquad \text{式 7-1}$$

为刻画具有高潜伏性的传染病在病理上的特征，本节借鉴了 Li 等（2020）的做法，在模型中区分了潜在感染者与可观测的感染者两个群体，其中向量 $n(t) = (n_1(t)，\cdots，n_k(t))^T$ 为 k 个地区截至 t 时刻的累计潜在感染数量（此处数量理解为连续变量，在连续数量的理解下，向量 n 可以被视为刻画了一个泊松积分过程的均值过程）。向量 $m(t) = (m_1(t)，\cdots，m_k(t))^T$ 为 k 个地区截至 t 时刻的可观测感染者数量。在潜伏期（假设 $incub = 14$ 天）内，假设潜在感染者会以一定的概率分布 $p_B(\cdot, t)$ 逐渐显露症状而被识别,并要求 $p_B(\cdot, t)$ 以连续的方式依赖于时间 t,以体现不同时期检测能力变化而导致的识别速度的差异。由于很多病毒的潜在感染者即使不出现症状也可以感染其他人,本节用沿时间连续变化的概率分布 $p_I(\cdot, t)$ 刻画潜在感染者感染后在不同时间点感染其他人的可能性,$p_I(\cdot, t)$ 的时变性可以刻画这一概率随着干预措施的推进与公众对疫情认知的深化而发生的变化。本节假设任何感染者都以一定的概率 r 从感染状态中恢复,而随着救治手段的实施,这一概率也会发生变化,因此假设恢复概率 $r(t)$ 以连续方式依赖时间 t。

为了疾病空间扩散的跨区域联动效应,本节设定一个区域间的动态疾病传播网络,由加权网络邻接矩阵序列 $W(t)$ 表示。每个 $W(t)$ 中元素的取值范围为 $[0, 1]$,这一值域约束确保我们可以将 $W_{ij}(t)$ 理解为 t 时刻地区 j 潜在感染者的前期存量对地区 i 增量的贡献度的比例,由于疾病传播过程是一个总量增长的过程,这一比例加总可以超过 1。$W(t)$ 反映了不同区域间疾病感染的传播强度,是本节的核心设定。在大流行早期,不存在针对流行病的特效药和疫苗,在这种限定下,任何非药物干预策略对疾病传播的干预作用本质上都只能通过影响中间变量 $W(t)$ 来实现,因此本章将在后续反事实分析框架中,重点讨论各类干预措施对 $W(t)$ 的影响机制与影响程度。

事实上,关于大流行的文献中也加入了类似的传播矩阵设定(Li et al.,2020;Qiu et al.,2020)。与本节设定的区别在于,上述文章中,假设 W 中的 ij 元素由地区 i 与地区 j 之间的人流强度进行刻画。该设定的隐含假设是疾病的跨区域传播完全是基于人流的输入性病例,这一设定忽略了不同地区之间由于信息传递与恐慌机制形成的感染传播的隐含联动性，从而很可能低估疾病的跨区域传播，同时高估各类交通管制的实际效果。另外，基于人流的邻接矩阵无法刻画各种非直接影响人流强度的干预措施对疫情传播的影响，尽管上述文章中利用不同干预阶段的疫情传播数据重估了模型，但这种切割疾病传播阶段的比较静态分析方法忽略了疾病传播在时间维度上的自相关性，容易导致对干预决策效果过于乐观的估计。对此，本节假设传播网络邻接矩阵 $W(t)$ 是一个依赖于时间 t 的连续矩阵值函数。在假定 $W(t)$ 不完全依赖区域间的人口流通强度的基础上，对其具体取值形式进行不同的设定，有助于系统性分析 $W(t)$ 的拓扑结构对流行病跨区域扩散动态的影响。而社交隔离、跨区域的人流管制等防控措施，本质上也是通过改变 $W(t)$ 的形式而对流行病扩散过程进行干预的，因此本章将在不同 $W(t)$ 形式的基础上通过数值模拟对流行病干预决策的有效性展开反事实分析。

需要强调的是，在数学形式上，上述非参数化的 $W(t)$ 设定使得 NP-Net-SIR 模型等价于一个动态复发神经网络（T-RNN）。T-RNN 是一类深度神经网络模型，被广泛应用于各类时序数据的分类和预测问题中（Liu et al.，2016），模型估计和识别算法已经非常成熟。因此，在面对真实的流行病传播数据时，模型 7-1 同样可以用来拟合数据进而对流行病的扩散过程提供预测。而在模型拟合方面，模型 7-1 与 T-RNN 之间的等价关系，使得我们可以借鉴深度学习中基于反向扩散（back-propagation）的梯度下降算法进行模型估计，并借鉴半监督学习（semi-supervised learning）中的图—拉普拉斯（Graph-Laplacian）正则化方法对模型的非参数设定进行识别，对疫情早期感染数字的潜在低估进行修正（具体技术细节可见附录）。在这个意义上，模型 7-1 与深度神经网络模型的等价关系为流行病动力学和深度学习两个领域的融合发展提供了一个契机。

在模型 7-1 的基础上，本章利用历史上大流行时期的感染数据，设定了模型 7-1 中传染病的传播参数和初始取值，以此为基础通过迭代式 7-1，模拟了一场大流行的暴发和扩散危机，并在此基础上分析了网络结构 $W(t)$ 等参数较其设定取值的偏离对于大流行过程的影响，以此反事实地评估不同干预决策的有效性，以及隐藏在干预决策背后的流行病管理的复杂性挑战。

第二节　干预目标与干预政策决策

一　干预措施的参数化表示

本节将对大流行的干预措施展开系统性分析，因此将不同的干预措施与前文中的 NP-Net-SIR 模型进行融合。具体而言，在大流行早期，有针对性的疫苗和特效药短期内不可得，因此可选的干预措施只能是以社交隔离、交通管制等为代表的非药物干预措施（NPI）。根据 NP-Net-SIR 模型，各类非药物干预措施（NPI）都要通过影响感染传播矩阵 $W(t)$ 来影响最终的疫情扩散结果，因此需要首先建立各类干预措施对 $W(t)$ 的作用机制。由于跨区域交通管制的作用在于减少各区域间的人流量，从而减少疾病的跨区域传播载体，可以将跨区域的人流量作为交通管制措施实施力度的代理变量。在此基础上，本章考察具有如下形式的扩散网络矩阵 $W(t)$，以及跨区域交通管制与区域间感染传播矩阵的关系：

$$W_{kj}(t_i) = \alpha + \beta \bar{T}_{kj}(t_i) + \varepsilon_{kji} \qquad \text{式 7-2}$$

其中，$\bar{T}(t)$ 矩阵为 t 时点之前时刻各地区间的人流强度矩阵依

感染滞后概率 $p_I(\cdot, t)$ 加权平均而成的人流矩阵，即：

$$\bar{T}(t_i) = \sum_{j=0}^{incub-1} p_I(j, t_i) T(t_i - incub + j) \qquad \text{式 7-3}$$

其中，$T(t)$ 为 t 时刻的瞬时人流强度矩阵（通过百度迁徙指数获得）。

需要强调，在回归方程式 7-2 中，残差项代表了各地区间感染传播强度中不能简单通过人流强度加以解释的部分。因此，如果 $\beta = 0$，感染传播矩阵与跨区域人流线性无关。由于跨区域的交通管制对于非人流引致的感染没有干预效果，在这种极端情况下，跨区域交通管制将对疫情控制没有任何作用。相反，如果 $\alpha = 0$ 并且 $\varepsilon_{kji} \to 0$，感染传播矩阵 $W(t)$ 将退化成 Li 等（2020）和 Qiu 等（2020）文章中设定的形式，而在该设定下，控制跨区域人流将对疫情扩散至关重要。这是因为上述文章均采用 SEIR 模型作为基准模型，而 SEIR 模型中微分/差分方程的设定使得 $W(t)$ 的变化量与感染数变化量呈指数关系，若 $W(t)$ 被设定为人流的数乘，则人流量的减少也将带来感染数的指数级降低，这促使了文献中（Li et al.，2020；Qiu et al.，2020）普遍认同跨区域交通管制措施可以有效抑制大流行的空间扩散的积极观点。但一般情况下，残差项和系数 β 都不为 0，因此人流只能部分地解释跨区域的感染传播强度，在这个意义上，Li 等（2020）和 Qiu 等（2020）等文章中的疾病扩散模型很可能造成对跨区域交通管制效果过于乐观的估计。而本章的 NP-Net-SIR 模型则缓和了 Li et al.（2020）和 Qiu 等（2020）中的极端设定，能够更加客观地评估跨区域交通管制的实际效果。

具体设定方面，本章考察了不同大小的 β 取值，并假设残差项为从均匀分布 Uni（0，1）上生成的随机数，通过多次随机实验汇总分析结果。在此基础上，本章的反事实分析将设定一个人流管制调整矩阵 r，其中 r_{ij} 代表对区域 i 与 j 之间的人流量的反事实调节程度，假设针对交通管制措施的反事实调整从时刻 t^s 开始，则在调整时刻 t^s 之后的每一个观测点 t_i，设 $\overline{T'}(t_i) = \overline{T}(t_i) + r$ 为交通管制措施力度调整后的人流矩阵，因此 r 将通过式 7-2 影响感染传播矩阵 W（记放松后的感染传播矩阵为 W^r）进而通过模型 7-1 影响各期潜在的和可观测的感染数。

二 干预目标的选择：帕累托改进 v.s. 总量优化

已有文献中（Tian et al.，2020；Qiu et al.，2020；Li et al.，2020）对于交通管制措施的反事实分析更加侧重探究跨区域交通/人流管制的充分性，即侧重计算在不实施严厉的交通管制措施的反事实世界中，大流行扩散的恶化程度。这种充分性分析本质上是建立在感染总量控制的政策目标下的评价方式，尽管其有助于量化交通管制等干预措施的防控效果，但其忽略了存在其他干预措施同样可以达到类似的防控效果且引发的经济社会负外部性更低的可能性，因此很可能导致对交通管制类措施有效性的高估。事实上，由于跨区域的人流对于经济活动至关重要，交通管制限制了人的跨区域流动进而抑制了经济活动，会引起很大的经济社会负外部性，在这个意义上，仅从感染总量控制的角度进行干预政策效果评估存在一定的不充分性。对此本节提出了一种基于帕累托改进原则的必要性评价方式，即在不引致各地疾病扩散进一步恶化的前提下，是否存在其他干预方案，或等价地，是否存在一个人流调节矩阵 r 使得全部 $r_{jl} \geq 0$ 以及部分 $r_{jl} > 0$。满足上述非负性和严格正性要求的 r 代表了一种帕累托改进意义上的更优的交通管制方案，这里的帕累托改进是在如下两个层面上的：第一，没有一个地区的疾病扩散在交通管制调整后比调整前更加恶化；第二，没有一对地区之间的交通管制在调整后比调整前更加严苛（这意味着交通管制对当地经济发展的负面影响在调整后不会比调整前更大）。

正式地，搜索上述帕累托改进意义上的交通管制调整方案可以转化为搜索如下最优化问题的非零解：

$$\max \sum_{1 \leq j, l \leq k} r_{jl} \qquad 式 7\text{-}4$$

$$r_{jl} \geq 0, \forall j, l \qquad 式 7\text{-}5$$

根据不同的干预目标，最大化问题式 7-4 还应满足以下至少一个干预约束条件：

$$m^r(t_i) \leq m(t_i), \forall t_i \geq t^s \qquad 式 7\text{-}6$$

$$D^r(t_i) \leq D(t_i), \forall t_i \geq t^s \qquad 式 7\text{-}7$$

其中，时变向量 m、m^r 分别代表在当前和更新的交通管制策略下计算的可观测的感染人数，时变向量 D、D^r 分别代表每个时刻各个地区在当前和更新的交通管制策略下的疾病死亡病例总数。式 7-6、式 7-7 要求自策略调整之日起，新策略下每个观测时点上的即期感染总数与死亡总数都不得高于当前策略下的相应数值。需要强调，死亡总数并未在模型式 7-1 中出现，因此不是模型的内生变量，为了考察交通管制对死亡总数的影响，本章在附录中利用自回归模型建立了每期死亡率与前期死亡率、感染增长率以及当地医疗资源稀缺程度的关系，并通过感染增长率引入交通管制以及 W^r 对死亡总数的影响机制。由于式 7-4 的最优解依赖于调整时刻 t^s 的选择，本章在后续的分析中分别考虑三类干预介入的时间节点，即 $t^s = 0$ 表示大流行暴发当日即介入干预，$t^s = 7$ 表示大流行暴发一周后介入干预，$t^s = 14$ 表示大流行暴发两周后介入干预。通过选取不同的干预介入时点，本章将对跨区域交通管制的实施时滞对干预效果的影响及其在帕累托改进意义上的有效性展开系统性分析。

三　干预手段的选择：节点控制 v.s. 连边控制

从复杂网络视角来看，跨区域交通管制本质上是一种针对疾病扩散网络的连边结构的干预，这种连边干预旨在降低不同节点间病毒扩散所依赖的带宽。然而，如前所述，病毒的扩散与人的跨区域流动是高度耦合的两个过程，二者依赖于同一个网络结构，削减病毒扩散的带宽也意味着削减人流带宽，从而降低经济社会系统的整体活力，这也构成了以交通管制为代表的连边干预措施的经济社会负外部性的根源。

除连边干预外，还存在其他种类的防控手段，例如在输入地采取的隔离、关闭公共场所等措施与在输出地实施的潜在病例筛查等措施。这些措施的实施强度同样可以纳入式 7-2 的回归分析中。其中输入地措施参数 $in_k(t_i)$ 依赖于输入地 k 以及措施实施的起始时间，即当 t_i 超过给定措施的实施时间 $in_k(t_i) = \gamma_k$ ，否则 $in_k(t_i) = 0$。参数 $out_k(t_i)$ 则表示输出地措施的效应，当 t_i 大于措施实施的起始时点 $out_j(t_i) = \theta_j$ ，否则 $out_j(t_i) = 0$。由此，得到断点回归模型式 7-8。需要强调，输入地的措施更加侧重对本地的防护，与跨区域的人流关系不大，因此在模型式 7-1 中，输出地参数 $in_k(t_i)$ 作为可加项加入模型，而输出地的筛查措施直接作用于输出地人流中潜在感染者的比例，因此以输出地人流强度的系数形式引入模型。

$$W_{kj}(t_i) = \alpha + (\beta + out_j(t_i)) \cdot \overline{T}_{kj}(t_i) + in_k(t_i) + \varepsilon'_{kji} \qquad 式 7-8$$

考虑到输出地和输入地筛查措施要求公共卫生系统已经对传染

病积累了充分的认知，并且掌握了检测传染病的有效医疗手段，而这些先决条件的达成需要充分的准备时间，因此不可能在大流行暴发伊始即可实施。对此，本章仅考察在干预介入时点 $t^s = 7$ 和 $t^s = 14$ 两个场景下引入以上输入地和输出地筛查措施的干预效果和有效性。以此为基础，在本节的反事实世界中，人流放松目标函数与干预约束条件仍采取式 7-4 和式 7-6 的形式（控制感染总数），与前述分析的主要差异在于参数空间。在反事实分析中，决策者除了可以通过调节跨区域交通管制强度来调整人流强度，还可以调节各类非跨区域交通管制措施的执行强度，即调节参数 γ_k、θ_j 的取值大小。

需要强调，相较于交通管制类的连边干预措施，本节讨论的针对输入地和输出地的筛查措施，本质上是一种以复杂网络节点为基础的针对疾病扩散过程的干预措施。与连边干预重在对网络结构的干预不同，上述节点干预措施旨在在节点层面实现疾病传播过程与正常的跨区域人员流动过程的解耦，从而有助于降低干预措施的经济社会负外部性。在这个意义上，节点干预措施对于综合平衡疾病扩散的防控目标与经济社会发展目标更加有益。

第三节 仿真环境下的反事实分析

本节以前述模拟大流行数据以及在其基础上的反事实干预场景为例，将疾病传播模型式 7-1 及其上的针对干预政策的反事实分析的方法论应用于大流行早期的数据中，从而展示疾病扩散的网络结构和非线性动力学所引发的干预决策的复杂性挑战。

一 帕累托改进原则下的干预决策及福利

通过在帕累托改进原则的约束下求解式 7-4 中的最优化问题，本节发现无论从 $t^s=0$、$t^s=7$、$t^s=14$ 中哪一个干预介入时点开始，只要防控的政策目标在于控制感染总数，相较于基准的模拟参数场景，都不存在任何一种全面放松连边干预措施的可行策略，即在严格控制各区域的感染总数不存在显著上升的前提下，不可能对任何区域间的连边干预措施在现有基础上进行放松。考虑到本章基准场景下模型的传播参数设定综合考虑了多次有历史重要性的流行病的传播参数，因此以上结论意味着，在面对具有强传播性的传染病大流行危机时，在全国主要省份之间实施交通管制类的连边干预措施具有高度的必要性。

需要强调以上必要性结论与文献中（Li et al.，2020；Tian et al.，2020；Qiu et al.，2020）的充分性结论相一致，都支持连边干预的有效性及其在大流行防控过程中的重要作用。进一步解析连边干预措施的有效性及其内在作用机制，首先需要注意到，连边干预措施是否有效依赖于感染强度 W 与人流强度之间的相关性大小。若单位人流强度提高可以显著提升两地区之间的感染连接强度，那么连边干预将难以放松。对此，本节在图 7-1 中绘制了在干预介入时点 $t^s=0$ 以前的五个时间点与之后的五个时间点上[1]感染强度 W 与人流强度的点阵图。图 7-1 左侧三图囊括了在 $t^s=0$ 之前的时刻 t 的

---

[1] 注意，在模型式 7-1 的设定下，在大流行暴发的初始时刻（即首例感染病例被观测到的时间）之前，人群中已经存在了不可观测的被感染人群，因此感染过程在大流行暴发前就已经发生。在这个意义上，大流行暴发前隐藏在人群中的疾病传播（由传播矩阵 $W(t)$ 刻画）和人的跨区域流动间的关系对大流行暴发初期感染人数的攀升和控制等有着重要的影响。

交通流量强度与 $\bar{W}(t) = \sum_{t=s}^{s+14} W(s)/14$ 中相应位置上的元素值的点阵，右侧三图囊括了在 $t^s = 0$ 之后的时刻 t 的交通流量强度与 $\bar{W}(t)$ 中相应位置上的元素值的点阵。在图 7-1 第一行中，点阵包含了全部人流数据与感染强度数据，而第二行、第三行分别绘制了以到达地和出发地为大流行暴发地的数据点。

图 7-1 的第一行表明，无论在 $t^s = 0$ 之前还是之后，人流强度与感染强度间均不存在显著的正相关关系。图 7-1 第二、第三行表明，在 $t^s = 0$ 之前，感染强度确实随着人流强度的增加而增加，特别是对于从暴发地出发的人流，其强度与目的地的感染强度高度相关，这与 Li 等（2020）、Qiu 等（2020）的基本假设相一致。然而，随着暴发地实施对外的连边干预，$t^s = 0$ 之后，暴发地流出和流入的人流强度与感染强度之间的相关程度迅速降低，在 $t^s = 14$ 之后，全部点阵基本与横轴重合，意味着人流强度和感染强度基本线性无关。进一步来讲，上述发现与连边干预措施的预期效果并不一致，依照 Li 等（2020）模型的假设，跨区域交通管制的直接效果是减少区域间的人流强度，而在其他条件不变的前提下，不会对人流强度与感染强度间的相关性产生影响。在该假设下，连边干预措施实施之后，随着时间推移，感染强度与人流强度均沿着固定的斜率方向往原点收敛，而不是出现图 7-1 所示的情景，二者间的斜率向零收敛。

这种偏差源于在 $t^s = 0$ 之前，在本章设定下的大流行尚未在全国范围内扩散，暴发地作为当时的大流行扩散的唯一中心（epicenter），除了当地有些许防控措施，全国其他地区尚未形成对大流行的充分认知也并没有实施防控措施，可以说绝大多数地区的管制措

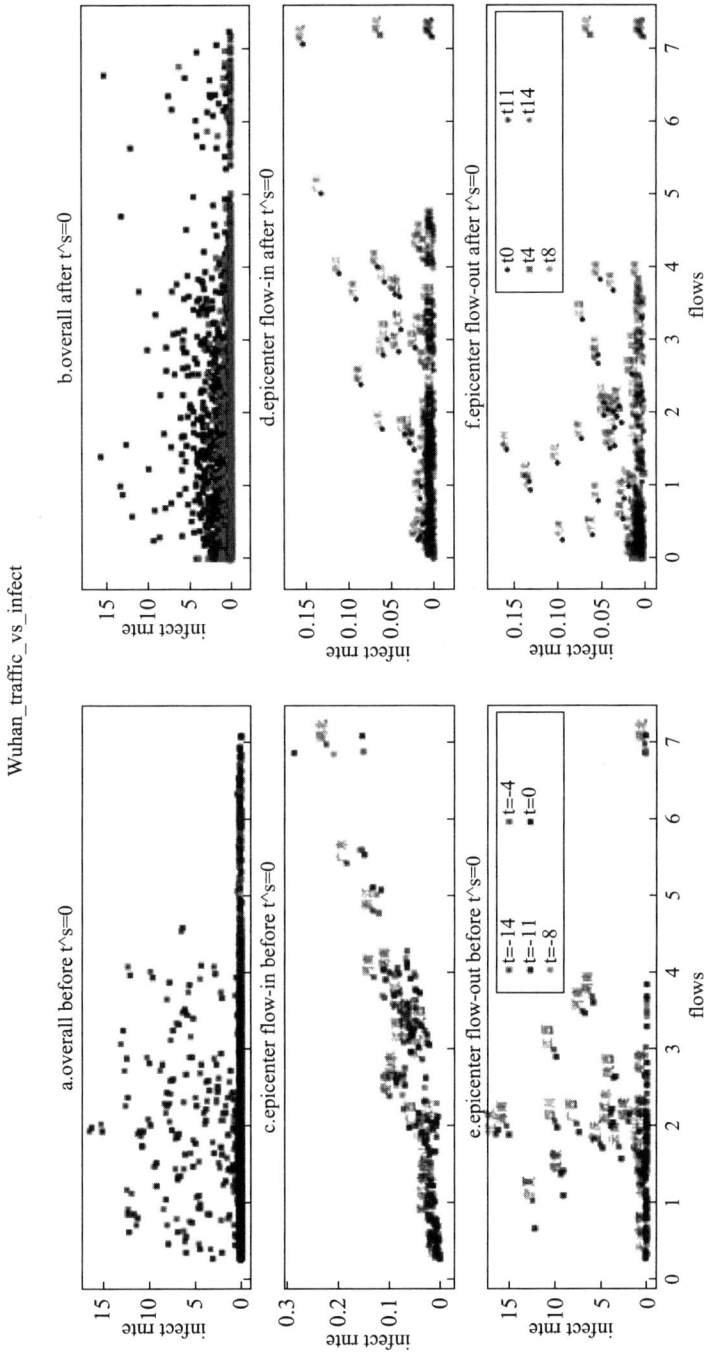

图 7 - 1　感染强度与人流强度点阵

施是在其后逐渐强化的。这也导致了早期大流行对各地的冲击是一种非均衡冲击，位于大流行中心的暴发地与其他地区相比，在感染数、对疾病的重视程度以及干预措施的执行上，都存在着巨大"位势差"，这才导致了图 7-1 中早期仅在和暴发地相关的人流方向上出现人流强度与感染强度强烈相关。本章认为，大流行的非均衡冲击与这种"位势差"才是连边干预措施有效的内在机制和先决条件。这种"位势差"越大，封闭局部大流行中心越能防止其他地区呈现"中心化"趋势，所带来全局的收益越大；反之，若其他地区对大流行的重视程度与干预措施的实施力度不断增强，上述"位势差"将逐渐消失，连边干预的有效性会大打折扣（表现为图 7-1 中在 $t^s = 0$ 时点之后随着时间的推移在包含暴发地的所有人流方向上人流强度与感染强度的正斜率向零收敛）。

二 干预决策权限的空间分配及影响分析

前述关于连边干预的必要性论证是建立在帕累托改进的偏好排序与干预属地去中心化管理模式之上的，即以控制感染总数为目标，各地区节点的管理者独立作出连边干预决策，不存在其他连边干预方案能够在不让任何地区疫情恶化的前提下，使得至少一个地区放松连边干预的可能性，即不存在帕累托改进的空间。倘若改变这种去中心化的分散决策机制和对严格意义的帕累托改进的要求，引入中央计划者，进行全局性的差异化施策（例如对局部地区采取更严格的连边干预），相应的反事实计算结果表明，中央计划者视角下，将存在局部放松连边干预方案的可能性。

事实上，根据本节的反事实计算，以其他地区更加严格的连边干预为前提，全国大部分地区的确存在局部放松连边干预的可行性，例如感染总数较低的地区可不必实施严格的连边干预，大流行暴发地及位于暴发地周边且与暴发地交通联系紧密的地区则需要强化连边干预以为其他地区的适度放松创造环境。上述适度放松连边干预的优化空间是建立在干预决策权限集中于中央计划者这一强假设基础上的。若不存在这样权力集中的计划者，在属地管理模式下，不同地区会因承担干预成本和享受干预收益的不平衡分配而产生激励上的异化，特别是暴发地及其周边地区可能拒绝承担强化对其自身的连边干预，从而导致其他地区本可以获得的流行病控制与经济社会发展方面的好处最终无法实现，从福利经济学视角来看，这构成了一种无谓损失（Dead-Weight Loss）。但不同于福利经济学，本章考察的政策目标函数是感染人数和跨区域的人流量，并非福利经济学中可以货币价值衡量的对象。人的健康状态以及在不同地区间流动的出行自由在本质上都是不可被货币价值衡量的对象，因此很难借鉴福利经济学中的转移支付手段在不同地区间实现福利的补偿和协调，以换取地区间的协作和上述干预优化空间的实现。因此，在流行病管理视角下，福利对象的不可度量和交易的属性，会导致属地管理协调失败，从而增加流行病防控在政策设计层面的复杂性。

三 干预目标间的替代性

疫病对人类社会健康的危害程度，与疾病感染能力和毒性共同作用引致的对医疗资源的冲击强度高度相关。因此，大流行的非均衡冲击与医疗资源的不均匀分布，在选择最优干预策略时，应当被给予足够的重视，干预策略不应仅仅停留在地理维度上和人流强度层面，还应依据各地医疗资源的禀赋程度作出更进一步的权衡。大流行的致死人数与各地医疗资源的丰裕程度高度相关，因此若以控制死亡总数为干预目标进行人流管制的反事实优化，可以体现疫情与医疗资源间的权衡关系。在控制死亡总数的约束条件式 7-7 下，反事实优化所得到的最优连边干预放松方案表明，自 $t^s = 0$ 时起，已存在帕累托最优意义上的全面放松连边干预政策的空间，但整体空间不大。随着时间的推移，在以控制死亡总数为导向的情景下，放松连边的政策空间将逐渐增大，至 $t^s = 14$ 时，已存在全国范围内帕累托改进意义上大面积放松管制的可能，即使大流行的暴发地，也可以适度放松对流入与流出的连边干预。

以上分析表明，不同的流行病防控目标之间，以及防控目标与更广义的经济社会发展目标之间都存在着替代关系，这种替代性为流行病干预策略的选择留下了很大的灵活度，这种灵活度扩大了政策的回旋空间，有助于对冲流行病扩散过程中内生的复杂性给干预政策决策带来的限制，为未来我们应对类似的疾病扩散危机提供新的思路。

四 节点干预与连边干预的替代性分析

为了呈现节点干预措施的执行力度 γ_k、θ_j 与连边干预强度之间的可替代性关系，本节在点阵图 7-2 中描述了人流量在帕累托最优意义上的平均放松幅度与两类节点干预措施实施力度参数 γ_k、θ_j 之间的关系，其中直线代表点阵的最小二乘拟合结果。其中，图 7-2 的第二行显示，在输出端的节点干预措施（其效应由 θ_j 表示）与连边干预的放松存在着很强的替代关系（最优拟合曲线斜率均显著为负）。进一步地，在 $t^s = 0$ 以后，输出地节点干预与连边干预间的替代性明显增强，这表明大流行早期的连边干预为大流行防控大局赢得了充分的反应时间，帕累托改进意义上的放松连边干预逐渐成为可能。

　　相反地，图 7-2 的第一行显示，输入地节点干预与连边干预间的替代性相对不显著，这在一定程度上是因为输入地节点干预措施更多侧重对本地潜在感染者的控制而不直接作用于跨区域人流。从图 7-2 的第一行不难看出，无论采用哪种干预目标，输入地节点干预措施的实施力度都存在一个明显的非 0 的右侧边界，并且绝大多数数据点聚集在这一边界附近，这种聚集现象说明：一方面，输入地的节点干预措施与人流强度间不存在直接的、渐进式的替代关系；另一方面，在这一边界左侧不存在数据点，意味着一旦输入地节点干预措施力度太小以至跨过该边界，即使存在严厉的连边干预和输出地措施仍不能全面放松各地人流，否则会带来疾病扩散的二次暴发。从这个意义上讲，输入地节点干预措施与连边干预之间依旧存在很强的替代效应，只是二者间的替代效应体现为一种临界效应，与输出地节点干预的渐进式替代效应表现形式不同。随着时间的推移，输入地干预与连边干预间的替代性在逐渐增强，这进一步印证了，大流行初期严格的连边干预措施为更为温和的节点干预措施的筹备和发挥作用赢得了宝贵的时间。

　　由于非交通管制类干预措施与交通管制之间存在较强的可替代性，在引入不同措施的权衡选择后，反事实计算得到的最优调整方案下，通过加大节点干预措施的实施力度，即使在控制感染总数的意义上维持现有的干预效果，也存在着帕累托改进意义上的普遍放松连边干预的可能性。相较于不引入节点干预的场景，通过强化节点干预，完全可以对冲掉放松连边干预引致的大流行扩散风险的增加，从而实现帕累托改进意义上的对连边干预的全面放松，这既得

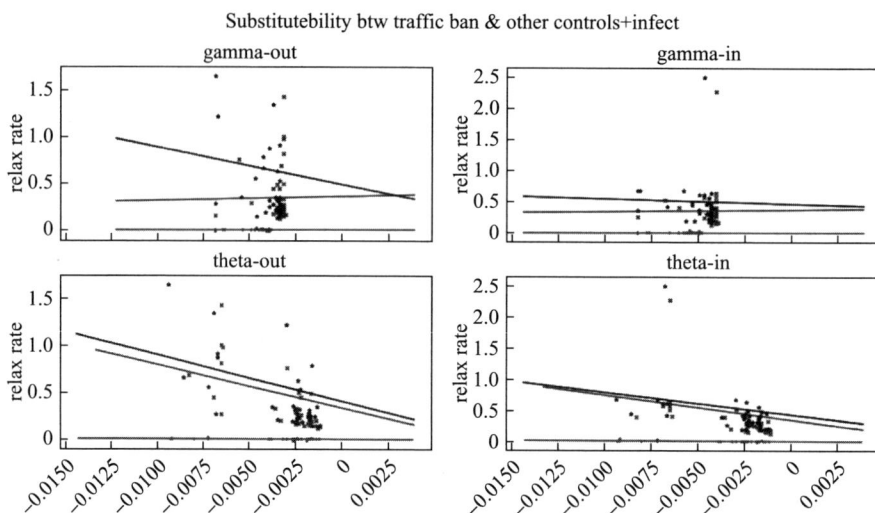

图 7-2 节点干预与连边干预的替代性分析

益于也体现了连边干预与节点干预之间的可替代性。另外，也需要看到，如果把连边干预放松时点设为 $t^s = 0$，即大流行暴发的最早期，那么即使进一步加大节点干预的实施力度，也不存在普遍的连边干预放松方案。由于节点干预在本质上表现为对疾病传播过程的干预，而这依赖于干预者已经掌握了疾病传播规律的基本信息，从而可以有效分辨人群中的疾病载体与健康个体，实现疾病传播过程与人员正常流动过程的解耦。然而在大流行早期，信息的不确定制约了以上干预措施的可行性，从而意味着，信息是影响疾病传播与防控决策的重要因素，下一章将对这一点展开详细讨论。

第四节 本章小结

本章改进了主流的用于刻画传染病传播动力学机制的 SIR 模型，构造了一个基于非参数动态传播和随机感染时滞的网络 SIR 模型，使其可以更好地刻画具有高传播性和潜伏期长等特征的流行病的传播过程。本章通过设定不同的模拟场景，量化了跨区域人流、疫情扩散与各类干预管制措施间的关联强度。在此基础上进行了一系列反事实分析，结果表明：（1）两个干预目标（即控制感染总数和死亡总数）之间存在着一定的替代关系；（2）在大流行早期，如果采取去中心化干预决策，在严格帕累托改进意义上，将难以存在放松连边干预的可行方案，中央计划者的存在有助于综合平衡连边干预对防控疾病扩散的积极效果及其引发的经济社会负外部性。分散化决策与中央计划者视角下的最优干预方案的差异表明，除了流行病扩散过程所内生的复杂性，公共卫生管理系统内管理权限的分配、不同政策目标之间的潜在冲突等因素，会进一步放大流行病管理的复杂性，这值得未来进行深入研究。

第五节　附录

NP-Net-SIR 模型作为大流行预测模型的训练

如正文所述，本章的 NP-Net-SIR 模型在形式上等价于一个 T-RNN 深度神经网络。具体地，模型式 7-1 中的潜在感染向量 n 等价于 T-RNN 模型中的隐藏层向量，可观测的感染数向量对应于 T-RNN 中的输出层向量，$W(t)$、$p_B(\cdot, t)$ 以及 $r(t)$ 分别对应于隐藏层与隐藏层之间、隐藏层与输出层之间的时变的神经网络连接，最后由于 NP-Net-SIR 没有额外的外生输入层，从而简略。由于深度学习领域的模型估计和识别算法已经非常成熟，针对 T-RNN，深度学习中反向扩散法（back-propagation）和梯度下降算法可用于模型估计，而图-拉普拉斯正则化方法则可用于对模型设定进行识别。同时，图-拉普拉斯正则化方法作为半监督学习中常用的对部分无标注数据进行分类标注的工具，在训练 NP-Net-SIR 模型时，也可以将其作为对早期感染数据的修正工具。

以上分析意味着，通过结合深度神经网络的相关算法与真实世界传染病感染数据，本章的模型完全可以作为流行病预测模型和针对干预政策的政策评估模型。为了检验作为预测模型的有效性，本章以模拟生成的大流行感染数据为输入数据，在假设不知道模拟参数设定的前提下，利用深度学习算法对模型式 7-1 中的参数进行了学习（拟合）。具体操作上，由于感染数据总是离散时间的，在模型拟合时，考虑模型式 7-1 的离散化版本，即对于 $x = n$ 或 m，$\dfrac{dx}{dt}$ 由 $\Delta x(t) = \dfrac{x(t + \Delta t) - x(t)}{\Delta t}$ 取代，而概率分布 $p_B(\cdot, t)$ 和 $p_I(\cdot, t)$ 均为离散分布，相应的积分由加和取代。当各个时变函数沿时间的变化幅度在观测时间间隔 Δt 范围内相对很小（即对于 $f = W(t)$、$p_B(\cdot, t)$、$p_I(\cdot, t)$、$r(t)$，$\sup_t \| f(t + \Delta t) - f(t) \|$ 丨均小于可接受的误差范围），离散化模型可以被视为连续时间模型式 7-1 的合理近似。

在利用反向扩散和梯度下降方法与正则化方法（regularization）进行模型的估计与识别时，需要预先设定损失函数和正则函数的具体形式的选取。关于正则化方法的惩罚函数，考虑适当强化模型式7-1 的连续性条件，考虑所有时变参数均为连续有界变差函数（continuous and bounded-variation），可以构造如下二次全变差（total variation）正则函数，该正则函数是一种特殊的图—拉普拉斯（graph-laplacian）正则函数（相关技术可以参见引文 Sadhanala et al.，2016；Zhou and Belkin，2011）：

$$R(W,r,p_B,p_I) = \parallel W(t_n) \parallel^2 + \sum_{i=1}^{n-1} \parallel W(t_{i+1}) - W(t_i) \parallel^2 +$$

$$\sum_{i=1}^{n-1} \parallel r(t_{i+1}) - r(t_i) \parallel^2 + \sum_{i=1}^{n-1} \sum_{j=1}^{incub} (\parallel p_B(j,t_{i+1}) -$$

$$p_B(j,t_i) \parallel^2 + \parallel p_I(j,t_{i+1}) - p_I(j,t_i) \parallel^2) \qquad 式7-9$$

其中，$t_1 < \cdots < t_n$ 是 n 个观测时间点，$X(t)$ 代表 X 在观测点 t 上的估计值，$\parallel \cdot \parallel$ 代表常规的向量范数，式 7-9 中的第二、第三、第四项均源自连续性条件，即当两个观测时点临近，相应函数的取值应当尽可能接近，而式 7-9 中第一项则要求终期观测时点处的感染邻接矩阵应当尽可能稀疏，这一稀疏性要求将通过式 7-9 中第二项的连续性条件和反向扩散法的基本特征而遍历各个时点的矩阵 W。稀疏性要求则有助于克服一般深度网络的过度拟合问题，是文献中常用的正则条件。

对于反向扩散的损失函数，本章采用常规的误差平方和函数。然而考虑到大流行早期公共卫生系统处于被动应对状态，难以有效汇总信息，各地存在大量未能及时收治和纳入统计的感染案例，因此大流行初期公布的感染数据可能严重低估实际可确诊的感染人数。如果使用低估真实感染过程的数据拟合模型，会导致估计偏误。但是，早期的实际可确诊感染人数是不可观测的，因此我们缺乏定义误差平方和损失函数的必要数据，对此，对早期感染人数误差作如下变换：

$$L(M,m) = \frac{1}{kn} \sum_{i=1}^{n} \sum_{j=1}^{k} \parallel (M_{t_i,j} - m_j(t_i)) * I_{t_i}(t_i, m_j(t_i), M_{t_i,j}) \parallel^2$$

$$式7-10$$

其中 $m(t_i)$ 代表给定参数 W、p_I、p_B、r 下，模型式 7-1 在 t_i 观

测时刻生成的可观测感染数，M_{t_i} 代表 t_i 时刻实际观测到的感染人数，而变换函数 I 如下所示：

$$I_{t^*}(t,m,M) = \begin{cases} m - M & if\ t \geq t^*\ or\ m > M \\ 0 & else \end{cases}$$ 式 7-11

对于给定的间断点 t^*，我们假设 t^* 之前的感染数据存在低估，因此如果此前观测时刻估计感染人数高于实际观测的感染人数，则视为不存在偏误，只有当估计的观测人数低于实际感染人数时，才认为存在偏误；而 t^* 时刻之后，公布的感染数被认为准确地反映了真实情况，因此偏误不再做以上修正。模型式 7-1 的设定与反向扩散法在式 7-10 的损失函数下，有助于利用 t^* 之后相对准确的观测感染数修补 t^* 之前相对低估的感染数。最后，由于式 7-10 通过可观测感染数 m 依赖于模型的各个参数，通过对式 7-9、式 7-10 求和可以得到最终的正则化损失函数，通过梯度下降法最小化这一和函数，可以得到模型各个参数的估计值。

死亡总数的设定

本章在模拟分析中考察了感染人数和死亡人数的干预政策目标的对比分析，其中感染人数可以通过对式 7-1 的迭代获得，而死亡人数除了依赖于感染人数，还依赖于各地的医疗资源等其他因素。为了进行反事实分析，需要确定死亡人数的决定公式。根据文献中导致死亡的决定因素，本章考虑如下回归方程计算死亡率以及死亡总数：

$$Dr_j(t_i) = a_j + b \cdot \Delta\tilde{m}_j(t_{i-k}) + c \cdot Dr_j(t_{i-l}) + \sum_{n=1}^{N} d_l \cdot h_{j,n}(t_i) + \varepsilon_j(t_i)$$

式 7-12

其中 $Dr_j(t_i)$ 代表 t_i 时刻地区 j 的死亡率，$\Delta\tilde{m}_j(t_{i-k})$ 为滞后 k 期的确诊病例增长率。对于 $n = 1，\cdots，N$，$h_{j,n}(t_i)$ 代表在 t_i 时刻地区 j 的第为 n 个控制变量的观测值。式 7-12 表示在控制各种其他因素后，当期死亡率是前期死亡率、感染增长率与医疗资源相对紧缺程度的函数，通过对比各种滞后期组合的拟合优度，本章最终选择 $k = 8$、$l = 1$ 的设定。关于控制变量，根据 Pueyo（2020），本章主要考察当地医疗资源的相对丰富程度（以地区 j 的医疗资源变量与当期确诊人数 $m_j(t_i)$ 的比值度量）对死亡率的影响，关于医疗资源的丰富程度，本文考虑以下变量：地区 j 的医院床位总数、三级及以上医院总数、护士总数、主任医师总数。其他控制变量包括地区 j 的日常经济活动强度以及从暴发地流向地区 j 的人流强度指数。参照 Chen 等（2020），本章通过 LASSO 方法进行控制变量的选择，最终结果表明仅使用地区 j 医院床位的相对丰沛程度即可得到对各地区死亡率的准确估计，相关计量结果与拟合优度统计量如表 7-1 所示。基于表 7-1 中的系数估计值、残差序列 $\varepsilon_j(t_i)$ 的估计值与正文中的式 7-5，调整后的管制策略将通过影响感染增长率 $\Delta\tilde{m}_j(t_{i-8})$ 而对死亡率产生影响，并最终通过 $D_j(t_i) = Dr_j(t_i) \cdot m_j(t_i)$ 影响当期的死亡总数。

表 7-1　死亡率面板自回归结果

被解释变量：死亡率（t）	
确诊-床位比（t）	0.011*** （4.93）
死亡率（$t-1$）	0.953*** （185.26）

续表

确诊增长率（t-8）	-0.0003^{***}
	(-2.63)
Overall R-sq	0.968
R-sq within	0.872
R-sq between	0.998
Obs.	1, 550
#province	31

注：1. 表中各个系数下面圆括号中的值是该系数的 t 统计量。
2. *** p<0.01，** p<0.05，* p<0.1。

第八章

多重风险事件的扩散与干预复杂性

成功遏制突发疾病传播的关键是认识疾病动态与人类行为和社会动态之间复杂的双向交互作用（Wang et al.，2015）。理论上讲，政府系统性地提供及时、有效的信息，能缓解恐慌、极端情绪带来的负面影响（Terpstra et al.，2009）。然而现实中，面对认知的不确定性（Bles et al.，2020），及时、有效地发布信息于政府而言并非易事。那么，在从未知到已知的疫情早期，应对具有强外部性的流行病，政府作为社会治理主体该如何认识这种信息干预的困境，又该如何予以应对，从而最小化由此引致的疾病传播？

信息放大还是减弱公众对风险或风险事件的反应，这取决于风险信息的传递与社会反应（Kasperson et al.，1988）。从微观个体层面来看，其行为决策取决于流行病学状况、个人的意识（可获取信息）、错误信息以及个体的教育和收入水平（Aziz et al.，2020）。一方面，随着流行病在物理接触层中的传播，疾病的信息会在虚拟层中传播并导致人们萌发危机意识（Lynch，1991；Pastor-Satorras et al.，2015；Tai and Sun，2007），从而采取预防措施以远离疾病的侵害（Ferguson，2007；Ruan et al.，2012）。可见，流行病的传播能促进信息的传播，而信息传播则会抑制疾病的传播（Granell et al.，2013；Wang et al.，2014）。另一方面，公众普遍缺乏虚假信息判别意识（Lynch and Hunter，2020；Wineburg et al.，2016），致使真相和逻辑在信息传播的过程中被忽视，而情感煽动会主导舆论，信息在传播过程中自发地不实化（Allport and Postman，1947）。对健康相关话题的讨论会增加人们的恐惧感（Ng et al.，2018），而恐惧感则会扩大危机本身的危害（Slovic，1987），互联网社交媒体更会放大这个效应（Bordia and Rosnow，1998）。同时，不确定性的增加和失控感会进一步加剧人们的焦虑感（Taha et al.，2014），使其心理受困扰（Jones et al.，2017）。

政府作为社会治理主体，是整个社会网络中最为关键的信息节点。就信息干预而言，其可以采取的策略有信息阻断（Huo et al.，2011；Mukkamala and Beck，2018）与信息发布（Garfin et al.，2020；Terpstra et al.，2009）。疾病信息越自由、公开，扩散就越广泛，公众采取自我保护措施的概率越高（Tang et al.，2020）；但同时谣言也可能会泛滥（Jones et al.，2017），即使都是真实信息，过于自由在某种前提下也是有害的（Li et al.，2020；Wang et al. 2016；Wang et al.，2015），可能最终干扰疫情的防控。政府可以利用其中心节点的权重修正效应，向社会网络传达准确和最新的消息，以促使公众就健康保护作出明智的决定（Ball-Rokeach and De-fleur，1976；Garfin et al.，2020）。

第一节　基于多层网络的风险扩散模型

人的行为会改变疾病的传播，疾病的传播亦会影响人的行为

（Wang et al.，2015），而在其中充当媒介的正是信息。为反映这种复杂性，本节构建了一个信息—行为双层结构模型，即在经典的传染病 SI 模型的基础上，嫁接了一个并行的信息传播模型，来描述虚拟信息传递层异质化信息对物理接触层异质化主体的行为影响。政府作为治理主体与信息网络中的关键节点，可通过信息发布和信息阻断影响整个信息环境。在此基础上，本节对疾病的医学认知程度、公众的卫生知识水平等变量赋值，进行了不同场景下的计算机仿真实验，进而根据对模拟结果的分析来揭示政府在信息干预方面的规律。本模型由信息传播系统、行为反应系统两个主要系统组成。

一 信息传播系统

信息网络的构造：在一个具有 $(N+1)$ 个节点的信息网络中，存在 N 个个人信息节点记为 i，存在 1 个政府信息节点记为 j。每个个人节点 i 的度①记为 y_i，其分布为幂律分布，即 $F(y_i) \propto y_i^{-v}$，其中 y_i 满足 $\epsilon \leqslant 1/y_i \leqslant 1$，且本节设定 $\epsilon = 0.01$，$v = -1$，参数 ϵ 是为了避免取值逼近 0 而设的一个很小的数，v 是幂律分布的幂次。政府节点 j 是现实世界政府的抽象代表，该节点可对所有人发布信息，仅能从少数 n_1 个随机节点中获取信息。

物理网络的构造：在一个具有 M 个格点位置的世界中，存在 n_2 个特殊格点，其为潜在的聚集地点。N 个个体在第 t 期末的格点位置分布记为 M_t，故 M_0 为初始的地理位置。个体与特殊格点的地

① 度（degree）和度分布（degree distribution）是图论和网络理论中的概念。一个图（或网络）由一些顶点（节点）和连接它们的边（连结）构成。每个顶点（节点）连出的所有边（连结）的数量就是这个顶点（节点）的度。度分布是对一个图（网络）中顶点（节点）度数的总体描述，对于随机图，度分布指的是图中顶点度数的概率分布。

理坐标随机赋予且互不重合，故有 $N + n_2 < M$。N 个个体中随机有 n_3 个拥有初始信息的个体，记初始信息值为 ξ，以模拟公共危机暴发初期最初掌握信息和对外发送信息的人；随机有 n_4 个最初被公共危机影响的个体，以模拟零号患者。

不失一般性地，本节将信息这个变量单位化，即假定这个模拟世界的一切信息必定介于 0 和 1 之间。从第 1 期开始，每期信息传递的具体规则设定如下。

（1）个人节点发送信息阶段。记符号 i_{out} 为输出节点，本阶段每一个在期初有信息的个人节点都通过信息网络对外发送信息，故而所有 $N + 1$ 个节点都可能收到来自他人的信息。鉴于信息在传播过程中会自发（Allport and Postman，1947）、快速且大范围地（Bordia and Rosnow，1998）不实化，且大部分人不会传播比自身获得的信息真实程度更高的信息（Wineburg et al.，2016；Lynch and Hunter，2020），假定信息在每次传递中都存在信息扭曲，记 δ 为信息衰减率，不妨有 $\delta \sim U(0, 1)$。记符号 x 为信息量，显然 $\forall x \in [0, 1]$，则本轮 i_{out} 给其他 i 输出的信息量为 $x_{out, i} = x_{out} * \delta$。

（2）个人节点获得信息阶段。根据上述设定，输入方的信息来源可能大于一个，故存在对各方汇入信息进行吸收、合并的过程。对每个个人节点而言，以其相邻节点（含自身）的度为权重，在本阶段结束时的信息量 $x_{i, before}$ 由下式加权得出：

$$x_{i, before} = \frac{\sum x_{out, i} * y_{out} + x_i * y_i}{\sum y_{out} + y_i}$$
式 8-1

故式 8-1 的 $x_{i, before}$ 是信息传播系统在无政府干预情况下的信息流通结果。

（3）政府节点调查信息阶段。政府节点 j 存在一个政府阈值

X_{ZF}，若本期是政府首次收到大于 0 信息量的时期，则政府根据信息网络向上追溯本期期初大于等于 X_{ZF} 的所有个体，先从中选出与 j 距离最小的 i（将此距离记为 d），再从中找出最大的信息量，记为 x_j；在其他情况下，政府节点本期在本阶段不作为。

（4）政府节点发布信息阶段。政府节点在收到大于 0 的信息量后，需先花费一定的时间为搜寻信息和发布信息做前期准备，然后才能对外发布 x_j，滞后的时长服从 $d^* \propto d$，从上文政府搜索机制可知，d 的期望值随 X_{ZF} 递增，因此 d^* 的期望值亦随 X_{ZF} 递增。在政府能够发布 x_j 后，政府每一期都在本阶段对所有 i 发布权重为 λ、大小为 x_j 的信息值，$\lambda \in (0, 1)$，该值越高意味着政府的信息权威性越强；否则，政府本期在本阶段不作为。

（5）个人节点信息修正阶段。个体 i 本期期末信息量：

$$x_{i, after} = \lambda * x_j + (1 - \lambda) * x_{i, before} \qquad \text{式 8-2}$$

式 8-2 的 $x_{i, after}$ 是信息传播系统在政府干预后的总结果。此外，假定最初信息获得者（第 0 期拥有信息者）的信息量永远固定不变，即该类人群不受式 8-2 的影响。

当期最终信息值 $x_{i, after}$ 是该节点本期行动的信息依据，也是该节点下一期期初信息值，即 $x_{i, t+1} = x_{i, after, t}$。总之，第一期信息由极少数人依据信息网络向整个网络传播，每次传递都存在信息量的随机衰减，以此来模拟真实信息的谣言化过程。式 8-2 中不存在信息衰减率 δ，因为政府节点发布的信息不存在衰减问题。

二　行为反应系统

根据 Duong 等（2020）的分析，不同人群对流行病的行为反应存在显著异质性。有些人接收信息后会采取"增加社会距离"来降低疾病感染概率；而有些人则受负面信息影响产生恐慌进而做出非理性行为，如涌入教堂寻求心理安慰（James et al.，2020）、涌入超市抢购卫生纸等物资（Ho et al.，2020）以及涌入医院反复就诊（Wang et al.，2020）。故本节将人群分为易恐慌群体和不易恐慌群体，设定如下。假定存在一个外生变量个人阈值 X_{GR}，其是区分人群是否易被信息引发非理性行为的参数。当信息值低于个人阈值时属于易恐慌人群，设定其信息值 $x_{\cdot,after}$ 越低则去聚集点的概率 $r_{\cdot,D}$ 越高（$r_{\cdot,D}=1-x_{\cdot,fter}$）；反之越可能维持原有行动轨迹。当信息值不低于个人阈值时属于不易恐慌人群，设定其信息值 $x_{\cdot,after}$ 越大则越可能以 $r_{\cdot,G}=x_{\cdot,after}$（$r_{\cdot,G}=x_{\cdot,after}$）的概率不进行移动；反之维持原有行动轨迹概率越大。

　　再结合健康状况，本节进一步将人群分为四类：易恐慌健康者群体（记为 HD），不易恐慌健康者群体（记为 HG）、易恐慌感染者群体（记为 SD）、不易恐慌感染者群体（记为 SG），其行为模式设定如下：一个人若依据正常行动轨迹移动，其最大移动半径记为 d_1，实际移动距离服从 $U(0,d_1)$；若此人去聚集点，其在众多聚集点中随机选取一个坐标作为本期移动目标；在每个个体各自从 M_0 出发并依上述规则行动后，形成了第 t 期人群移动后的地理位置分布 M_t，未感染者将在 M_t 的基础上，与最大传染半径 d_2 以内的所有人接触，每接触一次感染者都有 μ 的概率患病。

　　依据上述论述，假如未感染者正常移动后、不移动后、去往聚集点后，分别有 p_1、p_2、p_3 的概率与感染者的感染半径重合。鉴于正常移动的区域包括了不移动的区域，故有 $p_1>p_2$；鉴于聚集点比正常移动更有可能遇到患病者，故有 $p_1<p_3$。此外，用下标 HD、HG、SD、SG 代表四类群体中任一典型个体，则有：

（1）当 $x_{H,\,after} \geq X_{GR}$ 时，未感染者属于不易恐慌健康者群体，此时其变成感染者的概率为：

$$f_{HG \to S} = \mu p_1 (1 - r_{HG}) + \mu p_2 r_{HG} < \mu p_1 \qquad \text{式8-3}$$

（2）当 $x_{H,\,after} < X_{GR}$ 时，未感染者属于易恐慌健康者群体，此时其变成感染者的概率为：

$$f_{HD \to S} = \mu p_3 r_{HD} + \mu p_1 (1 - r_{HD}) > \mu p_1 \qquad \text{式8-4}$$

显然，$f_{HG \to S} < f_{HD \to S}$，即健康者群体中，不易恐慌者的感染概率必定小于易恐慌者的感染概率。

三　个体行为、疾病网络与信息扩散的三重耦合

根据上述信息传播与行为反应传导机制的设定，采用 MATLAB 软件进行计算机的仿真模拟，实验设计的流程表述如下。

（1）随机生成信息网络、物理网络。信息网络意味着人与人之间的信息关系，物理网络记录了人和聚集点在地图上的坐标。

（2）对初始信息值、个人阈值赋值。初始信息是整个信息网络中所有信息的源头，其指代科学（医学）对疾病的认知程度；个人阈值是区分人群是否易被信息引发非理性行为的参数，其越小意味着公众卫生知识水平越高。

（3）对政府阈值赋值。政府阈值衡量了政府对信息发布速度和准确度的相对优先程度。政府阈值是政府主动选择的参数，实验目的之一是探寻最佳的政府阈值。政府阈值等于 0 表示政府信息发布速度优先，收到信息即发布；政府阈值等于 1 表示政府准确度优先，探寻到准确的信息才会对外发布。

（4）随机生成初始信息者、初始感染者。

（5）进入第一期。

a. 在期初，信息量大于 0 的每一个人，依据自己的信息网络，向外发送信息。

b. 所有的信息发布完毕后，每个人根据收到的信息，加权得出一个信息。

c. 如果政府首次收到不小于政府阈值的信息，政府启动调查，在经过一段时间的滞后期后，政府向外发布信息。在其他情况下，跳过 c 阶段，直接进入 d 阶段。

d. 仅在滞后期结束后才进入 d 阶段，否则跳过 d 阶段，直接进入 e 阶段。在本阶段，政府先发布信息，然后每个人根据政府发布的信息，再作一次调整，得到本期最终信息，这也是此人下一期期初信息。

e. 依据健康状况，人群分为感染者、健康者。依据最终信息与个人阈值的大小关系，分为易恐慌者、不易恐慌者。

f. 易恐慌感染者、不易恐慌感染者、易恐慌健康者、不易恐慌健康者分别依据最终信息，依概率进行物理位置的改变。

g. 健康者的物理位置处于感染者的感染半径内，依概率被感染。

（6）重复步骤（5）累计 50 次，相当于实验延续 50 期。数据显示，当实验期数大于 40 期后，实验的结果已趋于稳定，故本节选取第 50 期为最后一期。

（7）输出第 50 期期末社会整体染病率。

（8）重复步骤（4）至步骤（7）合计 50 次，求出 50 次的最后一期染病率的均值和标准差。计算机仿真实验具有随机性，在完全相同的外生设定下，两次实验的结果可能截然不同，重复 50 次的目的在于减少随机性的干扰。

（9）给政府阈值重新取值。实验将政府阈值离散化，从 0 到 1 作 11 等分，重复步骤（3）至步骤（8）合计 11 次，求出不同政府阈值场景下的最终染病率。

（10）对初始信息值、个人阈值重新赋值。实验将初始信息离散化为 0.4、0.6、0.8、1.0 共 4 种情况；将个人阈值离散化，从 0 到 1 等分为 11 种情况，排列组合后，重复步骤（2）至步骤（9）合计 44 次。

总之，本节力图对每个初始条件都做一个全参数空间的实验。实验共模拟了 484 种不同的条件，合计 24200 次重复实验。每次持续 50 期，合计 121 万期实验。实验基本覆盖了不同外部约束条件下所有可能的情况。

根据前述设定，模型变量的定义和具体赋值（取值/分布）如表 8-1 所示。

表 8-1　模型变量的定义和取值/分布

变量	定义	取值/分布
ξ	初始信息值	0.4、0.6、0.8、1.0
X_{GR}	个人阈值	0、0.1、0.2、……、1.0
X_{ZF}	政府阈值	0、0.1、0.2、……、1.0
X_{ZD}	阻断阈值	0、0.1、0.2、……、1.0
d_1	最大移动半径	2
d_2	最大传染半径	1
N	人口数量	1024
n_1	能向政府传递信息的人数	5
n_2	聚集点数量	10
n_3	拥有初始信息的人数	1
n_4	最初感染人数	3

变量	定义	取值/分布
M	格点数量（地图面积）	2500
μ	单次接触染病率	30%
δ	信息衰减率	［1%，99%］均匀分布
λ	政府对个人的权威性	90%

第二节　信息发布的干预困境

如前文所述，面对公共健康危机时，政府对信息的干预主要有信息发布和信息阻断两种方式。本节将在传导机制设定的基础上，通过对484种不同场景仿真结果进行分析，探求政府在信息干预困境及对策。

一　信息发布速度与准确度的权衡

如图8-1所示，从44种不同外部约束条件下模拟的结果来看，政府阈值（政府对信息发布速度和准确度的相对优先程度）几乎不存在单一占优策略，即仅仅追求信息发布速度或者信息发布准确度的策略，都不能使染病率最小。政府阈值的最优点（最后一期期末染病率最小所对应的政府阈值）介于两者之间，即政府信息发布的最佳决策是需要在快与准之间作出权衡。

具体而言，在不同初始值的排列组合中，约有84.09%的情况，政府阈值的最优取值不在两端，即在信息发布策略方面，政府最优策略在最快和最准之间。而不同的外部约束条件下，其最优点的分布情况不尽相同。（1）若初始信息值为1或0.8，且个人阈值在

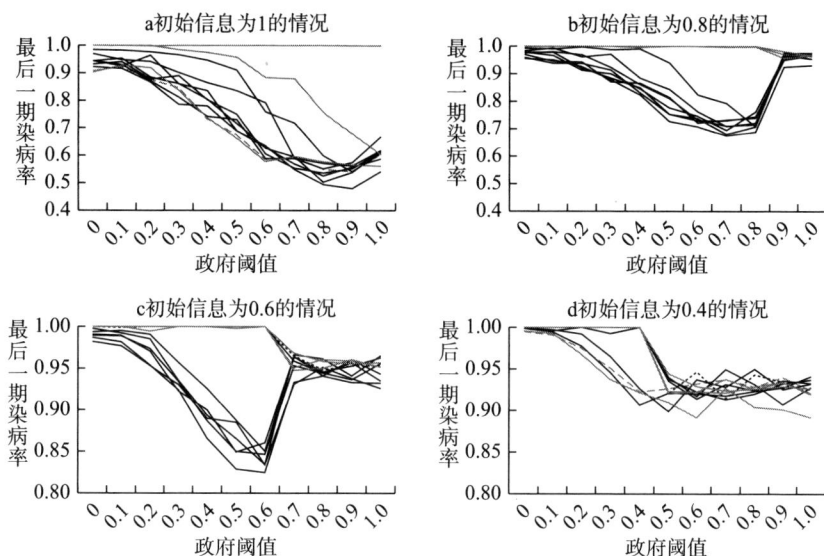

图 8-1　政府阈值分布示意图

注：四幅图分别是初始信息为 1、0.8、0.6、0.4 的情况，每幅图中有 11 条线，其是个人阈值分别为 0 至 1 共 11 种情况的展示，四幅图合计展示了 44 种不同外部条件下的政府阈值的最优取值。横轴是政府阈值从 0 至 1 共 11 种取值。纵轴是第 50 期期末人群整体染病率。

[0，0.7] 时，政府阈值的最优点有 91.75% 的概率出现在中间，其取值大部分（66.89%）会落在 [0.6，0.8]；（2）若初始信息值为 0.6，且个人阈值在 [0，0.5] 时，93.00% 的概率政府需要作取舍，政府阈值的最优点大部分（77.78%）落在 [0.4，0.6]，该区间与（1）相比整体左移，故政府应更快地发布信息；（3）若初始信息值为 0.4，从结果来讲，政府阈值的最优点几乎肯定会（99.98%）大于 0.4，但最优点的分布过于分散，很难给出具体区间。此时最优点取值的众数是 0.8，但也仅占比 20.30%。

从以上的分析可见，当医学对疾病的认知程度较高（初始信息值 ≥0.8），且个体公共卫生知识水平比较低（个人阈值 ≥0.7）时，政府信息发布的最优策略是准确度优先，兼顾速度。当医学对疾病的认知程度一般（初始信息值为 0.6）且个体公共卫生知识水平较高（个人阈值≤0.5）时，政府信息发布的最优策略是兼顾速度和准确度，两者间大体上同等重要。当医学对疾病的认知程度较低（初始信息值为 0.4）时，政府信息发布的最优策略大概率应准确度优先于速度。此外，当医学对这个疾病认知程度越高，公众的公共卫生知识水平越低时，政府信息发布的干预策略越优先于准确度。

二　影响机制分析

从仿真结果可知，在绝大多数情况下，政府都要面临快与准的权衡，本小节将剖析其内在逻辑和传导机制。以图 8-2a 中的初始条件为例，设定初始信息值为 1、个人阈值为 0.5，来考察政府阈值与感染率之间的关系。在 550 组的重复试验中，最后一期染病率最低的政府阈值通常介于 0.7 至 0.9 之间，最终染病率随政府阈值增加而先降后升，转折点是政府阈值取 0.8 处（见图 8-2a）；最后一期人均信息量、政府介入时间的长度均随政府阈值增加而单调增加（见图 8-2b、图 8-2e）；政府介入后感染人数、政府介入后因恐慌导致染病的人数、政府介入时尚存的未感染者人数均随政府阈值增加而减少（见图 8-2c、图 8-2d、图 8-2f）。

随着政府阈值增加，信息发布准确度对最终感染率的边际贡献在某个临界值以后会骤减，而信息发布的速度损失对最终感染率的边际贡献大体不变，这是政府在信息发布方面，需要权衡快与准的根本原因。以下为详细分析。

信息发布准确度对最终感染率的边际贡献分析。信息发布准确度的收益主要由两部分组成：（1）易恐慌健康者群体中因为恐慌而感染的人在减少（见图 8-2d）；（2）不易恐慌健康者群体和感染者群体的行为模式的改变，使得疾病的传播受到了很好的控制。鉴于初始设定是个人阈值等于 0.5，因此在政府阈值大于 0.5 之前，（1）和（2）都在起作用；在政府阈值增至大于个人阈值之后，无论政府阈值继续增大到何种程度，都不再存在易感染群体，此时不存在因恐慌导致生病的问题，故整个机制（1）失效。因此，当政府阈值超过一个临界值之后，信息发布准确度对最终感染率的边际贡献会骤减。

信息发布的速度损失对最终感染率的边际贡献分析。政府收集信息需要时间，因此政府越追求更精确的信息，其发布信息的滞后期越长（见图 8-2e），且政府介入时尚存的未感染者人数越少（见图 8-2f）。需要注意的是，政府介入的滞后期，以及尚存未感染者人数，这两个变量大体上对政府阈值的斜率不变，而这两个因素又完全构成了负面效果，因此大体而言，政府追求精确信息的边际成本不变。

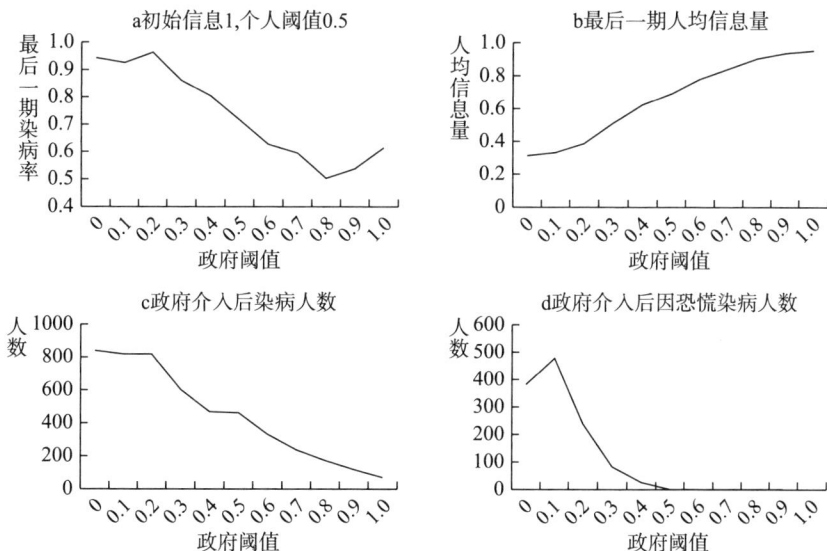

a初始信息1,个人阈值0.5

b最后一期人均信息量

c政府介入后染病人数

d政府介入后因恐慌染病人数

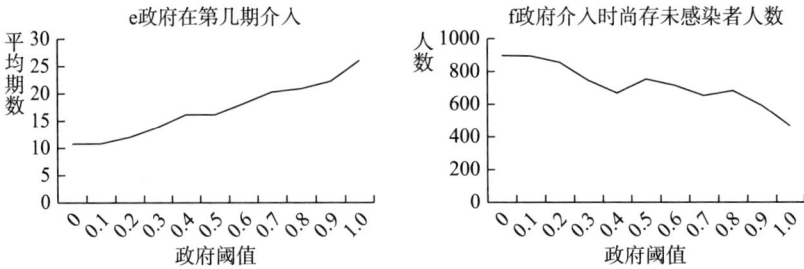

图 8-2　政府阈值的权衡

注：上述分图分别是最后一期染病率（图 8-2a），政府阈值对信息的影响（图 8-2b），随政府阈值增大的正面效果（图 8-2c、图 8-2d）和负面效果（图 8-2e、图 8-2f）。

边际成本不变，边际收益骤减，两者共同作用下产生政府阈值的拐点。同时还有效地解释了政府阈值的最优值分布异质性问题：随着政府阈值的增加，当政府阈值超过个人阈值时，收益存在断崖。这个断崖使得最优点取值通常在政府阈值略大于个人阈值之处，导致前者最优点通常出现在 [0.6，0.8]，后者最优点通常出现在 [0.4，0.6]，集中出现的区间产生了异质性。

总之，在绝大多数情况下，过早发布信息将导致政府发布的信息不够准确从而污染整体信息，而过晚介入意味着能拯救的人数越少，因此政府的信息干预策略，在信息发布维度上面临着快与准的抉择。

第三节　信息阻断的干预困境

信息发布是信息干预的常见方式，而对于信息阻断而言，较早的研究从理论（Besley and Prat，2006；Milgrom and Roberts，1986；Mullainathan and Shleifer，2005）、实证（Djankov et al.，2003；Gentzkow and Shapiro，2006）、案例（Gentzkow et al.，2006；Kirkpatrick and Fabrikant，2003）等多角度论证发现，即便政府拥有控制信息和实施管制的权力（Gentzkow and Shapiro，2008），政府也不应该对信息进行阻断（Gentzkow and Shapiro，2010），任凭信息传播是福利最大的策略。但其内涵有两个前提：其一是信息发布者要充分竞争，这样具备高真实度的信息才会是发布者的均衡策略；其二是无时间约束。显然，这两个潜在的假设在当下的互联网时代并不存在。原因在于，互联网自媒体时代，对于信息发布者与接受者的个体而言，并没有传播真实信息的激励相容机制。更为关键的是，外部性极强的传染病未知疾病与信息共同扩散，在低质量信息被净化之前，或许整个社会的感染状况已然恶化。本节关于信息阻断的讨论，目的在于揭示前提复杂性以及结论多样性，拓宽信息管制理论的内涵。

本节在原设定的基础上，假定政府具备对信息网络的阻断能力，记阻断阈值为 X_{ZD}，政府将取缔所有低于这个阈值的信息链条。故而，当 $X_{ZD} = 1$ 时，意味着政府采取封号等策略完全阻断关于疾病信息的传播；当 $X_{ZD} = 0$ 时，意味着政府放弃阻断，信息可自由传播。之前的讨论可视为 $X_{ZD} = 0$ 情况下的特例。

在引入阻断阈值后，与原设定初始条件相结合，排列组合后得到一个全参数空间的实验。实验总共模拟了 5324 种不同的情况，合计 266200 组重复实验。每组持续 50 期，合计 13310000 期实验。实验基本覆盖了不同外部约束条件下所有可能的情况。仿真模拟结果发现，当政府可以采取封号等方式阻断关于疾病信息的传播链条时，政府的最优策略依赖于不同的外部条件，详细的结论及机制如下。

一　最优阻断策略

如图 8-3a 所示，阻断阈值在不同情况下的最优取值不尽相同。就整体情况而言，较小的阻断阈值（在 [0.1, 0.3]）必然（100%）不是最优取值；阻断阈值通常（50.41%）以较为严厉（阻断阈值 ≥ 0.8）为佳，实验数据显示这种取值在大部分外部条件下的占比都介于 45% 和 55% 之间；但仍有 20.25% 的情况下阻断阈值的最优取值为 0，即完全不对信息进行阻断方为最佳，实验数据显示这种取值主要（89.80%）出现在初始信息 ≥ 0.8、个人阈值 ≤ 0.7 的情况下，而当初始信息较低（≤ 0.6）时，放弃信息阻断策略几乎不可能（0.83%）成为最优策略。

从以上的分析可见，首先，无论在何种情况下，轻微的信息阻断都不值得考虑，原因在于：倘若信息环境已出现恶化的苗头乃至已经恶化，轻微的信息阻断效果有限，不如将信息阻断的严厉程度适当加强；倘若信息环境尚可，对社会网络中自发信息的干预将损害信息发布策略的效率效果，不如完全放弃信息阻断。其次，互联网时代信息互联的程度极高，而低质量的恐慌性信息更容易被传播，因此在突发未知传染病的早期，较严格的信息阻断不失为一种值得考虑的选项。最后，倘若医学已经对该疾病较为熟悉，且民众具备一定的公共卫生知识水平时，政府不妨放弃信息阻断，由信息自由传播反而会对疫情产生正面影响，反之，倘若医学对该疾病较为陌生，政府应对社会网络中信息传播进行一定程度的干预。

二　作用机制分析

从仿真结果可知，在大部分情况下，较严格或最自由的信息阻断不失为一种最优策略。

当政府的信息阻断程度在最严格与任其自由传播之间抉择时，意味着政府阻断低质量的信息传递能有效提升人群整体信息量，但同时也在某类外部条件下存在极大的副作用，以至于完全放弃信息阻断也能成为若干情况下的最优策略。

如图8-3所示，就阻断阈值与初始信息关系而言（见图8-3b），大体上随着初始信息的增加，最优管控阈值相应下降。就阻断阈值与个人阈值关系而言（见图8-3c），随着个人阈值的增加，最佳阻断阈值增加。

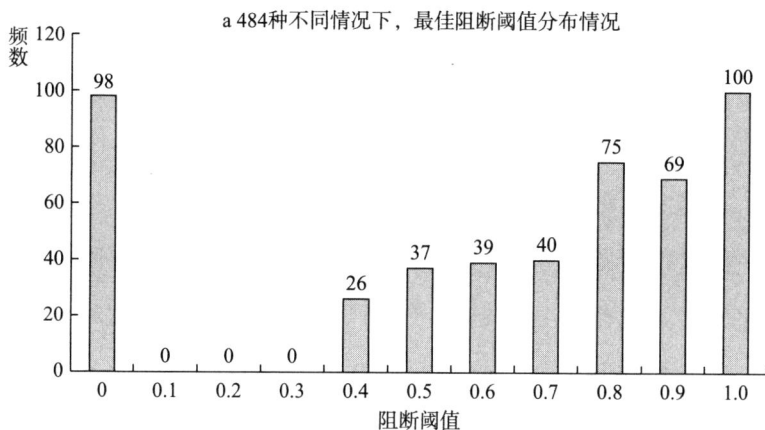

a 484种不同情况下，最佳阻断阈值分布情况

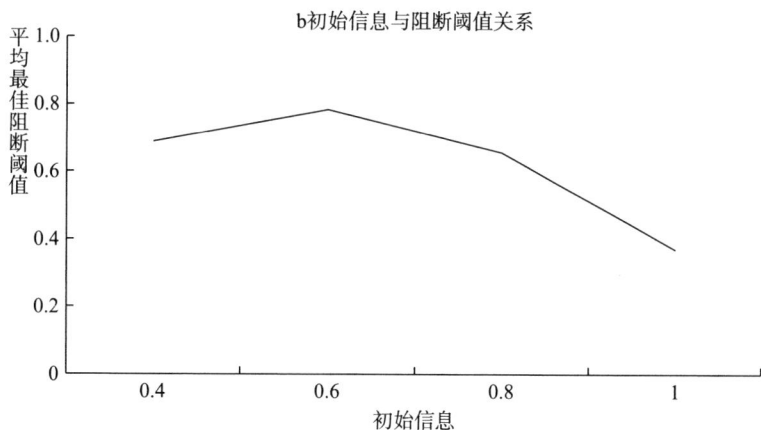

b初始信息与阻断阈值关系

c 个人阈值与阻断阈值关系

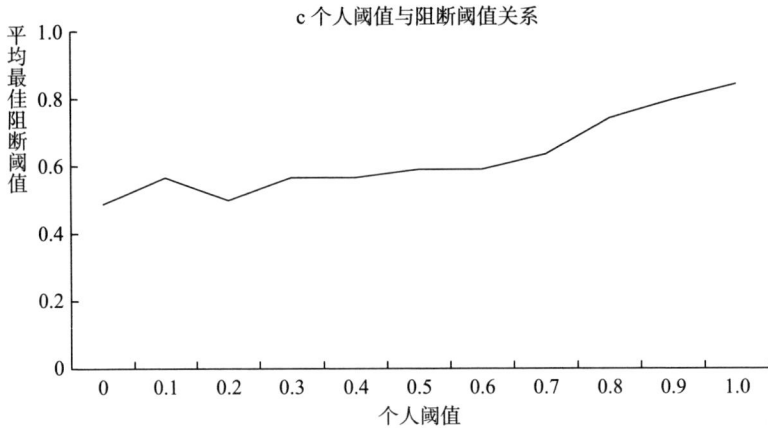

图 8-3　阻断阈值的权衡为何存在

注：图 8-3a 基于 484 种（初始信息 4 种，个人阈值 11 种、政府阈值 11 种）不同外部情况下的数据所得，横轴是阻断阈值，纵轴是阻断阈值最佳取值在这 121 种不同情况中的分布频数，例如横轴取 0 时纵轴为 98，意味着有 98 种外部条件下，阻断阈值取 0 能得到最低的染病率。图 8-3b 是初始信息与阻断阈值关系图，图 8-3c 是个人阈值与阻断阈值关系图。

　　信息阻断主要通过取缔真实性低的信息来实现净化信息环境的目的，但这项策略一旦实施，无论阻断程度如何，都将降低整体信息网络的传播速度，从而牺牲了政府信息发布策略的效率效果。因此，最优信息阻断的严厉程度通常在较严格或最自由之间抉择，程度较低的信息阻断策略既难以达成该策略的目的，又提供了相当的负面效果，故而轻微的信息阻断策略必定不是最优策略。

　　更进一步地，当疾病为已知时（初始信息 = 1），政府放弃阻断、由信息自由传播通常是最优策略，尤其是当个体公共卫生知识水平很高时（个人阈值≤0.3），最自由的信息阻断策略大部分情况下（69.70%）都是最优策略，且较为严格的信息阻断（阻断阈值≥0.8）必定（0%）不是最优策略。这是因为当信息阻断较为严格时，质量较高的信息也会被取缔，而在个体的公共卫生知识水平很高的前提下，大部分被取缔的信息事实上有助于减缓疾病的传播。因此，在初始信息和公共卫生知识水平都很高的外部情况下，放弃信息阻断不失为最优策略。反之，随着个体公共卫生知识水平下降，本来不会引起恐慌的信息也可能变成除引发恐慌外几乎一无是处的信息，这一机制使得更严格的信息阻断策略的收益上升。随着医学对疾病熟悉程度的下降，自由传播的信息中有价值的信息占比也随之下降，导致取缔信息传播的收益上升，因此初始信息的下降使得最优信息阻断严厉程度增加。

第四节　本章小结

本章在传染病模型中引入信息非二元性、主体行为的异质性，利用仿真模拟从信息发布与信息阻断两个维度来揭示政府所面对信息干预困境，并探寻相应的对策得出以下结论。

在信息发布方面，政府存在速度与准确性之间的权衡困境。医学对疾病的认知水平越高、公众的卫生知识水平越低，发布准确性相较于发布速度则越重要；反之，信息发布的速度越重要。

在信息阻断方面，当面对已知疾病，且公共卫生知识水平较高时，放弃阻断通常是最佳策略；随着对疾病陌生程度增加、民众公共卫生知识水平下降，信息阻断强度可适度提升。

本章揭示了应对公共健康危机时的决策复杂性，面对这种复杂性，简单地鼓励信息自由流动或要求政府尽早就传染病发布信息和公告都不是最优策略，甚至可能产生适得其反的效果。因此，引入信息与传染病交互的复杂性有助于加深我们关于公共健康危机治理问题的系统性认知，丰富疾病—行为经济学的相关理论，为将来政府在重大疫情的信息治理和舆情引导方面提供政策参考。

总结与展望

公共卫生系统中的流行病危机及其防控是一个复杂的系统工程，它依赖于对流行病传播本身的网络特征的精准刻画，同时更依赖于决策者对信息、经济活动等多重复杂系统和复杂网络的耦合作用具有系统性认知。

沿着复杂系统这一方向，本篇从疾病传播网络、信息扩散网络及其与个体行为反馈相结合所衍生的疾病扩散非线性动力学视角，对流行病扩散的复杂性及其衍生出的干预政策决策的复杂性进行了系统性分析。

针对流行病在物理空间内的传播与防控问题，本篇改进了刻画传染病传播动力学机制的 SIR 模型，构造了一个基于非参数动态传播和随机感染时滞的网络 SIR 模型，使其可以更好地捕捉潜伏性强、传播性大的流行病的特征。在此基础上进行反事实分析，发现不同的政策目标（控制感染人数 v.s. 控制死亡人数，总量控制 v.s. 帕累托改进）、政策手段（基于网络结构的连边干预 v.s. 针对传播过程的节点干预）之间都存在着不同程度的替代性，这种替代性为疾病管理部门在帕累托改进的意义上优化疾病扩散的干预政策提供了空间。但从公共卫生系统内决策权分配角度来看，流行病沿空间网络扩散自发地引发了管理决策的外部性，在去中心化的属地管理决策模式下，这种外部性增加了不同节点（地区）间的潜在利益冲突，从而增加了防控政策的协同复杂度。

除物理层面的传播外，关于流行病谣言在虚拟网络空间的传播——即信息流行病（infodemic），与流行病自身在物理空间的传播之间往往形成正向的反馈，使得流行病的防控与治理更具挑战。为了刻画流行病与信息传播之间的相互作用，本篇构建了一个信息—行为双层结构模型，并基于模型设定，通过赋值的计算机仿真模拟，探讨了疾病认知程度不同、公众卫生知识水平不同的场景下，信息扩散对疫情演化的影响，进而揭示了在面对未知风险的公共健康危机时，政府对疾病信息需要一个认知过程，而在此阶段，不精准的信息传播会引致部分人的非理性行为。作为社会治理主体的政府应该如何通过信息干预来降低由此引致的疾病传播，则面临着复杂的权衡取舍和利益博弈，这种复杂性不仅来自流行病扩散背后的多层网络结构与个体行为的非线性动力学机制，同时还来自不同政策目标与干预手段间的潜在冲突。

在这个意义上，流行病扩散过程与经济社会系统的结合，会内生出额外的、独立于扩散过程本身的复杂性。对此，未来在以下三个方向上仍有拓展研究的空间。第一，流行病在物理空间中的传播依赖于感染个体与易感个体的物理社交接触，而人与人之间的物理社交接触的一个重要驱动因素是参与各种日常的经济活动，因此本质上流行病的传播与防控和日常的经济活动具有相互作用关系。本篇目前的研究使用外生的区域间人流强度作为衡量不同区域的个体间社交接触的代理变量，该方法不能很好地刻画流行病传播与经济活动之间的内生联系，在未来的扩展中，可以考虑引入投入产出、产业链、价值链等经济网络的方法，将流行病的传播与经济活动有机地结合起来，这也有助于精准测度流行病防控的经济成本。第二，在针对信息流行病展开的讨论中，本篇只考察了随机网络的设定，然而现实世界中，信息扩散的网络结构对于信息扩散本身以及谣言扩散的治理有着至关重要的作用，在接下来的研究中，重点考察具有不同拓扑结构的信息传播网络在信息流行病、流行病及其治理过程中扮演的角色，在理论研究和应用研究方面都具有重要的价值。第三，本篇在针对流行病在物理空间中的传播和防控问题的讨论中，已经指出不同的流行病管理模式对于防控效果有着至关重要的影响，属地管理模式下，不同区域的管理者为了本地防控目标的实现，可能采取过度干预措施；若由权力集中者统一布局干预措施，可能在特定地区采取极端防控措施，以最小化流行病扩散的全局成本，但会引发干预成本空间分布的不平等问题。在这个意义上，流行病管理模式的选择面临着两难困境，如何突破这种两难困境，则是未来值得研究的另一个重要议题。

结　语

　　针对经济社会系统中的复杂性问题，本书分别以金融系统中股票市场的动态演进、实体经济系统中的生产网络和产业政策以及公共管理中的流行病扩散与防控政策博弈为例，探讨了在三类不同的经济社会系统中，复杂网络与微观个体行为的非线性动力学机制如何共同决定系统状态演进的复杂性，以及由此衍生出的管理复杂性问题。

　　值得强调的是，针对金融系统、实体经济系统以及公共健康系统，经典的经济学、金融学以及公共管理等学科已经形成并积累了大量成熟的理论框架、经验发现以及研究观点。但这并不妨碍我们从复杂系统视角出发，重新思考和认识三类系统的基本运行规律，并就其中的具体问题和现象得到新的洞察。

　　事实上，经典的资本资产定价理论、多因子模型以及更为基础的有效市场假说、理性预期假说等经典金融学理论已经为股票市场的运行和资产价格的决定等重要问题提供了充分而翔实的理论阐释，同时从行为金融学视角，大量学者也已经对经典理论中难以解释的金融市场异象和相关理论的局限进行了补充。但经典金融学与行为金融理论在基本假设和逻辑框架之间存在一定的冲突，针对这些冲突，沿复杂系统视角展开的金融市场研究更像是一个"集大成者"，提供了一种融合经典资产定价理论与行为金融观点的有力工具。通过多主体框架，依托复杂性科学观念的异质性投资者模型将行为金融中的投资者异质性、有限理性等概念与经典金融学中的市场动态模型进行了有机融合，同时克服了经典模型中对于个体超理性、市场瓦尔拉斯出清等远离现实的理论原则的依赖，为传统的金融理论与现实金融市场之间提供了一座桥梁。

类似地，对于实体经济系统，相较于传统的产业经济、贸易经济理论对产业政策提供的理论阐释，从复杂系统角度引入和思考生产网络结构，探究网络拓扑结构的变化对分配效应及产业政策有效性的影响，为现实中产业政策的有效性评估提供了新的思路和视角。结合经济学中对于微观主体行为模式的细致刻画，以及对于经济效率、分配公平等基本概念的深入剖析，将经济学中经典的一般均衡框架与生产网络的拓扑结构整合，为我们理解特定的复杂网络结构的隐含拓扑特征提供了新的视角。正如本书中上、下游扭曲矫正中心度等概念，其构建来源于在底层生产网络融入一般均衡框架而衍生出的网络结构，这种融入了经济含义的衍生关系为界定和理解生产网络结构的新特征提供了新思路和新方法。

对于公共健康系统和流行病的防控，非参数网络、多层网络、个体行为的自适应性与非线性反馈动力学等复杂系统概念的引入为我们理解流行病的扩散机制及其引致的防控政策设计层面的复杂性提供了深刻的洞见。但反过来，公共管理领域关于管辖权限的分配、多目标决策时的潜在利益冲突等问题的探讨，同样有助于我们更新经典流行病扩散的动力学模型，并为经典的流行病扩散模型注入了额外的、体现经济社会系统特征的复杂性，从而促使我们深化对于流行病传播动力学的认知。

需要承认，本书在第一篇中仅关注有投资者行为的非线性动力学及其引发的金融市场的复杂性问题，在第二篇中仅关注生产网络的复杂结构引发的分配效应及其给产业政策决策带来的复杂性挑战，而第三篇仅在关于流行病防控的讨论中强调了复杂网络结构与非线性动力学的耦合对公共健康系统中管理决策的复杂性影响。但这种叙事上的设定绝不意味着复杂网络结构之于金融系统、非线性动力学之于实体经济系统并不关键。恰恰相反，复杂网络和非线性动力学对于金融系统和实体经济系统至少同等重要。

事实上，金融系统中，异质性投资者的预期形成与更新高度依赖于投资者彼此之间的信息交互，而投资者基于预期的投资行为反过来又会制造并向市场中其他投资者传递信息，这种信息交互，以及信息与投资者行为之间的交互，会天然地在金融市场中引入刻画信息传递过程的复杂网络结构，而通过投资者行为，这种网络结构又会对市场中价格状态的演进和风险的积累过程产生深远的影响。类似的，对于实体经济系统，尽管本书通过一般均衡框架间接地在产品价格决定过程中融入了瓦尔拉斯出清的设定，但现实世界中，任何商品的交易和流转，本质上都与金融市场类似，消费者与生产者都只能依赖于自身对价格的预期决定需求和供给。在此基础上，预期的异质性、微观个体的有限理性等因素导致需求与供给的不匹配始终存在，从而与金融市场类似的非均衡价格演化方程同样适用于实体经济中的价格决定过程，而这又会引致实体经济系统中价格和产量演进的非线性动力学。这意味着，从复杂系统视角来看，金融系统、实体经济系统以及公共健康系统具有一致性，也正是基于这种深层次的一致性，本书将上述三种"看似"不同的经济社会系统进行了整合，并将其放在一起讨论。

但也需要看到，金融系统、实体经济系统以及公共健康系统三者之间的相似性以及深层次的共性特征，实际上远远超出了本书所讨论的范围。在这个意义上，本书只是提供了从复杂系统视角对不同类型的经济社会系统进行整合、重新理解这些系统运行背后的共性规律的一个出发点。但无论怎样，可以预见的是，沿着复杂系统的视角思考经济社会系统的基本问题，是认识经济社会系统的一般性规律、应对经济社会系统管理过程中的复杂性挑战的一条通途。

参考文献

Acemoglu D. , et al. , "A multi-risk SIR model with optimally targeted lockdown," National Bureau of Economic Research 2020.

Acemoglu D. , et al. , "The network origins of aggregate fluctuations," *Econometrica* 80 (2012): 1977-2016.

Acemoglu D. , Pablo D. A. , "Endogenous Production Networks," Econometrica 88 (2020): 33-82.

Ahmed F. , Zviedrite N. , Uzicanin A. , "Effectiveness of workplace social distancing measures in reducing influenza transmission: a systematic review," *BMC public health* 18 (2018): 1-13.

Albertim T. , Faranda D. , "On the uncertainty of real-time predictions of epidemic growths: a COVID-19 case study for China and Italy," *Communications in Nonlinear Science and Numerical Simulation* 90 (2020).

Alessandro V. , "Phase transitions in information spreading on structured populations," *Nature Physics* 2020.

Allport G. W. , Postman L. , The Psychology of Rumor (New York:

Henry Holt, 1947).

Anderson R. M., et al., "How will country-based mitigation measures influence the course of the COVID-19 epidemic?" *Lancet* 2020.

Andrieş A. M., et al., "Risk spillovers and interconnectedness between systemically important institutions," *Journal of Financial Stability* 58 (2022).

Antràs P., et al., "Measuring the Upstreamness of Production and Trade Flows," *American Economic Review* 102 (2012): 412-416.

Atkeson A., "What will be the economic impact of COVID-19 in the US? Rough estimates of disease scenarios," *National Bureau of Economic Research* 2020.

Azizi A., et al., "Epidemics on Networks: Reducing Disease Transmission Using Health Emergency Declarations and Peer Communication," *Infectious Disease Modelling* 5 (2020): 12-22.

Bai C. E., "Special deals from special investors: The rise of state-connected private owners in china," University of Chicago, Becker Friedman Institute for Economics Working Paper 2020.

Ball-Rokeach S. J., Defleur M. L., "A Dependency Model of Mass-media Effects," *Communication Research* 3 (1976): 3-21.

Banz R., "The Relationship between Return and Market Value of Common Stocks," *Journal of Financial Economics* 9 (1981): 3-18.

Baqaee D. R., Farhi E., "Macroeconomics with heterogeneous agents and input-output networks," *National Bureau of Economic Research* 2018.

Baqaee D., Farhi E., "Productivity and Misallocation in General Equilibrium," *The Quarterly Journal of Economics* 135 (2020).

Baqaee D. , Farhi E. , "The Macroeconomic Impact of Microeconomic Shocks: Beyond Hulten's Theorem," *Econometrica* 87 (2019): 1155-1203.

Bardoscia M. , et al. , "The physics of financial networks," *Nature Reviews Physics* 3 (2021): 490-507.

Barro R. J. , Ursúa J. F. , Weng J. , "The coronavirus and the great influenza pandemic: Lessons from the "Spanish Flu" for the coronavirus's potential effects on mortality and economic activity," National Bureau of Economic Research, 2020 No. w26866.

Barrot J. N. , Grassi B. , Sauvagnat J. , "Sectoral effects of social distancing," *Available at SSRN* (2020).

Barsky A. J. , Klerman G. , "Overview: Hypochondriasis, Bodily Complaints and Somatic Styles," *American Journal of Psychiatry* (1983): 273-283.

Basak S. , "Asset pricing with heterogeneous beliefs," *Journal of Banking and Finance* 29 (2005): 2849-2881.

Basak S. , Atmaz A. , "Belief Dispersion in the Stock Market," *The Journal of Finance* 73 (2018): 1225-1279.

Basu S. , "Investment performance of common stocks in relation to their price-earnings ratios: A test of the efficient market hypothesis," *The Journal of Finance* 32 (1977): 663-682.

Battiston S. , et al. , "Debtrank: Too central to fail? Financial networks, the Fed and systemic risk," *Scientific Reports* 541 (2012).

Battiston T. R. , "Systemic cascades on inhomogeneous random financial networks," *Mathematics and Financial Economics* 17 (2023): 1–21.

Berger D. W., Herkenhoff K. F., Mongey S., "An seir infectious disease model with testing and conditional quarantine," *National Bureau of Economic Research* (2020).

Bernanke B., Gertler M., Gilchrist S., "The financial accelerator in a quantitative business cycle framework," *Handbook of macroeconomics* 1 (1999): 1341–1393.

Bertozzia A., et al., "The challenges of modeling and forecasting the spreadof COVID-19," *PNAS* 117 (2020).

Besley T., Prat A., "Handcuffs for the Grabbing Hand? Media Capture and Government Accountability," *American Economic Review* 96 (2006): 720–736.

Bielinskyi A., et al., High-order networks and stock market crashes (Proceedings of 10th International Conference on Monitoring, Modeling & Management of Emergent Economy, Odessa, Ukraine, November 17–18, 2022), pp. 134–144.

Bigio S., La'o J., "Distortions in Production Networks," *The Quarterly Journal of Economics* 135 (2020): 2187–2253.

Bles A. M., et al., "The Effects of Communicating Uncertainty on Public Trust in Facts and Numbers," *Proceedings of the National Academy of Sciences* 117 (2020): 7672–7683.

Boehm J., Oberfield E., "Misallocation in the Market for Inputs: Enforcement and the Organization of Production," *The Quarterly Journal of Economics* 135 (2020): 2007–2058.

Bootsma M. C. , Ferguson N. M. , "The effect of public health measures on the 1918 influenza pandemic in US cities," *Proceedings of the National Academy of Sciences* 104 (2007): 7588-7593.

Bordia P. , Rosnow R. L. , "Rumor Rest Stops on the Information Highway: Transmission Patterns in a Computer-mediated Rumor Chain," *Human Communication Research* 25 (1998): 63-179.

Borovička J. , "Survival and long-run dynamics with heterogeneous beliefs under recursive preferences," *Journal of Political Economy* 128 (2020): 206-251.

Boswijk P. H. , Hommes C. H. , Sebastiano M. , "Behavioral heterogeneity in stock prices," *Journal of Economic Dynamics & Control* 31 (2007): 1938-1970.

Brock W. , Hommes C. , "Heterogeneous beliefs and routes to chaos in a simple Asset pricing model," *Journal of Economic Dynamics and Control* 22 (1998): 1235-1274.

Brummitt C. D. , Kobayashi T. , "Cascades in multiplex financial networks with debts of different seniority," *Physical Review E* 91 (2015).

Caccioli F. , Barucca P. , Kobayashi T. , "Network models of financial systemic risk: a review," *Journal of Computational Social Science* 1 (2018): 81-114.

Cao H. , Ou-Yang H. , "Differences of opinion of public information and speculative trading in stocks and options," *Review of Financial Studies* 22 (2009): 299-335.

Carlsson G. , "Topological methods for data modelling. ," *Nature Re-*

views Physics 2 （2020）： 697-708.

Carvalho V. M. , et al. , "Supply Chain Disruptions： Evidence from the Great East Japan Earthquake," *The Quarterly Journal of Economics* 136 （2021）： 1255-1321.

Chen F. , "A mathematical analysis of public avoidance behavior during epidemics using game theory," *Journal of Theoretical Biology* 302 （2012）： 18-28.

Chen J. , Hong H. , Stein J. C. , "Breadth of ownership and stock returns," *Journal of Financial Economics* 66 （2002）： 171-205.

Chen S. , et al. , "Mitigating COVID-19 outbreak via high testing capacity and strong transmission-intervention in the United States," *medRxiv* （2020）.

Chen X. , et al. , "Optimal Travel Restrictions in Epidemics," *SSRN Electronic Journal* （2020）.

Chen Xi, et al. , "Key links in network interactions： Assessing route-specific travel restrictions in China during the Covid-19 pandemic," *China Economic Review* 73 （2022）.

Chen Z. , Epstein L. G. , "Ambiguity, Risk and Asset Returns in Continuous Time," *Econometrica* 70 （2002）： 1403-1443.

Chiarella C. , "The dynamics of speculative behaviour," *Annals of Operations Research* 37 （1992）： 101-123.

Chiarella C. , Dieci R. , Gardini R. , "Asset price and wealth dynamics in a financial market with heterogeneous agents," *Journal of Economic Dynamics and Control* 30 （2006）： 1755-1786.

Chiarella C. , He X. Z. , "An adaptive model of asset price and wealth dynamics in a market with heterogeneous trading strategies," in Seese D. et al. , *Handbook on Information Technology in Finance* (Berlin: Springer-Verlag, 2008), p. 465.

Chiarella C. , He X. Z. , "An analysis of the effect of noise in a heterogeneous agent financial market model," *Journal of Economic Dynamics and Control* 35 (2011): 148-162.

Chiarella C. , He X. Z. , "Asset price and wealth dynamics under heterogeneous expectations," *Quantitative Finance* 1 (2001): 509-526.

Chiarella C. , He X. Z. , "Heterogeneous beliefs, risk and learning in a simple asset pricing model with a market maker," *Macroeconomic Dynamics* 7 (2000): 503-536.

Chiarella C. , Iori G. , Perelló J. , "The impact of heterogeneous trading rules on the limit order book and order flows," *Journal of Economic Dynamics and Control* 33 (2009): 525-537.

Chinazzi M. , et al. , "The effect of travel restrictions on the spread of the 2019 novel coronavirus (COVID-19) outbreak," *medRxiv : the preprint server for health sciences* (2020).

Chinazzi M. , Fagiolo G. , "Systemic risk, contagion, and financial networks: A survey," *Economics of Networks eJournal* (2015).

Cohen J. , Kupferschmidt K. , "Strategies shift as coronavirus pandemic looms," *Science* 367 (2020): 962-963.

Coibion O. , Gorodnichenko Y. , Weber M. , "The cost of the covid-19 crisis: Lockdowns, macroeconomic expectations, and consumer spending," *National Bureau of Economic Research* (2020).

Conway J. B. , *A course in functional analysis* （Berlin： Springer - Verlag，1990）．

Cui Y. , et al. , "An investigation of transmission control measures during the first 50 days of the COVID - 19 epidemic in China," *Science* 368 （2020）：638-642.

David A. , "Heterogeneous beliefs, speculation, and the equity premium," *Journal of Finance* 63 （2008）：41-83.

DeBondt W. , Thaler R. , "Does the stock market overreact?" *Journal of Finance* 40 （1985）：793-805.

DeLong J. B. , et al. , "Noise trader risk in financial markets," *Journal of Political Economy* 98 （1990）：703-738.

Depoux A. , et al. , "The Pandemic of Social Media Panic Travels Faster than the COVID - 19 Outbreak," *Journal of Travel Medicine* 27 （2020）.

Dieci R. , He X. Z. , "Heterogeneous agent models in finance," *Handbook of computational economics* 4 （2018）：257-328.

Dieci R. , Westerhoff F. , "Heterogeneous speculators, endogenous fluctuations and interacting markets: a model of stock prices and exchange rates," *Journal of Economic Dynamics and Control* 34 （2010）：743-764.

Diether K. B. , Christopher J. M. , Scherbina A. , "Differences of Opinion and the Cross Section of Stock Returns," *Journal of Finance* 57 （2002）：2113-2141.

Ding X. J. , "RBOTUE：Rumor Blocking Considering Outbreak Threshold and User Experience," *IEEE Transactions on Engineering Manage-*

ment (2021).

Ding Z., Granger C., Engle R., "A long memory property of stock market returns and a new model," *Journal of Empirical Finance* 1 (1993): 83-106.

DiResta R., "Of Virality and Viruses: The Anti-vaccine Movement and Social Media," *NAPSNet Special Reports* 11 (2018).

Djankov S., et al., "Who Owns the Media?" *The Journal of Law and Economics* 46 (2003): 341-382.

Dong X., Lian Y., "A review of social media-based public opinion analyses: Challenges and recommendations," *Technology in Society* 67 (2021): 101724.

Douglas A. L., Harris J. K., "Network analysis in public health: history, methods, and applications," *Annual Review of Public Health* 2007 (28): 69-93.

Duong V., et al., "The Ivory Tower Lost: How College Students Respond Differently than the General Public to the COVID-19 Pandemic," arXiv preprint Working Paper, 2020.

Ederer F., Bruno P., "A tale of two networks: Common ownership and product market rivalry," National Bureau of Economic Research, 2022.

Efimov D., Ushirobira R., "On an interval prediction of COVID-19 development based on a SEIR epidemic model," *Annual Reviews in Control* 51 (2021): 477-487.

Ehrgott M., Gandibleux X., *Multiple criteria optimization: state of the art annotated bibliographic surveys* (New York: Springer New York,

2006).

Eichenbaum M. S., Rebelo S., Trabandt M., "The macroeconomics of epidemics," National Bureau of Economic Research, 2020.

Engle R. F., "A general approach to lagrange multiplier model diagnostics," *Journal of Econometrics* 20 (1982): 83-104.

Fama E. F., "Efficient capital markets: A review of theory and empirical work," *Journal of Finance* 25 (1970): 383-417.

Fama E. F., "Market efficiency, long-term returns, and behavioral finance," *Journal of Financial Economics* 49 (1998): 283-306.

Fama E. F., French K. R., "A five-factor asset pricing model," *Journal of Financial Economics* 116 (2015): 1-22.

Fama E. F., French K. R., "Common risk factors in the returns on stocks and bonds," *Journal of Financial Economics* 33 (1993): 3-56.

Fan C., et al., "Finding key players in complex networks through deep reinforcement learning," *Nature Machine Intelligence* 2 (2020): 317-324.

Fang H., Wang L., Yang Y., "Human mobility restrictions and the spread of the novel coronavirus (2019-ncov) in china," *Journal of Public Economics* 191 (2020): 104272.

Ferguson N., "Capturing Human Behaviour," *Nature* 446 (2007): 733.

Ferguson N., et al., "Report 9: Impact of non-pharmaceutical interventions (NPIs) to reduce COVID19 mortality and healthcare demand," Author's website, Imperial College London, 2020.

Fu J., et al., "A continuous heterogeneous agent model for multi-asset

pricing and portfolio construction under market matching friction,"
International Review of Economics & Finance 89 (2024): 267-
283.

Funk S., et al., "The spread of awareness and its impact on epidemic
outbreaks," *Proceedings of the National Academy of Sciences* 106
(2009): 6872-6877.

Gai P., Sujit K., "Contagion in financial networks," *Proceedings of
the Royal Society A: Mathematical, Physical and Engineering Sci-
ences* 466 (2010): 2401-2423.

Gandhi A., Navarro S., Rivers D. A., "On the identification of gross
output production functions" *Journal of Political Economy* 128
(2020): 2973-3016.

Garfin D. R., Silver R. C., Holman E. A., "The Novel Coronavirus
(COVID-2019) Outbreak: Amplification of Public Health Conse-
quences by Media Exposure" *Health Psychology* 39 (2020): 355-
357.

Gentzkow M., Glaeser E. L., Goldin C., "The Rise of the Fourth Es-
tate. How Newspapers Became Informative and Why It Mattered,"
NBER Chapters 30 (2006): 187-230.

Gentzkow M., Shapiro J. M., "Competition and Truth in the Market for
News," *Journal of Economic perspectives* 22 (2008): 133-154.

Gentzkow M., Shapiro J. M., "Media Bias and Reputation," *Journal
of political Economy* 114 (2006): 280-316.

Gentzkow M., Shapiro J. M., "What Drives Media Slant? Evidence from
US Daily Newspapers," *Econometrica* 78 (2010): 35-71.

Gong J. , et al. , "Spreading of cross-market volatility information: Evidence from multiplex network analysis of volatility spillovers," *Journal of International Financial Markets, Institutions and Money* 83 (2023): 101733.

Granell C. , Gómez G. , Arenas A. , "Dynamical interplay between awareness and epidemic spreading in multiplex networks," *Physical Review Letters* 111 (2013): 128701.

Greene M. T. , Fielitz B. D. , "Long-term dependence in common stock return," *Journal of Financial Economics* 4 (1977): 339-349.

Grossman S. , Stiglitz J. , "On the impossibility of informationally efficient markets," *American Economic Review* 70 (1980): 393-408.

Halder N. , Kelso J. K. , Milne G. J. , "Cost-Effective Strategies for Mitigating a Future Influenza Pandemic with H1N1 2009 Characteristics," *PLoS One* 6 (2011).

Hammerschmid R. , Lohre H. , "Regime shifts and stock return predictability," *International Review of Economics and Finance* 56 (2018): 138-160.

Han J. , et al. , "Community detection in dynamic networks via adaptive label propagation," *PloS one* 12 (2017): e0188655.

Harris D. , "How to Flatten the Curve on Coronavirus," The New York Times 2020. 3. 27.

He X. Z. , et al. , "Market stability switches in a continuous-time financial market with heterogeneous beliefs," *Econnomic Model* 26 (2009): 1432-1442.

He X. Z. , et al. , "Social interaction, volatility clustering, and momentum," *Journal of Economic Behavior & Organization* 203（2022）：125-149.

He X. Z. , Li K. , "Time series momentum and market stability," SS-RN Scholarly Paper （2014） No. 2400847.

He X. Z. , Li K. , Li Y. , "Asset allocation with time series momentum and reversal," *Journal of Economic Dynamics and Control* 91 （2018）：441-457.

He X. Z. , Li Y. , "Heterogeneity, convergence, and autocorrelations," *Quantitative Finance* 8 （2008）：59-79.

He X. Z. , Li Y. , "Heterogeneity, Convergence, and Autocorrelations," *Quantitative Finance* 8 （2007）：59-79.

He X. Z. , Li Y. , "Power-law behaviour, heterogeneity, and trend chasing," *Journal of Economic Dynamics and Control* 31 （2007）：3396-3426.

He X. Z. , Li Y. , Zheng M. , "Heterogeneous agent models in financial markets: A nonlinear dynamics approach," *International Review of Financial Analysis* 62 （2019）：135-149.

He X. Z. , Shi L. , "Boundedly rational equilibrium and risk premium," *Accounting & Finance* 52 （2012）：71-93.

He X. Z. , Westerhoff F. , "Commodity markets, price limiters and speculative price dynamics," *Journal of Economic Dynamics Control* 29 （2005）：1577-1596.

He X. Z. , Zheng H. , "Trading heterogeneity under information uncertainty," *Journal of Economic Behavior & Organization* 130 （2016）：64-80.

Heckman J. , "Micro data, heterogeneity, and evaluation of public poli-
cy: Nobel lecture," *Journal of Political Economy* 109 (2001): 673-
748.

Heymann D. L. , Shindo N. , "COVID-19: What is Next for Public
Health?" *The lancet* 395 (2020): 542-545.

Ho C. S. , Chee C. Y. , Ho R. C. , "Mental Health Strategies to Combat
the Psychological Impact of COVID-19 Beyond Paranoia and Panic,"
Annals of the Academy of Medicine Singapore 49 (2020): 155-160.

Hong H. , Stein J. C. , "Disagreement and the Stock Market," *Journal
of Economic Perspectives* 21 (2007): 109-128.

Hu Q. , et al. , "Network structures and network effects across manage-
ment and policy contexts: A systematic review," *Public Adminis-
tration* 101 (2023): 953-972.

Huang Y. M. , "Identifying key players in complex networks via network
entanglement," *Communications Physics* 7 (2024): 19.

Huo L. A. , Huang P. , Fang X. , "An Interplay Model for Authorities'
Actions and Rumor Spreading in Emergency Event," *Physica A:
Statistical Mechanics and its Applications* 390 (2011): 3267 -
3274.

Hurd T. R. , Hurd T. R. , "Percolation and Cascades," *Contagion!
Systemic Risk in Financial Networks* (2016): 71-94.

Inoue H. , Todo Y. , "Firm-level propagation of shocks through sup-
ply-chain networks," *Nature Sustainability* 2 (2019): 841-847.

James A. , et al. , "High COVID-19 Attack Rate Among Attendees at
Events at a Church—Arkansas, March 2020," *Morbidity and Mor-*

tality Weekly Report 69 （2020）：632-635.

Jarrow R. ，"Heterogeneous Expectations, Restrictions on Short Sales, and Equilibrium Asset Prices," *The Journal of Finance* 35 （1980）：1105-1113.

Jegadeesh N. ，Titman S. ，"Returns to buying winners and selling losers: Implications for stock market efficiency," *Journal of Finance* 48 （1993）：65-91.

Ji J. R. ，Wang D. H. ，Tu J. Q. ，"Modifying a simple agent-based model to disentangle the microstructure of Chinese and US stock markets," *Quantitative Finance* 18 （2018）：2067-2083.

Jia J. S. ，et al. ，"Population flow drives spatio-temporal distribution of COVID-19 in China," *Nature* 582 （2020）：389-394.

Johnson N. F. ，et al. ，"The Online Competition between Pro- and Anti-vaccination Views," *Nature* 582 （2020）：230-233.

Jones N. M. ，et al. ，"Distress and Rumor Exposure on Social Media During a Campus Lockdown," *Proceedings of the National Academy of Sciences* 114 （2017）：11663-11668.

Jorda O. ，Singh S. R. ，Taylor A. M. ，"Longer-run economic consequences of pandemics," National Bureau of Economic Research （2020）No. w26934.

Kahneman D. ，Tversky A. ，"Prospect theory: An analysis of decisions under risk," *Econometrica* 47 （1979）：263-291.

Kasperson R. E. ，et al. ，"The Social Amplification of Risk: A Conceptual Framework," *Risk Analysis* 8 （1988）：177-187.

Kelso J. K. ，et al. ，"Economic analysis of pandemic influenza mitigation strategies for five pandemic severity categories," *BMC public health* 13 (2013): 211.

Kirkpatrick D. D. , Fabrikant G. , "Changes at the Times: Reactions; Advertisers and Wall St. See an End to Turmoil," New York Times 2003.

Kirman A. P. , "Whom or what does the representative individual represent," *Journal of Economics Perspectives* 6 (1992): 117-136.

Kirman A. , "Ants, rationality, and recruitment," *Quarterly Journal of Economics* 108 (1993): 137-156.

Knyazeva I. , Talalaeva O. , "Topological data analysis approach for weighted networks embedding," In Networks in the Global World V: Proceedings of NetGloW 2020 5, pp. 81-100.

Koch-Janusz M. , Ringel Z. , "Mutual information, neural networks and the renormalization group," *Nature Physics* 14 (2018): 578-582.

Kogan L. , et al. , "Market selection," *Journal of Economic Theory* 168 (2017): 209-236.

Kousik D. , Samanta S. , Madhumangal P. , "Study on centrality measures in social networks: a survey," *Social network analysis and mining* 8 (2018): 1-11.

Kreps D. M. , "A Note on 'Fulfilled Expectations' Equilibria," *Journal of Economic Theory* 14 (1977): 32-43.

Kyle A. S. , "Continuous Auctions and Insider Trading," *Econometrica* 53 (1985): 1315-1336.

Lai S. , et al. , "Effect of non-pharmaceutical interventions for containing the COVID-19 outbreak in China," *medRxiv* (2020).

Lee H. G. , "Intelligent Order Matching Systems for Commodity Markets, Intelligent Systems in Accounting," Finance and Management 4 (1995): 1-12.

Lera S. C. , Yan L. , "Modeling Investor Attention with News Hypergraphs," Available at SSRN 4708802 (2024).

Li B. , Wang Y. , "Money creation within the macroeconomy: An integrated model of banking," *International Review of Financial Analysis* 71 (2020): 101547.

Li M. , et al. , "The Influence of Awareness on Epidemic Spreading on Random Networks," *Journal of Theoretical Biology* 486 (2020): 110090.

Li R. , et al. , "Substantial undocumented infection facilitates the rapid dissemination of novel coronavirus (SARS-CoV2)," *Science* (2020).

Li X. , Zakamulin V. , "Stock volatility predictability in bull and bear markets," *Quantitative Finance* 20 (2020): 1149-1167.

Li Y. , Yorke J. A. , "Period Three Implies Chaos," *American Mathematical Monthly* 82 (1975).

Lintner J. , "The aggregation of investors' diverse judgments and preferences in purely competitive security markets," *Journal of Financial and Quantitative Analysis* 4 (1969): 347-400.

Lintner J. , "The valuation of risk assets and the selection of risky investments in stock portfolios and capital budgets," *Review of Economics and Statistics* 47 (1965): 13-37.

Liu E. , "Industrial policies in production networks," *The Quarterly Journal of Economics* 134 (2019): 1883-1948.

Liu M. , Tamal K. D. , David F. G. , "Topological structure of complex predictions," *Nature Machine Intelligence* 5 (2023): 1382-1389.

Liu Q. , et al. , "Predicting the next location: A recurrent model with spatial and temporal contexts," In Thirtieth AAAI conference on artificial intelligence, 2016.

Lo A. W. , "Long-term memory in stock market prices," *Econometrica* 59 (1991): 1279-1313.

Loecker J. D. , Warzynski F. , "Markups and Firm-Level Export Status," *American Economic Review* 102 (2012).

Lu Y. , et al. , "Re-Thinking the Role of Government Information Intervention in the COVID-19 Pandemic: An Agent-Based Modeling Analysis," *International Journal of Environmental Research and Public Health* 18 (2021): 147.

Lucas R. E. Jr. , "Asset Prices in an Exchange Economy," *Econometrica* 46 (1978).

Lung R. I. , Noémi G. , Suciu M. A. , "Pareto-based evolutionary multiobjective approaches and the generalized Nash equilibrium problem," *Journal of Heuristics* 26 (2020): 1-24.

Lux T. , "Financial power laws: Empirical evidence, models, and mechanisms," *Chaos, Solition and Fractals* 88 (2016): 3-18.

Lux T. , "Herd behavior, bubbles and crashes," Economic Journal 105 (1995): 881-896.

Lynch A. , "Thought Contagion as Abstract Evolution," *Journal of Ide-*

as 2（1991）：3–10.

Lynch K.，Hunter S.，"Conflicting Authority：Using the Trump Admini-stration's Responses to the EPA Climate Assessment Report to Teach Information Literacy," *Reference Services Review* 48（2020）：201–216.

Mao L.，Yang Y.，"Coupling Infectious Diseases，Human Preventive Behavior，and Networks – A Conceptual Framework for Epidemic Modeling," *Social Science & Medicine* 74（2012）：167–175.

Melo W. D.，Strien S. V.，*One–Dimensional Dynamics*（Berlin：Springer–Verlag，1993）.

Merton R.，"An intertemporal capital asset pricing model," *Econometrica* 41（1973）：867–887.

Milgrom P.，Roberts J.，"Relying on the Information of Interested Parties," *The RAND Journal of Economics* 17（1986）：18–32.

Milgrom P.，Stokey N.，"Information，Trade and Common Knowledge," *Journal of Economic Theory* 26（1982）：17–27.

Miller E. M.，"Risk，Uncertainty，and Divergence of Opinion," *The Journal of Finance* 32（1977）：1151–1168.

Mizumoto K.，et al.，"Estimating the Asymptomatic Proportion of Coronavirus Disease 2019（COVID – 19）Cases on Board the Diamond Princess Cruise Ship，Yokohama，Japan," *Eurosurveillance* 25（2020）：2000180.

Moskowitz T.，Grinblatt M.，"Do Industries Explain Momentum," *Journal of Finance* 54（1999）：1249–1290.

Mukkamala A.，Beck R.，The Role of Social Media for Collective Behaviour Development in Response to Natural Disasters（26th European Conference on Information Systems：Beyond Digitization-Facets of Socio-Technical Change，UK，June 2018）.

Mullainathan S.，Shleifer A.，"The Market for News," *American Economic Review* 95（2005）：1031-1053.

Muth J. F.，"Rational Expectations and the Theory of Price Movements," *Econometrica* 29（1961）：315-335.

Ng Y. J.，Yang Z. J.，Vishwanath A.，"To Fear or not to Fear? Applying the Social Amplification of Risk Framework on Two Environmental Health Risks in Singapore," *Journal of Risk Research* 21（2018）：1487-1501.

Nier E.，et al.，"Network models and financial stability," *Journal of Economic Dynamics and Control* 31（2007）：2033-2060.

Nilsson R.，"The value of shorting," *Journal of Banking and Finance* 32（2008）：880-891.

Ottavianiy M.，Norman S. P.，"Price Reaction to Information with Heterogeneous Beliefs and Wealth Effects：Undereation，Momentum，and Reversal," *American Economic Review* 105（2015）：1-34.

Pastor-Satorras R.，et al.，"Epidemic Processes in Complex Networks," *Reviews of Modern Physics* 87（2015）：925.

Piao J.，"Human-AI adaptive dynamics drives the emergence of information cocoons," *Nature Machine Intelligence* 5（2023）：1214-1224.

Pike W. T.，Saini V.，"An international comparison of the second derivative of COVID-19 deaths after implementation of social distancing measures," *medRxiv*（2020）.

Poledna S. , et al. , "Leverage–induced systemic risk under basle II and other credit risk policies," *Journal of Banking & Finance* 42 (2014): 199–212.

Poledna S. , et al. , "The multi–layer network nature of systemic risk and its implications for the costs of financial crises," *Journal of Financial Stability* 20 (2015): 70–81.

Prem K. , et al. , "The effect of control strategies to reduce social mixing on outcomes of the COVID–19 epidemic in Wuhan, China: a modelling study," *The Lancet Public Health* (2020).

Pueyo T. , "Coronavirus: The hammer and the dance," 2020, URL https://medium. com/@ tomaspueyo/coronavirus–the–hammer–and–the–dance–be9337092b56.

Qiu J. , "Covert coronavirus infections could be seeding new outbreaks," *Nature* (2020).

Qiu Y. , Chen X. , Shi W. , "Impacts of social and economic factors on the transmission of coronavirus disease 2019 (COVID–19) in China," *Journal of Population Economics* 33 (2020): 1127–1172.

Rajan R. G. , Zingales L. , "Power in a Theory of the Firm," *The Quarterly Journal of Economics* 113 (1998): 387–432.

Reluga T. C. , "Game theory of social distancing in response to an epidemic," *PLoS Computational Biology* 6 (2010): e1000793.

Ross S. , "The arbitrage theory of capital asset pricing," *Journal of Economic Theory* 13 (1976): 341–360.

Roy S. , Dutta R. , Ghosh P. , "Towards Dynamic lockdown strategies controlling pandemic spread under healthcare resource budget,"

Applied Network Science 6（2021）：1-15.

Ruan Z. , et al. , "The impact of malicious nodes on the spreading of false information," *Chaos: An Interdisciplinary Journal of Nonlinear Science* 30（2020）.

Ruan Z. , Tang M. , Liu Z. , "Epidemic Spreading with Information-driven Vaccination," *Physical Review E* 86（2012）：036117.

Rubinstein M. , "The strong case for the generalized logarithmic utility model as the premier model of financial markets," *Journal of Finance* 31（1976）：551-571.

Sadhanala V. , Wang Y. X. , Tibshirani R. J. , "Total variation classes beyond 1d: Minimax rates, and the limitations of linear smoothers," *In Advances in Neural Information Processing Systems*（2016）：3513-3521.

Safarzyńska K. , Bergh J. V. , "Evolutionary models in economics: a survey of methods and building blocks," *Journal of Evolutionary Economics* 20（2010）：329-373.

Schäfer B. , et al. , "Dynamically induced cascading failures in power grids," *Nature communications* 9（2018）：1975.

Scheinkman J. , Wei, X. , "Overconfidence and speculative bubbles," *Journal of Political Economy* 111（2003）：1183-1220.

Sharpe W. , "Capital asset prices: A theory of market equilibrium under conditions of risk," *Journal of Finance* 19（1964）：425-442.

Shen Z. , et al. , "Reconstructing propagation networks with natural diversity and identifying hidden sources," *Nature communications* 5（2014）：1-10.

Shiller R. J. , "Do stock prices move too much to be justified by subsequent changes in dividends?" *American Economic Review* 71 (1981): 421–436.

Shiller R. J. , *Narrative economics: How stories go viral and drive major economic events* (New Jersey, Princeton University Press, 2020).

Singer D. , "Stable orbits and bifurcations of maps of the interval," *SIAM Journal on Applied Mathematics* 35 (1978).

Slovic P. , "Perception of Risk," *Science* 236 (1987): 280–285.

Starbird K. , "Disinformation's Spread: Bots, Trolls and all of Us," *Nature* 571 (2019): 449.

Taha S. A. , Matheson K. , Anisman H. , "H1N1 Was Not All That Scary: Uncertainty and Stressor Appraisals Predict Anxiety Related to a Coming Viral Threat," *Stress and Health* 30 (2014): 149–157.

Tai Z. , Sun T. , "Media Dependencies in a Changing Media Environment: The Case of the 2003 SARS Epidemic in China," *New Media and Society* 9 (2007): 987–1009.

Tang B. , et al. , "Estimation of the Transmission Risk of the 2019–nCoV and Its Implication for Public Health Interventions," *Journal of Clinical Medicine* 9 (2020): 462.

Terpstra T. , Lindell M. K. , Gutteling J. M. , "Does Communicating (Flood) Risk Affect (Flood) Risk Perceptions? Results of a Quasi-Experimental Study," *Risk Analysis* (2009): 1141–1155.

Thurner S. , Hanel R. , Klimek P. , *Introduction to the theory of complex systems* (Oxford University Press, 2018).

Tian H. , et al. , "An investigation of transmission control measures during the first 50 days of the COVID-19 epidemic in China," *Science* (2020).

Tirole J., "On the Possibility of Speculation under Rational Expectations," *Econometrica* 50 (1982): 1163-1181.

Tuite A. R., Fisman D. N., Greer A. L., "Mathematical modelling of COVID-19 transmission and mitigation strategies in the population of Ontario, Canada," *CMAJ* (2020).

Umeda Y., "Time series classification via topological data analysis," *Information and Media Technologies* 12 (2017): 228-239.

Varian H. R., "Divergence of Opinion in Complete Markets: A Note," *The Journal of Finance* 40 (1985): 309-317.

Varian H. R., *Microeconomic Analysis* (Norton New York, 1992).

Wang C., et al., "Evolving epidemiology and impact of non-pharmaceutical interventions on the outbreak of coronavirus disease 2019 in Wuhan, China," *medRxiv* (2020).

Wang D., "Clinical Characteristics of 138 Hospitalized Patients with 2019 Novel Coronavirus-Infected Pneumonia in Wuhan, China," *Jama* 323 (2020): 1061-1069.

Wang W., "Asymmetrically Interacting Spreading Dynamics on Complex Layered Networks," *Scientific Reports* 4 (2014): 5097.

Wang W., "Suppressing Disease Spreading by Using Information Diffusion on Multiplex Networks," *Scientific Reports* 6 (2016): 29259.

Wang X., et al., "Public discourse and social network echo chambers driven by socio-cognitive biases," *Physical Review* X 10 (2020): 041042.

Wang Z. , "Coupled Disease-behavior Dynamics on Complex Networks: A Review," Physics of Life Reviews 15 (2015): 1-29.

Westerhoff F. , Franke R. , "Agent-based models for economic policy design: Two illustrative examples," In Shu - Heng Chen, Mak Kaboudan, and Ye - Rong Du, editors, *The Oxford Handbook of Computational Economics and Finance* (Oxford University Press, 2018), pp. 520-558.

Williams J. , "Capital asset prices with heterogeneous beliefs," *Journal of Financial Economics* 5 (1977).

Wineburg S. , et al. , "Evaluating Information: The Cornerstone of Civic Online Reasoning," *Stanford Digital Repository* 8 (2016): 2018.

World Health Organization, "WHO checklist for influenza pandemic preparedness planning (No. WHO/CDS/CSR/GIP/2005. 4)," 2005.

Wu J. T. , Leung K. , Leung J. M. , "Nowcasting and forecasting the potential domestic and international spread of the 2019 - nCoV outbreak originating in Wuhan, China: a modelling study," *The Lancet* 395 (2020): 689-697.

Xiao D. , Krause A. , "Balancing liquidity and returns through interbank markets: Endogenous interest rates and network structures," *Journal of Financial Research* 46 (2023): 131-149.

Xiong W. , "Convergence Trading with Wealth Effects: An Amplification Mechanism in Financial Markets," *Journal Financial Economics* 62 (2001): 247-292.

Xu M. , et al. , "Assessing the efficiency and vulnerability of global liner shipping network. Global Networks," 2023, 1 – 27, https://doi. org/10. 1111/glob. 12445.

Yan H. , "Natural selection in financial markets: Does it work?" *Management Science* 54 (2008): 1935–1950.

Yang K. , Guo Q. , Liu J. G. , "Community detection via measuring the strength between nodes for dynamic networks," *Physica A: Statistical Mechanics and Its Applications* 509 (2018): 256–264.

Yao X. , et al. , "Financial stress dynamics in China: An interconnectedness perspective," *International Review of Economics and Finance* 68 (2020): 217–238.

Ye X. , "Reconstructing spatial information diffusion networks with heterogeneous agents and text contents," *Transactions in GIS* 25 (2021): 1654–1673.

Zarocostas J. , "How to fight an infodemic," *The Lancet* 395 (2020): 676.

Zhang X. , et al. , "Complexity of Government response to COVID–19 pandemic: a perspective of coupled dynamics on information heterogeneity and epidemic outbreak," *Nonlinear Dynamics* (2023): 1–20.

Zhang X. , et al. , "Dynamic motifs in socio–economic networks," *Europhysics Letters* 108 (2014): 58001.

Zhang X. , et al. , "Evaluating the effect of city lock–down on controlling COVID–19 propagation through deep learning and network science models," *Cities* 107 (2020): 102869.

Zhang X. , et al. , "Multiplex network reconstruction for the coupled spatial diffusion of infodemic and pandemic of COVID-19," *International Journal of Digital Earth* 14 (2021): 401-423.

Zhang X., et al., "The education-chasing labor rush in China identified by a heterogeneous migration-network game," *Scientific reports* 10 (2020): 12917.

ZhangY., et al., "The impact of social distancing and epicenter lockdown on the COVID-19 epidemic in mainland China: A data-driven SEIQR model study," *medRxiv* (2020).

Zhao L., et al., "Higher-Order Financial Networks," *SSRN Electronic Journal* (2024).

Zhao Z., et al., "Fake news propagates differently from real news even at early stages of spreading," *EPJ Data Science* 9 (2020): 7.

Zhao Z., Zhang X., "A continuous heterogeneous-agent model for the co-evolution of asset price and wealth distribution in financial market," *Chaos, Solitons & Fractals* 155 (2022): 111543.

Zheng Y., et al., "Mining the Hidden Link Structure from Distribution Flows for a Spatial Social Network," *Complexity* (2019).

Zhou T., et al., "Behaviors of susceptible-infected epidemics on scale-free networks with identical infectivity," *Physical Review E* 74 (2006): 056109.

Zhou X., Belkin M., "Semi-supervised learning by higher order regularization," In Proceedings of the Fourteenth International Conference on Artificial Intelligence and Statistics, 2011, pp. 892-900.

Zou L., et al., "SARS-CoV-2 Viral Load in upper Respiratory Specimens of Infected Patients," *New England Journal of Medicine* 382

（2020）：1177-1179.

〔美〕安格斯·迪顿：《逃离不平等：健康、财富及不平等的起源》，崔传刚译，中信出版社，2014。

崔丽媛、洪永淼：《投资者对经济基本面的认知偏差会影响证券价格吗？——中美证券市场对比分析》，《经济研究》2017 年第 8 期。

杜巍、蔡萌、杜海峰：《网络结构鲁棒性指标及应用研究》，《西安交通大学学报》2010 年第 4 期。

宫晓莉、王智恒、熊熊：《独立董事网络与股价同步性》，《系统工程理论与实践》2022 年第 8 期。

宫晓莉、熊熊：《波动溢出网络视角的金融风险传染研究》，《金融研究》2020 年第 5 期。

郝军章、翟嘉、高亚洲：《投资者进出对股票市场波动性影响研究——基于投资者异质信念定价模型》，《投资研究》2020 年第 7 期。

华生等：《中国传染病防控预警机制探究——来自新冠疾病疫情早期防控中的启示》，《管理世界》2020 年第 4 期。

李斌、邵新月、李玥阳：《机器学习驱动的基本面量化投资研究》，《中国工业经济》2019 年第 8 期。

李昊骅、方立兵、姚楚涵：《空间溢出与城投债信用风险——基于长三角城市群生产要素引力网络》，《管理科学学报》2023 年第 1 期。

李永立等：《考虑个体效用因素的社会网络演化分析模型》，《管理科学学报》2018 年第 3 期。

李永立等：《考虑网络外部性和先行消费者效应的生产商最优定价模型》，《系统工程理论与实践》2018 年第 3 期。

刘世锦、韩阳、王大伟：《基于投入产出架构的新冠肺炎疫情冲击路径分析与应对政策》，《管理世界》2020 年第 5 期。

刘怡君等编著《社会物理学：网络舆情安全》，北京：科学出版社，2017。

陆江源等：《结构演进、诱致失灵与效率补偿》，《经济研究》2018年第 9 期。

倪红福、闫冰倩：《减税降费的价格和福利效应——引入成本传导率的投入产出价格模型分析》，《金融研究》2021 年第 2 期。

倪红福：《生产网络结构、减税降费与福利效应》，《世界经济》2021 年第 1 期。

史金艳、赵江山、张茂军：《基于投资者异质信念的均衡资产定价模型研究》，《管理科学》2009 年第 6 期。

索琪、郭进利：《超网络中的舆情传播模型及仿真研究》，《计算机应用研究》2017 年第 9 期。

王纲金、吴昊钰、谢赤：《基于多层关联网络的投资组合优化研究》，《系统工程理论与实践》2022 年第 4 期。

许秀、陈国进、于金杨：《灾难风险与资产定价——一个拓展的长期风险模型》，《经济研究》2022 年第 11 期。

许雪晨、田侃：《部门扭曲与宏观经济波动：以金融危机为例》，《世界经济》2023 年第 5 期。

杨耀武、张平：《疫情冲击下增长路径偏移与支持政策——基于对企业非平衡冲击的分析》，《经济学动态》2020 年第 3 期。

姚晶晶、姜靓、姚洪兴：《基于 SIR 模型的情绪信息传播研究》，《情报科学》2018 年第 10 期。

尹恒、张子尧：《产品市场扭曲与资源配置效率：异质性企业加成率视角》,《经济研究》2021年第11期。

于凯等:《基于线上线下网络的舆情传播模型研究》,《管理评论》2015年第8期。

张军、夏昊翔:《基于粗糙相似度的有向网络链路预测》,《系统工程》2015年第11期。

张锴琦等:《基于节点属性的社群结构探测算法改进》,《系统工程理论与实践》2013年第11期。

张平、杨耀武:《疫情冲击下增长路径偏移与支持政策——基于对企业非均衡冲击的分析》,《经济学动态》2020年第3期。

张维、张永杰:《异质信念,卖空限制与风险资产价格》,《管理科学学报》2006年第4期。

张维、赵帅特:《认知偏差、异质期望与资产定价》,《管理科学学报》2010年第1期。

张晓波等:《中国小微经营者调查2020年三季度报告》,北京大学国家发展研究院,2020。

张欣、郁佳亮、IRENA Vodenska:《新冠肺炎疫情影响下区域产业网络风险传导效应研究》,《电子科技大学学报》2020年第3期。

张欣:《多层复杂网络理论研究进展:概念,理论和数据》,《复杂系统与复杂性科学》2015年第2期。

周爱民、遥远:《高风险有高收益吗》,《财经科学》2019年第3期。

周为:《股市泡沫与个人投资者处置效应——基于2007年中国股票市场泡沫的实证分析》,《投资研究》2019年第6期。

朱宝军、吴冲锋:《异质投资者与资产定价:一个新的资本资产定价模型》,《数量经济技术经济研究》2005年第6期。

图书在版编目 (CIP) 数据

经济社会系统中的复杂网络与非线性动力学 / 张晓
奇著 . --北京：社会科学文献出版社，2024.10.（2025.9 重印）
ISBN 978-7-5228-4403-9

Ⅰ . F224.12

中国国家版本馆 CIP 数据核字第 2024CS8263 号

经济社会系统中的复杂网络与非线性动力学

著　　者 / 张晓奇

出 版 人 / 冀祥德
组稿编辑 / 周　丽
责任编辑 / 张丽丽
文稿编辑 / 吴尚昀
责任印制 / 岳　阳

出　　版 / 社会科学文献出版社 · 生态文明分社 （010）59367143
　　　　　　地址：北京市北三环中路甲 29 号院华龙大厦　邮编：100029
　　　　　　网址：www.ssap.com.cn
发　　行 / 社会科学文献出版社 （010）59367028
印　　装 / 唐山玺诚印务有限公司

规　　格 / 开　本：787mm×1092mm　1/16
　　　　　　印　张：18.5　字　数：219 千字
版　　次 / 2024 年 10 月第 1 版　2025 年 9 月第 2 次印刷
书　　号 / ISBN 978-7-5228-4403-9
定　　价 / 88.00 元

读者服务电话：4008918866